HERMANN HESSE   BODENSEE

Hermann Hesse
Bodensee

Betrachtungen
Erzählungen
Gedichte

Herausgegeben und eingeleitet von Volker Michels
Mit einem Nachwort von Lothar Klein
Aufnahmen von Siegfried Lauterwasser

 Jan Thorbecke Verlag Sigmaringen

CIP-Titelaufnahme der Deutschen Bibliothek

Hesse, Hermann:
Bodensee: Betrachtungen, Erzählungen, Gedichte /
Hermann Hesse. Hrsg. u. eingeleitet von Volker
Michels. Mit e. Nachw. von Lothar Klein. Aufnahmen
von Siegfried Lauterwasser. – 5. Aufl. – Sigmaringen:
Thorbecke, 1990
 ISBN 3-7995-2006-6

Fünfte Auflage 1990

© 1977 by Jan Thorbecke Verlag GmbH & Co., Sigmaringen, außer den Texten und Privatphotos
Hermann Hesses, die wir mit freundlicher Genehmigung des Suhrkamp Verlages, Frankfurt am Main,
abdrucken. Quellennachweis am Ende des Bandes.

Gestaltung des Schutzumschlags: Helmut und Regina Rohrer, München
Buchgestaltung: Ulrich Ulrichs, Sigmaringen
Gesamtherstellung: M. Liehners Hofbuchdruckerei GmbH & Co. Verlagsanstalt, Sigmaringen

Printed in Germany · ISBN 3-7995-2006-6

INHALT

Zu diesem Buch

In einem Brief vom Herbst 1924 schrieb Hermann Hesse an die Schweizer Schriftstellerin Lisa Wenger, er sei gerade dabei, aus einem Berg von hunderten von Aufsätzen und Zeitungsartikeln, die er im Laufe seines Lebens geschrieben habe, eine Probeauswahl seiner »Kleinen Schriften« zusammenzustellen, »die nächsten Winter vielleicht erscheinen könnten«. »An sich sind diese Arbeiten bedeutungslos«, fügt er hinzu, »für mich aber haben sie die Bedeutung, daß man daraus ziemlich deutlich sehen kann, daß ich, trotz allen Wandlungen im Menschlichen, Künstlerischen und Politischen stets die gleichen Ziele verfolgte und die gleichen Gesinnungen hatte. Ich selber war oft recht erstaunt, alte Artikel von mir aus dem Jahre 1904 usw. zu lesen, in denen Sachen ausgesprochen standen, die ich erst viel später gedacht und gewußt zu haben glaubte.« Dieser Auswahlband erschien zwei Jahre später unter dem Titel »Bilderbuch« im S. Fischer Verlag, Berlin, und enthielt eine Sammlung von 53 Schilderungen, vorwiegend von Landschaften, die in einem besonders engen Bezug zu Hesses Naturell und somit auch zu seiner Biographie standen. Das erste Kapitel ist überschrieben mit »Bodensee« und enthält in der Reihenfolge ihrer Entstehung sieben Betrachtungen aus seinen ersten Jahren als »freier Schriftsteller«, die ihm der unerwartete Erfolg seines in Basel entstandenen »Peter Camenzind« (1904) ermöglicht hatte. Den Bodensee-Betrachtungen im »Bilderbuch« folgen Schilderungen aus Italien, Indien und Hesses späterer Wahlheimat, dem Tessin. Doch längst nicht alles, was Hesse insgesamt zu diesen Themen publizierte, hat er in diesen Sammelband aufgenommen. Nur wenige Leser des »Bilderbuchs« wußten, daß diese Auswahl kaum den dritten Teil dessen enthielt, was Hesse in den acht Jahren seiner am Bodensee verbrachten Zeit über diese Landschaft und ihre Umgebung geschrieben hatte. Unser Band nun sammelt alle diese in Zeitungen, Zeitschriften und Büchern verstreut erschienenen und mittlerweile unzugänglich gewordenen Schilderungen und versucht damit nicht nur, das inzwischen bereits historische Bild einer der schönsten Landschaften Deutschlands zu überliefern, sondern darüberhinaus den Leser in Wort und Bild mit dem Kontrast zu konfrontieren, den die wenigen, seither verflossenen Jahrzehnte bis heute bewerkstelligt haben, und ihm dadurch die Frage nahezulegen, wie sich diese Landschaft nach weiteren vergleichbar »fortschrittlichen« Jahrzehnten gewandelt haben wird.

Ebenso wenig wie es Hermann Hesse je darum gegangen ist, mit seinen Schriften eine Fluchthilfe in die Naturschutzzonen einer »heilen Welt« anzubieten, sondern vielmehr durch die Gestaltung von konstruktiven Alternativen zur Verdeutlichung der Gegensätze beizutragen und eine produktive Sehnsucht nach besseren Wegen zu wecken, ebenso wenig ist es Absicht des vorliegenden Bandes, die Ursachen zu beschönigen, welche die unübersehbare Distanz bewirkt haben, die uns heute vom Bodensee Hermann Hesses und Siegfried Lauterwassers trennt.

»Mir das Leben leicht und bequem zu machen«, schrieb Hesse 1930 in seinem Rückblick »Wahlheimat«, »habe ich leider niemals verstanden. Eine Kunst aber, eine einzige, ist mir immer zu Gebote gestanden: die Kunst, schön zu wohnen. Seit der Zeit, da ich meinen Wohnort mir selber wählen konnte, habe ich immer eine charakteristische, große, weite Landschaft vor meinen Fenstern gehabt ... Ein Dichter ist in vielen Beziehungen das anspruchsloseste Wesen der Welt. Aber in anderen Beziehungen wieder verlangt er viel, und er stirbt lieber, als daß er verzichten würde. Mir zum Beispiel wäre es unmöglich zu leben, ohne daß die Umgebung meinen Sinnen wenigstens ein Minimum an echter Substanz, an wirklichen Bildern böte. In einer modernen Stadt, inmitten von kahler Nutzarchitektur, inmitten von Papierwänden, von imitiertem Holz, von lauter Ersatz und Täuschung zu leben, wäre mir vollkommen unmöglich, ich würde da sehr bald eingehen.«

Ein leerstehendes Bauernhaus in einem damals kaum 300 Einwohner zählenden Dorf am Untersee wurde, wie Hesse es ausdrückt, »die erste legitime Werkstatt meines Berufes«. Sie war alles andere als komfortabel oder gar luxuriös. Doch an erhöhter Stelle des Dorfes, direkt am Kirchplatz gelegen, befand sie sich im Zentrum eines kleinen, ländlichen Organismus und erlaubte aus Hesses Arbeitszimmer unter dem Dachboden einen regenerierenden Ausblick auf die Seelandschaft mit ihren täglich veränderten Farben und scheinbar wechselnden Entfernungen.

Hier nun galt es, die endlich gewonnene Unabhängigkeit von der Stadt und dem »Gefängnis eines Brotberufes« zu verteidigen. Ob ihm das glücken würde, ob es sehr lange durchzuhalten wäre, dessen war sich Hesse anfangs durchaus nicht so sicher. Darum haben bei der Wahl seines ländlichen Wohnsitzes auch die, verglichen mit Basel, beträchtlich geringeren Lebenshaltungskosten eine nicht zu unterschätzende Rolle gespielt. Denn mindestens ebenso wichtig wie die Reize der Umgebung war für Hesse zeitlebens seine Unabhängigkeit. In Gaienhofen nun war es ihm möglich, etwa doppelt so lang wie in Basel — also zwei Jahre — von den ersten fünf Auflagen seines »Peter Camenzind«, die 1904 erschienen waren, sorgenfrei zu leben. Doch Hesse nützt und erhält sich diese seine Freiheit. In den beiden Jahren nach dem Einzug am 27. Juli 1904 entstehen in Gaienhofen mehr als 20 Erzählungen, ebenso viele Betrachtungen, zahlreiche Gedichte und Buchkritiken. Und schon im Januar 1905 kann die »Neue Zürcher Zeitung« seinen nächsten Roman »Unterm Rad« in mehreren Folgen vorabdrucken.

»Ein Dichter sein, das heißt nicht: sich etwas ausdenken, sondern es heißt: sich aus den Dingen ›etwas machen‹«, hat Thomas Mann einmal gesagt. Dieser Satz könnte als Leitmotiv auch über allen Arbeiten Hermann Hesses stehen. Er trifft zu auf seine poetisch-fiktiven ebenso wie auf seine autobiographischen Schriften, von welchen unser Band zahlreiche Beispiele gibt. Die Anlässe und Gegenstände seiner Schilderungen sind alles andere als exklusiv. Sie sind unscheinbar und alltäglich. Es sind Situationen, die wir alle kennen. Doch die Genauigkeit der Beobachtung und das, was Thomas Mann mit der Wendung »sich aus den Dingen etwas machen« meinte, legt Dimensionen frei, die sich hinter dem Offensichtlichen verbergen. Wie wenige Schriftsteller des 20. Jahrhunderts ist Hesse empfänglich für die Erscheinungsformen der Natur und ihre ständige Veränderbarkeit im Wechsel der Jahreszeiten und der Witterungen. Die Menschen, ihre psychischen Verhaltensmuster und deren unterschiedlichste Prägung durch Einflüsse der Landschaft und der Herkunft schildert er auf komplexe, nicht auf tendenziös verallgemeinernde Weise. Wie ein Medium gibt er den Bildern der Bodenseelandschaft Stimme und übersetzt ihre atmosphärischen und optischen Erscheinungsformen in die Sprache. Es geht uns beim Lesen dieser Schilderungen ähnlich, wie Hesse es 1904 in seiner Betrachtung »Am Ende des Jahres« beschrieben hat, als er — umgeben von superlativen Verlagsankündigungen und Neuerscheinungen der jüngsten Saison — plötzlich Lust bekommt, ein bewährtes altes Buch aus seiner eigenen Bibliothek aufzuschlagen, »ein Buch, nicht von heute, nicht von einem so und so genannten Herrn Verfasser, sondern wie aus erster Hand, wie ein Möwenschrei oder Sonnenstrahl«. Derlei scheinbar selbstverständliche Alltäglichkeiten sind für ihn *merk*würdiger als alle außergewöhnlichen Sensationen, bei welchen in rascher Folge ein Reiz den anderen ablöst und daran hindert, sinnlich durchdrungen, also wirklich erlebt und bewußt zu werden. Noch Jahrzehnte später schreibt er nach einem längeren Aufenthalt in einer Großstadt: er käme sich vor wie ein photographisches Negativ, auf welchem zu viele Bilder bis zur Unerkennbarkeit übereinander belichtet wären. Im Gegensatz zu solchen bis zur Bewußtlosigkeit eingeschliffenen Betäubungen und Automatismen versuchte Hesse eine neue Aufgeschlossenheit zu wecken für ein an den organischen Gesetzen orientiertes Verhalten. Dabei fühlt er sich nicht nur als Beobachter, sondern selber als Bestandteil der Natur, und schon lange bevor sich ihm die verwandten Philosophien der ostasiatischen Kulturen erschließen, versuchte er selbst in Einklang mit diesen Strukturen und Gesetzmäßigkeiten zu leben, ihnen nicht Gewalt anzutun, sondern sie zu erkennen und zu seinen eigenen zu machen. »Ich kämpfe«, schreibt er 1911, noch vor seiner Indienreise, »nicht gegen das, was über meinen Kopf hinweg die Natur tut oder läßt, sondern gegen das, was in mir selber dieser ewigen Natur widersprechen und dadurch auch das Leben erschweren will.«

Die in der abendländisch-christlichen Tradition verwurzelte Denkschablone vom angeblichen Gegensatz zwischen Geist und Natur wird in Hesses Schilderungen auf ebenso selbstverständliche wie undogmatische Weise aufgehoben. An alltäglichen Beispielen weist er immer wieder auf die Notwendigkeit der Synthese hin und erinnert an die sinnlichen Äquivalente, die in uns selbst auch noch mit dem Leisesten und Unfaßbarsten in der Natur korrespondieren. Den üblichen Klagen über die Unbeständigkeit des Wetters, über den leidigen Föhn, den häufigen Nebel und das verspätete Frühjahr am See setzt er entgegen: »Auf sogenanntes schönes Wetter gebe ich gar nichts. Denn jedes Wetter ist schön, wenn man Augen und Seele aufmacht.«

Nicht weniger aufmerksam wie die Erscheinungsformen der Natur, die Formationen der Wolken, des Wassers und der abwechslungsreichen See-Alpen- und Voralpenlandschaft beobachtet Hesse auch die Menschen. So entgeht ihm auf seinen zahlreichen Reisen und Exkursionen, die er von Gaienhofen aus nach Zürich, München, zum Gotthard, nach Graubünden, Davos und ins Engadin unternimmt, nicht, wie sich z. B. auf einer Reise durch das Appenzell etwa von Romanshorn an das Tempo des Zuges durch zusteigende Einheimische »auf freundliche Weise zu verlangsamen scheint, lediglich auf Grund des Dialektes, der Gestalten, Gesichter und Gesten«, oder aber welche Rolle etwa Todesfälle spielen, die, weil sie in kleinen Lebensgemeinschaften wie seinem Bodenseedorf relativ seltener vorkommen, teilnahmsvoller beachtet werden als in den Städten, »wo jeden Tag Menschen sterben, ohne daß außer den Allernächsten jemand darauf achten kann«.

Dieses Gefühl für die Gemeinsamkeiten ist bei allem einzelgängerischen Konzentrations- und Gestaltungsbedürfnis schon in diesen frühen Betrachtungen unüberhörbar. Mit unbeirrbarem Instinkt setzt sich Hesse hinweg über willkürliche Landesgrenzen und engstirnigen Nationalismus. »Mein Glaube an Rassen«, schreibt er 1919, »ist niemals lebhaft gewesen und mich in diesem Sinne einen Alemannen zu nennen, würde ich nicht wagen. Dennoch bin ich Alemanne und bin es stärker und bewußter als die meisten von denen, die es der »Rasse« nach wirklich sind ... Dies südwestdeutsch-schweizerische Gebiet ist mir Heimat, und daß durch dies Gebiet mehrere Landesgrenzen und eine Reichsgrenze liefen, bekam ich zwar im Kleinen wie im Großen oft einschneidend zu spüren, doch habe ich diese Grenzen in meinem innersten Gefühl niemals als natürliche empfinden können ... Das Vorhandensein dieser Grenzen äußerte sich nirgends und niemals in wesentlichen Verschiedenheiten der Menschen, ihrer Sprache und Sitte, es zeigten sich diesseits und jenseits dieser Grenze weder in der Landschaft noch in der Bodenkultur, weder im Hausbau noch im Familienleben merkliche Unterschiede ... Für mich war Heimat zu beiden Seiten des Oberrheins, ob das Land nun Schweiz, Baden oder Württemberg hieß ... Ich lernte mein Leben lang die Grenzen zwischen Deutschland und der Schweiz nicht als etwas Natürliches, Selbstverständliches und Heiliges kennen, sondern als etwas Willkürliches, wodurch ich brüderliche Gebiete getrennt sah. Und schon früh erwuchs mir aus diesem Erlebnis ein Mißtrauen gegen Landesgrenzen und eine innige, oft leidenschaftliche Liebe zu allen menschlichen Gütern, welche ihrem Wesen nach die Grenzen überfliegen und andere Zusammengehörigkeiten schaffen als politische.« Diese auch heute wieder als »unhistorisch«, »idealistisch«, weltfremd-sentimental oder unpolitisch beargwöhnte Haltung hat es Hesse immerhin unmöglich gemacht, sich an dem so unsentimentalen »Realismus« und an der »historischen« Aufgeschlossenheit der beiden Weltkriege und des Nationalsozialismus zu beteiligen. Stattdessen fand er sich mit zunehmendem Alter »immer unentrinnbarer getrieben, überall das, was die Nationen verbindet, viel höher zu werten als das, was sie trennt«.

Diese Haltung und mit ihr die selbstverständliche Erweiterung seines Blickfeldes auf den ganzen alemannischen Raum bewahren auch dieses Bodenseebuch vor dem oft lokalpatriotischen Provinzialismus so vieler erbaulicher Heimatliteratur. Gleichwohl ist der Sinn für die Bedeutung seiner Herkunft und Heimat bei Hesse, der seinen schwäbischen Dialekt bis ins hohe Alter nie verleugnet und abgelegt hat, durchaus entwickelt. Doch preist er seine Herkunft nicht auf Kosten anderer Zugehörigkeiten. So schreibt er zu Beginn des Ersten Weltkriegs in einem Offenen Brief an die Soldaten ins Feld:

»Zu den einfachsten Bedürfnissen, auf die man sich sonst nie besinnt, weil sie nie zum Hunger werden, gehört auch die Heimat. Damit meine ich nicht das Vaterland — das gehört schon zu den höheren, geistigeren Gaben und Bedürfnissen. Ich meine die Bilder, die jeder von uns als sein bestes Erinnerungsgut aus der Kindheit bewahrt hat. Sie sind nicht darum so schön, weil die Heimat unbedingt schöner wäre als die andre Welt; sondern darum, weil wir sie zuerst, mit der ersten Dankbarkeit und Frische unserer jungen Kinderaugen gesehen haben. — Das ist keine Sentimentalität. Das Sicherste, was wir haben, wenn wir nicht die höchsten Stufen im Geistigen erreicht haben, das ist die Heimat. Man kann verschiedenes darunter verstehen. Die Heimat kann eine Landschaft sein, oder ein Garten, oder eine Werkstatt, oder auch ein Glockenklang, oder ein Geruch. Das, worum es sich handelt, ist die Erinnerung an die Zeit des Heranwachsens, an die ersten stärksten, heiligsten Eindrücke unseres Lebens. Dazu gehört auch die Mundart der Heimat. Mir, der ich in der Fremde lebe, ist bei jedem Heimkommen der erste schwäbische Bahnschaffner ein wahrer Paradiesvogel! ... Es ist ans Innerste gerührt, an den kleinen sicheren Schatz, den wir aus den Jahren der frühesten Jugend haben. Da liegen Bilder und Eindrücke durcheinander, man schätzt sie oft wenig, aber alles zusammen ist eine satte Lösung, an die man nicht rühren kann, ohne daß es Kristalle gibt.«

In allen Texten dieses Bodenseebuches macht uns Hesse zum Augenzeugen eigener Erlebnisse. Wir begleiten ihn auf seinen Bootsfahrten und beim Fischfang. Aus seinem

Fenster beobachten wir morgens die Kinder in der Schulpause und mittags die Viehtränke am Brunnen. Wir begleiten ihn auf seinen Ausflügen und Reisen in die nähere und weitere Umgebung, auf einer Fahrt im Zeppelin oder bei der Fastnacht in Konstanz. Selten begibt sich der Erzähler in eine objektive Distanz zu seinem Gegenstand, und das ganz bewußt.

Gerade die spontane Subjektivität der Schilderung nämlich, die noch den Mut zu Emotionen aufbringt, gibt ihr jene Glaubwürdigkeit, der wir lieber und beteiligter folgen als einer Darstellung, die stärker stilisiert wäre. In ihrer Unbefangenheit, Lebhaftigkeit, Neugierde und Detailfreude führt sie uns alle die psychologischen, geologischen und botanischen Eigenarten der Bodenseelandschaft und ihrer Menschen auf unbeabsichtigte und darum oft eindringlichere Weise vor Augen als manche wissenschaftliche Spezialuntersuchung. Wie alle wirkliche Dichtung erfaßt sie durch unvoreingenommene Beobachtung ganz beiläufig auch objektive Gesetzmäßigkeiten, die weit über ihren Anlaß, das scheinbar so Private und Subjektive, hinausweisen.

In einem Brief von 1912 spricht Hesse von der »sehnsüchtigen Liebe«, die er zu dem »Kreis der Bescheidenen, Umfriedeten, in enge, feste Verhältnisse Beschränkten« habe, weil er, der so ganz anders Geartete, der Steppenwolf und Unseßhafte, diese Menschen »um das feste Fundament ihres Lebens beneide.« Auch dieses von Kindheit auf beunruhigende, doch außerordentlich produktive Spannungsverhältnis zwischen Freiheit, ordnungsliebender Stabilität und zukunftsorientierter Wandlungsbereitschaft gehört zur Thematik fast aller seiner am Bodensee entstandenen Arbeiten.

Nach einer stürmischen Jugend, nachdem er sich schließlich doch gegen alle die zum Verzweifeln »gutgemeinten« Anpassungszwänge und Widerstände hatte behaupten können, waren für Hesse diese acht unverhältnismäßig ruhigeren Bodenseejahre dringend nötig, um sich von dieser Problematik in mehreren Büchern voll minutiös aufgearbeiteter Vergangenheitsbewältigung fürs erste zu befreien. Doch immer unüberhörbarer wird in seinen nebenher entstandenen autobiographischen Aufzeichnungen, den Texten des vorliegenden Buches, eine ständige Aufbruchstimmung, ein Ungenügen an der seßhaft unflexiblen Lebensweise des bürgerlichen Alltags. Kaum hat Hesse in Gaienhofen einen eigenen Hausstand gegründet und ist seßhaft geworden, da reizt es ihn schon, denkwürdig oft, ähnlich dem hierin wesensverwandten Robert Walser, zu Ausflügen, Wanderungen und immer weiteren Reisen. »O, ihr Wandersleute«, schreibt er damals, »ihr fröhlichen Leichtfüße, jedem von euch, auch wenn ich ihm einen Fünfer geschenkt habe, sehe ich wie einem König nach!« In ihrer permanenten Bereitschaft zu Aufbruch und Neubeginn sind ihm die Vagabunden ein Stachel und Ansporn, sich vor Stagnation und Sitzfleisch zu hüten. So fallen ihm bei der Schilderung einer »Fußreise im Herbst« nicht von ungefähr saturierte Gleichaltrige auf, die er gekannt hatte, »als ihnen das Leben noch um einen Kuß und die Welt um einen Narrenstreich feil gewesen war« und die »jetzt in Backenbärten staken, die Hausfrau bei sich hatten und sich in Philistergesprächen über Bodenpreise und Änderungen des Eisenbahnfahrplans aufregten.«

Nicht eine Absage an den Bodensee also war es, daß Hesse dieser allmählich auch ihm drohenden Gefahr zu entkommen suchte. Auch von jedem anderen Ort hätte er sich damals lösen müssen. Mittlerweile zum Vater dreier Kinder, Hausbesitzer und allzu beliebten Romancier avanciert, war auch er am Ende seiner Gaienhofener Jahre der behaglichen Stagnation seiner Antipoden ein unfreiwilliges Stück nähergerückt. Der Versuch, sich diese Problematik mit seiner Landstreicher-Erzählung »Knulp« von der Seele zu schreiben, gelingt nur halb. Das Manuskript bleibt unvollendet liegen. Erst Jahre später, nachdem er auch äußeren Abstand zu Gaienhofen und der verdächtigen Sekurität des wilhelminischen Vorkriegsdeutschland gewonnen hatte, gelingt es ihm, das Buch fertig zu schreiben. »Taedium vitae« — Lebensüberdruß — heißt bezeichnenderweise eine Erzählung aus jenen Jahren, eine der wenigen eher fiktiven Texte unserer Sammlung, und nicht von ungefähr ist die Hauptfigur darin ein Junggeselle. Hesse nimmt damit ein weiteres Motiv seiner damaligen Problematik vorweg, ein Motiv auch seines neu begonnenen Romans »Roßhalde«, der ähnlich wie »Knulp« gleichfalls erst nach seiner Loslösung von Gaienhofen vollendet werden konnte.

Im September 1911 ist es soweit. Hesse bricht auf zur weitesten Reise seines Lebens, in das Land, das zu missionieren seine Eltern und Großeltern ausgezogen waren, nach Indien. Drei Monate später kehrt er zurück und bald darauf fällt die Entscheidung, Gaienhofen zu verlassen und sein eigenes, erst fünf Jahre zuvor bezogenes Haus zu verkaufen. Im September 1912 bezieht er mit seiner Familie das »verwahrloste Aristokratengütchen« an der äußeren Schosshalde bei Bern, das vorher der befreundete Maler Albert Welti bis zu seinem Tod im Juni 1912 bewohnt hatte. Der geruhsamste Abschnitt der Biographie Hermann Hesses ist damit beendet. Der Erste Weltkrieg steht vor der Tür und mit ihm »das Abstreifen einer angenehmen Blindheit und Verantwortungslosigkeit«, wie er rückblickend auf seine am Bodensee verbrachten Jahre notiert hat. Die nun folgende, zweite Hälfte seines Lebens »war die dramatische«, schreibt er in einem Brief aus dem Jahre 1957, »reich an Kämpfen, an Feinden, an Not und Erfolgen, aber die Kraft zum Überstehen dieser unruhigen Lebenshälfte kam, wie mir scheint, von der ersten, stilleren Hälfte her, von den nahezu vierzig Jahren des Friedens, die ich erleben durfte, ehe das lärmige Welttheater für uns so aufdringlich spürbar wurde. Man hat vom Krieg als von einem Stahlbad gesprochen«, fährt er fort, »nach meiner Erfahrung ist es aber nur der Friede, der Kräfte gibt.«

Unser Band setzt ein mit drei autobiographischen Texten aus der Retrospektive. Wie aus der Vogelschau gestatten sie einen Blick auf die charakteristischen Linien des Verlaufs von Hesses Bodenseejahren und erleichtern eine Einordnung dieses Lebensabschnittes in die Gesamtbiographie. Danach finden wir uns zurückversetzt in das Jahr 1904 und erleben aus der Nähe, Schritt für Schritt, vom Einzug in Gaienhofen bis zur Übersiedelung nach Bern, diese acht Bodenseejahre im Spiegel dessen, was Hesse davon festgehalten hat. Die Schilderungen sind somit in der Reihenfolge ihrer Entstehung geordnet und lesen sich wie ein Stück Autobiographie. Ein Quellennachweis am Ende des Bandes verweist auf ihre Erstdrucke in Zeitungen, Zeitschriften und Büchern. Einzig die Gedichte, die zwischen den Prosastücken stehen, wurden mehr nach thematischen als nach chronologischen Gesichtspunkten plaziert. Auch sie entstanden alle während Hesses Bodenseejahren.

Dem Leser wird es willkommen sein, daß die biographischen Stationen dieser Texte mit teilweise erstmals veröffentlichten Photos aus Hesses Familienbesitz illustriert werden können. Eine kongeniale Bereicherung aber sind die photographischen Studien von Siegfried Lauterwasser, der wie kein Zweiter die Bodenseelandschaft kennt und ihre Eigenart auf ungewöhnliche Weise zu vermitteln versteht. Aus einer seit Generationen in Überlingen ansässigen Photographenfamilie stammend, besitzt er dasselbe Gespür für das Zeitlose im scheinbar Alltäglichen und Selbstverständlichen und vermittelt dem Auge ganz unmittelbar, was die Texte im Wort einfangen. Ob Siegfried Lauterwasser nun einen Baum, die Strukturen der Wasseroberfläche, der Wolken, einer Schneewehe oder die Graphik eines simplen Schilfmotivs wiedergibt, immer trifft er die charakteristischen Muster, die hinter dem Vordergründigen liegen und die vom Betrachter wie Archetypen verwandter psychischer oder emotionaler Zustände wiedererkannt werden. Ihren besonderen Reiz erhalten diese Bilder durch die bewußte Beschränkung auf das Wesentliche, das im Detail nicht weniger von den unverwechselbaren Reizen der Bodenseelandschaft wiedergibt als in der Totalen. Und dennoch bleibt die Stimmung, die vom Zusammenspiel der Bilder und Texte ausgeht, nicht allein an den Bodensee gebunden. Sie teilt sich einem Leser in Lindau nicht anders mit als einem Betrachter in Tokio. Denn sie entspringt weder sentimentalem Provinzialismus noch rückwärtsgewandter Verklärung einer angeblich »heilen« Vergangenheit, sondern der Faszination des Vertrauten, sobald wir es genauer oder auf neue Weise sehen lernen.

Frankfurt am Main, November 1976   *Volker Michels*

Alemannisches Bekenntnis

Was man unter Alemannen und Alemannentum zu verstehen habe, darüber gibt es verschiedene Meinungen, deren Kritik nicht meine Sache ist. Mein Glaube an »Rassen« ist niemals lebhaft gewesen, und mich in diesem Sinne einen Alemannen zu nennen, würde ich nicht wagen. Dennoch bin ich Alemanne, und bin es stärker und bewußter als die meisten von denen, die es der »Rasse« nach wirklich und zweifellos sind.

Für mich ist die Zugehörigkeit zu einem Lebens- und Kulturkreise, der von Bern bis zum nördlichen Schwarzwald, von Zürich und dem Bodensee bis an die Vogesen reicht, ein erlebtes, erworbenes Gefühl geworden. Dies südwestdeutsch-schweizerische Gebiet ist mir Heimat, und daß durch dies Gebiet mehrere Landesgrenzen und eine Reichsgrenze liefen, bekam ich zwar im kleinen wie im großen oft genug einschneidend zu spüren, doch habe ich diese Grenzen in meinem innersten Gefühl niemals als natürliche empfinden können. Für mich war Heimat zu beiden Seiten des Oberrheins, ob das Land nun Schweiz, Baden oder Württemberg hieß. Im nördlichsten Schwarzwald geboren, kam ich schon als Kind nach Basel, neunjährig wieder in die erste Heimat zurück, und habe mein späteres Leben, von kurzen Reisen abgesehen, ganz in diesem alemannischen Heimatlande verbracht, in Württemberg, in Basel, am Bodensee, in Bern. Auch politisch habe ich beiden Rheinufern angehört: mein Vater stammte aus den baltischen Ostseeprovinzen, meine Mutter war die Tochter eines Stuttgarters und einer französischen Schweizerin; in den achtziger Jahren erwarb mein Vater für die Familie das Bürgerrecht von Basel, und ein Bruder von mir ist heute noch Schweizer, während ich noch als Knabe, der Schulen wegen, in die württembergische Staatsangehörigkeit übertrat.

Ich schreibe es zum Teil diesen Umständen und Herkünften zu, daß ich, bei immer zärtlicher Heimatliebe, nie ein großer Patriot und Nationalist sein konnte. Ich lernte mein Leben lang, und gar in der Kriegszeit, die Grenzen zwischen Deutschland und der Schweiz nicht als etwas Natürliches, Selbstverständliches und Heiliges kennen, sondern als etwas Willkürliches, wodurch ich brüderliche Gebiete getrennt sah. Und schon früh erwuchs mir aus diesem Erlebnis ein Mißtrauen gegen Landesgrenzen, und eine innige, oft leidenschaftliche Liebe zu allen menschlichen Gütern, welche ihrem Wesen nach die Grenzen überfliegen und andere Zusammengehörigkeiten schaffen als politische. Darüber hinaus fand ich mich mit zunehmenden Jahren immer unentrinnbarer getrieben, überall das, was Menschen und Nationen verbindet, viel höher zu werten als das, was sie trennt.

Im kleinen fand und erlebte ich das in meiner natürlichen, alemannischen Heimat. Daß sie von Landesgrenzen durchschnitten war, konnte mir, der ich viele Jahre dicht an solchen Grenzen lebte, nicht verborgen bleiben. Das Vorhandensein dieser Grenzen äußerte sich nirgends und niemals in wesentlichen Verschiedenheiten der Menschen, ihrer Sprache und Sitten, es zeigten sich diesseits und jenseits dieser Grenze weder in der Landschaft noch in der Bodenkultur, weder im Hausbau noch im Familienleben merkliche Unterschiede. Das Wesentliche der Grenze bestand in lauter teils drolligen, teils störenden Dingen, welche alle von unnatürlicher und rein phantastischer Art waren: in Zöllen, Paßämtern und dergleichen Einrichtungen mehr. Diese Dinge zu lieben und heilig zu halten, dagegen aber die Gleichheit von Rasse, Sprache, Leben und Gesittung, die ich zu beiden Seiten der Grenze fand, für nichts zu achten, ist mir nicht möglich gewesen, und so geriet ich, zu meinem schweren Schaden namentlich in der Kriegszeit, immer mehr in das Lager jener Phantasten, denen Heimat mehr bedeutet als Nation, Menschentum und Natur mehr als Grenzen, Uniformen, Zölle, Kriege und dergleichen. Wie verpönt und wie »unhistorisch gedacht« dies sei, wurde mir von vielen Seiten vielmals unter den wildesten Schmähungen mitgeteilt. Ich konnte es jedoch nicht ändern. Wenn zwei Dörfer miteinander verwandt und ähnlich sind wie Zwillinge, und es kommt ein Krieg, und das eine Dorf schickt seine Männer und Knaben aus, verblutet und verarmt, das andere aber behält Frieden und gedeiht ruhig weiter, so scheint mir das keineswegs richtig und gut, sondern seltsam und haarsträubend. Und wenn ein Mensch seine Heimat verleugnen und die Liebe zu ihr opfern muß, um einem politischen Vaterland besser zu dienen, so erscheint er mir wie ein Soldat, der auf seine Mutter schießt, weil er Gehorsam für heiliger hält als Liebe.

Nun, meine Liebe zur Heimat, zu dem Land, durch dessen Mitte der Oberrhein fließt, ist mir nie verkümmert und verdunkelt worden. Wie ich schon als Kind den Basler Rhein und die schwäbische Nagold liebte, Schwarzwälder und Schweizer Mundart erlernte und sprach, so fühle ich mich auch heute noch in allen »alemannischen« Landen zu Hause. Wohl hatte ich sehr oft im Leben einen starken Reisetrieb, stets dem Süden und der Sonne nach. Heimisch gefühlt aber habe ich mich weder in Italien noch in Bremen, weder in Frankfurt noch in München oder Wien, sondern immer nur da, wo Luft und Land, Sprache und Menschenart alemannisch war. Bauernhäuser mit rot gestrichenem Fachwerk, alte Städte mit Brücken über den hellgrünen wilden Rhein, blaue Abendberge, Obstland und Fruchtbarkeit, und in den Lüften etwas, was an nahe Alpen erinnert, auch wenn man sie nicht sieht, das und noch viel anderes spricht zu mir heimatlich und vertrauensvoll, das lebt in mir, dahin gehöre ich. Und dazu die Sprache, die vielfältigen, doch nah verwandten schwäbischen und deutsch-schweizerischen Mundarten, eine Sprache von besonderem Klang, von besonderer Melodie. Ich kann sie nicht beschreiben, sie ist für mich Heimat und Mutter, Geborgenheit und Vertrauen.

Als Knabe, nachdem ich neunjährig aus der Schweiz in den Schwarzwald zurückgekehrt war, pflegte ich durch manche Jahre eine gewisse romantische Sehnsucht nach Basel und fühlte mich mit einem richtigen Kinderstolz als Fremdling und Ausländer, obwohl ich nach wenigen Wochen den schwäbischen Heimatdialekt wieder vollkommen wie in meinen ersten Lebensjahren sprach. Später kamen Zeiten, in denen ich mir ganz Schwabe zu sein schien und den schweizerischen Zuschuß stark unterschätzte. Erst allmählich wurde mir klar, daß meine gleichmäßige Liebe zu beiden Heimaten meiner Kindheit (zu welchen später noch der Bodensee hinzukam) nicht eine persönliche Laune von mir war, sondern daß es eine Landschaft, Atmosphäre, Volksart und Kultur gab, die ich schon früher von zwei verschiedenen Seiten her kennengelernt und mitgelebt hatte, die aber in sich Eins war. Seither rechne ich mich zu den Alemannen, und bin nicht betrübt, sondern froh darüber, daß unser Alemannien nicht ein politisch abgegrenzter Staat ist und nicht auf Landkarten und in Staatsverträgen zu finden ist.

Als Gegner der National-Eitelkeiten darf ich nun die Alemannen nicht rühmen und

sie mit Tugenden beladen, wie Völker es gerne voreinander tun. Ich halte weder die Treue noch die Schlauheit, weder die Tapferkeit noch den Humor für reservierte Spezialbegabungen der Alemannen, obwohl sie von alledem gute Proben geliefert haben. Ich liebe auch nicht einen alemannischen Dichter, eine alemannische Bauernstube, ein alemannisches Volkslied mehr als andere solche schöne Dinge auf Erden. Die Alemannen haben weder eine Peterskirche gebaut, noch haben sie einen Dostojewski, und wenn sie aus heimatlichem Dünkel nichts von fremder Art und Kunst wissen wollen, so tue ich nicht mit. Aber alles, was von alemannischer Herkunft ist, hat Heimatgeruch für mich, ist mir ohne weiteres verständlich und nah. Manches gefällt mir bei den Schwaben besser: so die wunderbare Musik bei den schwäbischen Dichtern, bei Hölderlin und Mörike. Anderes liebe ich wieder speziell bei den Schweizern: Phantasie hinter dem Anschein von Nüchternheit wie bei Gottfried Keller. Und noch etwas, worin die Schweizer anderen Alemannen voraus waren: eine bürgerlich-demokratische Mischung der Stände und Gesellschaftsschichten ohne scharfe Grenzen, Selbstbewußtsein und Selbstgenügsamkeit beim »Volk«, und Aufgeschlossenheit des »Gebildeten« gegen Volksgenossen aller Stände. Darin hatten wir auf der reichsdeutschen Seite manches verlernt und versäumt, was wir jetzt neu zu lernen im Begriff sind.

Das alemannische Land hat vielerlei Täler, Ecken und Winkel. Aber jedes alemannische Tal, auch das engste, hat seine Öffnung nach der Welt, und alle diese Öffnungen und Ausgänge zielen nach dem großen Strom, dem Rhein, in den alles alemannische Wasser rinnt. Und durch den Rhein hängt es von alters her mit der großen Welt zusammen. *(1919)*

Beim Einzug in ein neues Haus

In ein neues Haus einziehen heißt nicht nur etwas Neues anfangen, sondern auch etwas Altes verlassen. Und wenn ich jetzt in unser neues Haus einziehe, so kann ich wohl dem Freunde, dessen Güte ich dies Haus verdanke, von Herzen dankbar sein, ich kann seiner und der anderen Freunde, die am Zustandekommen des Hauses und seiner Einrichtung mitgeholfen haben, in Dankbarkeit und erneuter Freundschaft gedenken. Über das neue Haus aber etwas zu sagen, es erzählend zu schildern, es zu preisen, ihm ein Lied zu singen, dazu wäre ich nicht imstande, denn wie soll man Worte setzen und Lieder singen beim ersten Schritt eines Neubeginns, wie soll man einen Tag vor seinem Abend loben? Wohl können wir bei der Einweihung des neuen Hauses Wünsche im Herzen hegen und unsere Freunde bitten, diese stillen Wünsche für die Zukunft des Hauses und unseres Lebens darin ebenfalls im Herzen zu tragen. Über dies Haus selbst jedoch etwas zu sagen, eine wirkliche Kunde von ihm zu geben, mich im Sinn eines Erlebnisses zu ihm zu stellen und zu bekennen, das vermöchte ich erst in Jahr und Tag.

Wohl aber kann und muß ich bei unserm Einzug ins neue Haus jener anderen Häuser gedenken, welche in früheren Epochen meines Lebens mir Obdach geboten und mein Leben und meine Arbeit beschützt haben. Jedem von ihnen bin ich dankbar, jedes von ihnen bewahrt unzählige Erinnerungen für mich, und jedes hilft in meinem Gedächtnis dazu mit, der Zeit, in der ich es bewohnte, ein eigenes Gesicht zu geben. Darum, wie man bei einer seltenen Familienfeier wohl zuerst das Einstmals beschwört und der Verstorbenen gedenken mag, will ich heute all der Vorgänger unsres schönen Hauses mich erinnern, ihr Bild in mir wachrufen und den Freunden von ihnen erzählen.

Obwohl in charaktervollen alten Häusern aufgewachsen, war ich in meinen jungen Jahren doch zu wenig kultiviert, und vor allem zu sehr mit mir selbst beschäftigt, als daß ich dem Haus und der Wohnung, worin ich lebte, viel Aufmerksamkeit und Liebe zugewandt hätte. Zwar war es mir keineswegs gleichgültig, wie mein Wohnraum aussehe, aber wichtig war mir damals am Aussehen meines jeweiligen Zimmers bloß das, was ich selber zu diesem Aussehen beitrug. Es interessierten und erfreuten mich nicht die Dimensionen des Raumes, nicht die Wände, ihre Winkel, ihre Höhe, die Farben, die Fußböden und so weiter, es interessierte mich lediglich das, was ich selber ins Zimmer mitgebracht und aufgestellt, gehängt und geordnet hatte.

Die Art, wie ein zwölfjähriger träumerischer Knabe sein erstes eigenes Zimmer zu schmücken und auszuzeichnen sucht, hat mit Geschmack und Dekoration nichts zu tun; die Antriebe zu diesem Schmücken liegen viel tiefer als aller Geschmack. So habe auch ich einst als Zwölfjähriger, als ich zu meinem Stolz im geräumigen Vaterhaus zum erstenmal mein eigenes Zimmer bekam, den großen und hohen Raum in keiner Weise aufzuteilen und zu beherrschen, ihn durch Farben oder Anordnen der Möbelstücke schön und wohnlich zu machen versucht, sondern mich um die Aufstellung des Bettes, der Schränke und so weiter überhaupt nicht gekümmert, dagegen alle Aufmerksamkeit auf die paar Stellen der Stube gerichtet, die für mich nicht Gebrauchsge-

genstände, sondern Heiligtümer waren. Die wichtigste dieser Stellen war mein Stehpult, ich hatte mir lange eins gewünscht und es jetzt bekommen, und an diesem Pult
wieder war mir das Wichtigste der Hohlraum unter seinem schrägen Deckel, wo ich
ein Arsenal von mehr oder weniger geheimen Trophäen einzurichten bestrebt war, von
lauter Dingen, welche man nicht braucht und nicht kaufen kann, und welche für niemand als für mich selbst ihren Erinnerungswert und zum Teil auch ihre magischen Be-
deutungen hatten. Es war darunter ein kleiner Tierschädel, dessen Herkunft ich nicht
kannte, ferner getrocknete Baumblätter, eine Hasenpfote, ein brüchiges Stück dicken
grünen Glases und manche andere solche Dinge, die lagen in der Dämmerung ihrer
Höhle unter dem Pultdeckel verborgen, von niemand gesehen und gewußt als von mir,
meine Besitztümer und meine Geheimnisse, und sie waren mir wertvoller als jeder
andre Besitz. Nächst dieser geheimen Schatzkammer kam die obere Ebene des Stehpul-
tes in Betracht, und hier handelte es sich schon nicht mehr um den engsten und eigen-
sten Bezirk, hier spielte schon Dekoration, Aufmachung und auch Großtuerei mit hinein. Hier nämlich wollte ich nicht verbergen und hüten, sondern zeigen und prahlen,
hier sollte es großartig und schön zugehen, außer Blumensträußen und Marmorstücken
gab es hier Photographien und andere Bildchen zu sehen, und meine höchste Sehnsucht
war, hier eine Plastik stehen zu haben, einerlei was für eine, aber etwas Plastisches, ein
dreidimensionales Kunstwerk, irgendeine Figur oder einen Kopf, und so stark war dies
Verlangen, daß ich einmal eine Mark gestohlen und mir für achtzig Pfennige die winzig kleine Büste des jungen Kaisers Wilhelm aus gebranntem Ton, ein wertloses Mas-
senfabrikat, gekauft habe.

Übrigens war diese Sehnsucht des Zwölfjährigen auch beim Zwanzigjährigen noch
vorhanden, und zu den ersten Sachen, die ich mir aus selbstverdientem Gelde kaufte,
in Tübingen als Buchhändlerlehrling, gehörte ein schneeweißer Gipsabguß der Her-
mesbüste des Praxiteles. Ich würde ihn wahrscheinlich heut in keinem Zimmer ertra-
gen, aber damals empfand ich noch beinah ebenso stark wie als Knabe mit meinem tö-
nernen Kaiserbild den primitiven Zauber der Plastik, der körperlichen, greifbaren, ab-
tastbaren Naturnachahmung. Ein wesentlicher Fortschritt des Geschmackes also ist
kaum festzustellen, wenn auch freilich der Hermes ein edleres Gebilde war als jene
Kaiserbüste. Auch muß ich sagen, daß ich damals, während meiner vier Tübinger Jahre, noch immer gegen Haus und Raum, in denen ich wohnte, sehr gleichgültig war.
Mein Tübinger Zimmer in der Herrenberger Straße war alle die vier Jahre hindurch
dasselbe, das meine Eltern mir bei meinem Eintritt besorgt hatten: ein nüchternes ödes
Erdgeschoßzimmer in einem öden häßlichen Hause an einer reizlosen Straße. Obwohl
für viel Schönes empfänglich, litt ich damals unter diesem Wohnen keineswegs. Allerdings war es ja auch eigentlich kein »Wohnen«, denn ich war von frühmorgens bis
zum Abend fort, in der Buchhandlung, und wenn ich dann nach Hause kam, war es
meistens schon dunkel, und ich hatte nach nichts Verlangen als nach Alleinsein, nach
Freiheit, nach Lektüre und nach eigener Arbeit. Und unter einem »schönen« Zimmer
verstand ich auch damals noch nicht einen schönen Raum, sondern einen geschmück-
ten. An Schmuck ließ ich es denn nicht fehlen. An die Wände waren teils in großen
Photographien, teils in kleinen Ausschnitten aus illustrierten Zeitschriften oder aus
Verlagskatalogen mehr als hundert Bildnisse von Männern angenagelt, die ich aus ir-
gendeinem Grunde bewunderte, und die Sammlung wuchs während jener Jahre beständig; ich erinnere mich noch wohl, wie ich seufzend die etwas teuren Preise für
eine Photographie des jungen Gerhart Hauptmann bezahlte, dessen »Hannele« ich damals gelesen hatte, und für zwei Bilder von Nietzsche; das eine war das bekannte mit

Hermann Hesse zur Zeit der Niederschrift des »Peter Camenzind«, um 1903
Seine Frau Mia, geb. Bernoulli, die Mutter der drei Söhne Hesses

dem großen Schnurrbart und dem Blick etwas von unten herauf, das andre war die Photographie eines Ölbildes, das ihn als Kranken, mit ganz versunkenem und abwesendem Blick, darstellte, im Freien in einem Krankensessel hockend. Ich stand oft vor diesem Bilde. Außerdem war also der Hermes da, und die größte Wiedergabe eines Chopin-Bildnisses, die ich hatte auftreiben können. Außerdem war eine halbe Stubenwand, über dem Sofa, auf studentische Art mit einer Anordnung symmetrisch aufgehängter Tabakspfeifen dekoriert. Ein Stehpult hatte ich auch hier, und in seinem dunklen Hohlraume war noch immer Zauber, Geheimnis und Schatzkammer, war noch immer Zuflucht vor der nüchternen Außenwelt in ein magisches Reich; nur waren es jetzt nicht mehr Schädel, Hasenpfote, ausgehöhlte Roßkastanien und Glasstücke, sondern in Heften und auf vielen losen Papieren meine Gedichte, Phantasien und Aufsätze.

Von Tübingen kam ich, zweiundzwanzigjährig, im Herbst 1899 nach Basel, und dort erst geriet ich in ein ernsthaftes, lebendiges Verhältnis zur bildenden Kunst: während meine Tübinger Zeit, soweit sie mir gehörte, ausschließlich literarischen und intellektuellen Eroberungen gewidmet gewesen war, vor allem der wie berauschten oder besessenen Beschäftigung mit Goethe und dann mit Nietzsche, ging mir in Basel auch das Auge auf, ich wurde ein aufmerksamer und bald auch ein wissender Betrachter von Architekturen und Kunstwerken. Der kleine Kreis von Menschen in Basel, der mich damals aufnahm und bilden half, war ganz durchtränkt vom Einfluß Jacob Burckhardts, der erst vor kurzem gestorben war, und der dann in der zweiten Hälfte meines Lebens allmählich jene Stelle einnehmen sollte, welche vorher Nietzsche gehört hatte. Während meiner Basler Jahre machte ich denn auch zum erstenmal den Versuch, geschmackvoll und würdig zu wohnen, indem ich mir ein originelles hübsches Zimmer in einem Altbasler Hause mietete, ein Zimmer mit großem altem Kachelofen, ein Zimmer mit Vergangenheit. Ich hatte damit aber kein Glück; das Zimmer war wunderschön, aber es wurde niemals warm, obwohl der alte Ofen große Mengen Holz verschlang, und unter seinen Fenstern fuhren durch die scheinbar so ruhige Gasse morgens von drei Uhr an die Milch- und Marktwagen vom Albantor her über das Steinpflaster mit einem Höllenlärm und raubten mir den Schlaf; geschlagen floh ich nach einiger Zeit aus dem schönen Zimmer in eine moderne Vorstadt.

Und jetzt erst beginnt die Zeit meines Lebens, in der ich nicht mehr zufällige und oft gewechselte Zimmer, sondern Häuser bewohnte, und in welcher diese Häuser mir lieb und wichtig wurden. In den Jahren zwischen meiner ersten Heirat im Jahre 1904 und meinem Einzug in die Casa Bodmer im Jahre 1931 habe ich vier verschiedene Häuser bewohnt, und eines von ihnen selber gebaut. An sie alle muß ich heute denken.

In ein häßliches oder auch nur gleichgültiges Haus wäre ich jetzt nicht mehr gezogen; ich hatte viel alte Kunst gesehen, war zweimal in Italien gewesen, und auch sonst hatte mein Leben sich verändert und bereichert: zugleich mit dem Abschied von meinem bisherigen Berufe beschloß ich zu heiraten und beschloß zugleich, künftig ganz auf dem Lande zu leben. An diesen Entschlüssen sowohl wie an der Wahl der Orte und Häuser, in welchen wir künftig lebten, hatte meine erste Frau großen Anteil. Entschlossen zu einem einfachen, ländlichen, gesunden und möglichst bedürfnislosen Leben, legte sie doch großen Wert darauf, bei aller Einfachheit sehr schön zu wohnen, das heißt in schöner Landschaft mit schöner Aussicht, und in schönen, das heißt in charaktervollen, würdigen, nicht gleichgültigen Häusern. Ihr Ideal war das halb bäurische, halb herrschaftliche Landhaus, mit moosigem Dach, geräumig, unter uralten Bäumen, womöglich mit einem rauschenden Brunnen vor dem Tor. Ich selbst hatte ganz ähnliche Vorstellungen und Wünsche und stand in diesen Dingen auch unter Mias

Hesse bei Emil Strauß im Bernrain bei Emmishofen im Herbst 1903

Am 19. 12. 1903 schrieb Hesse an Hermann Haas:
»Ich habe einen solchen Katarrh, daß ich kaum mehr aus den Augen sehe. Geholt hab' ich ihn mir auf dem Bodensee, wo ich beim Freund Hein-Strauß 5 Tage war. Es war ganz herrlich und ich sah unendlich viel Schönes. Die Rathäuser in Überlingen und Konstanz, das Schloß in Meersburg, die Kirchen der Reichenau und die ›alte Kanzlei‹ in Überlingen gehören zum Allerschönsten, was ich je gesehen habe, und sind mehr als einen Katarrh wert.«

Einfluß. So war uns das, was wir zu suchen hatten, etwa vorgezeichnet. Zunächst suchten wir in der Nähe von Basel da und dort in hübschen Dörfern, dann trat durch meinen ersten Besuch bei Emil Strauß in Emmishofen auch der Bodensee in unsern Gesichtskreis, und zuletzt entdeckte, während ich zu Hause in Calw bei Vater und Schwestern saß und »Unterm Rad« schrieb, meine Frau das badische Dorf Gaienhofen am Untersee, und darin ein leerstehendes Bauernhaus, an einem kleinen stillen Platz gegenüber der Dorfkapelle. Ich war einverstanden, und wir mieteten das Bauernhaus für einen Mietzins von hundertfünfzig Mark im Jahr, was uns selbst dort und damals wohlfeil erschien. Dort begannen wir uns im September 1904 einzurichten, anfangs mit Enttäuschungen und Schwierigkeiten, mit langem Warten auf die ausbleibenden Möbel und Betten, die aus Basel kommen sollten und die wir Tag um Tag mit dem von Schaffhausen kommenden Morgenschiff erwarteten. Dann ging es vorwärts, und unser Eifer wuchs. Wir strichen das rohe Dachgebälk in den Stuben des obern Stockwerks dunkelrot, die beiden unteren Stuben, die hübschesten des Hauses, hatten alte Wandverkleidungen von unbemaltem Tannenholz, und neben dem gediegenen Ofen war eine sogenannte »Kunst«: ein Stück Wand war dort, oberhalb einer rohen Sitzbank, mit grünen alten Kacheln bekleidet, die vom Herdfeuer der Küche her erwärmt wurden. Hier war der Lieblingsplatz unsrer ersten Katze, des schönen Katers Gattamelata*. Dies also war mein erstes Haus. Eigentlich freilich hatten wir bloß die Hälfte des Hauses gemietet, die andre Hälfte bestand aus Scheune und Stall, die der Bauer zur eigenen Verwendung behielt. Der Wohnteil des Fachwerkhauses bestand unten aus einer Küche und zwei Stuben, deren größere mit dem großen Kachelofen unser Wohn- und Speisezimmer war, rohe Holzbänke liefen der halben Wand entlang, es war dort warm und behaglich zwischen den Holzwänden. Das kleine Zimmer daneben war das

* italienisch = gefleckte Katze

19

meiner Frau, dort stand ihr Klavier und Schreibtisch. Eine primitive Brettertreppe führte ins obere Geschoß. Dort war, dem Wohnzimmer unten entsprechend, ein gro-ßer Raum mit zwei Fenstern übereck, aus denen, an der Kapelle vorbei, Stücke der See-landschaft zu sehen waren; dies war mein Studierzimmer, darin stand der große Schreibtisch, den ich mir hatte bauen lassen und den ich als einziges Stück von damals noch heute habe, auch ein Stehpult stand wieder darin, und alle Wände voll von Bü-chern. Trat man ein, so mußte man auf die hohe Balkenschwelle achten; wer das außer acht ließ, stieß sich in der niedrigen Türe den Kopf an, es ist manchem passiert. Der junge Stefan Zweig mußte bei seinem Besuch sich erst eine Viertelstunde hinlegen und erholen, ehe er sprechen konnte, er war zu rasch und enthusiastisch eingetreten, als daß ich ihn noch vor der Schwelle hätte warnen können. Daneben waren auf diesem Boden noch zwei Schlafzimmer, und darüber ein großer Dachboden. Ein Garten war nicht bei diesem Hause, nur ein kleiner Grasfleck mit zwei, drei geringen Obstbäumen, dazu grub ich dem Hause entlang eine Rabatte und pflanzte Johannisbeersträucher und einige Blumen hinein.

In diesem Haus habe ich drei Jahre gewohnt, während dieser Zeit ist mein erster Sohn zur Welt gekommen und sind viele Gedichte und Erzählungen entstanden. Im »Bilderbuch« und anderwärts findet sich manche Schilderung aus unsrem damaligen Leben. Etwas, was kein späteres Haus mehr zu geben hatte, macht dieses Bauernhaus mir lieb und einzigartig: Es war das erste! Es war die erste Zuflucht meiner jungen Ehe, die erste legitime Werkstatt meines Berufes, hier zum erstenmal hatte ich das Ge-fühl von Seßhaftigkeit, und eben darum auch zuweilen das Gefühl der Gefangenschaft, des Verhaftetseins an Grenzen und Ordnungen; hier zum erstenmal ließ ich mich auf den hübschen Traum ein, mir an einem Orte eigener Wahl etwas wie Heimat schaffen und erwerben zu können. Und es geschah mit geringen und primitiven Mitteln. Nagel um Nagel in diesen Stuben habe ich selber eingeschlagen, und es waren nicht gekaufte Nägel, sondern die Kistennägel von unsrem Umzug, die ich Stück für Stück auf unsrer steinernen Hausschwelle geradegeklopft hatte. Ich habe die klaffenden Ritzen im Obergeschoß ausgestopft, mit Werg und mit Papier, und rote Farbe drüber gestrichen, ich habe in dem schlechten Boden bei der Hauswand gegen Trockenheit und Schatten um die paar Blumen gekämpft. Das Einrichten dieses Hauses war mit dem schönen Pa-thos der Jugend geschehen, mit dem Gefühl eigenster Verantwortlichkeit für unser Tun, und mit dem Gefühl, es sei fürs ganze Leben. Dazu hatten wir auch den Versuch gemacht, in dieser bäuerlichen Hütte ein ländliches, einfach-aufrichtiges, natürliches, unstädtisches und unmodisches Leben zu führen. Die Gedanken und Ideale, die uns dabei führten, waren ebenso verwandt mit denen Ruskins und Morris', wie mit denen von Tolstoi. Zum Teil war es geglückt, zum Teil mißlungen, aber es war uns beiden mit allem ernst gewesen, es war alles in Treue und mit Hingabe getan worden.

Zwei Bilder, zwei Erlebnisse stehen jedesmal scharf und wohlerhalten in meinem Gedächtnis auf, wenn ich an dies Haus und die ersten Gaienhofener Jahre erinnert werde. Das erste Bild ist ein warmer strahlender Sommermorgen, der Morgen meines achtundzwanzigsten Geburtstages. Da wachte ich früh auf, von wunderlichen Tönen geweckt und beinah erschreckt, lief im Hemd ans Fenster, und unterm Fenster stand, von meinem Freund Ludwig Finckh aus den paar Nachbardörfern zusammengeholt, eine ländliche Blasmusik, die spielte einen Marsch und einen Choral, und die Hörner und die Klarinettenklappen funkelten in der Morgensonne.

Dies ist das eine Bild, das mir bei dem alten Hause einfällt. Das andre hat ebenfalls mit meinem Freund Finckh zu tun. Auch diesmal wurde ich aus dem Schlaf geschreckt, aber es war noch mitten in der Nacht, und unterm Fenster stand nicht Finckh, sondern Freund Bucherer und meldete mir, daß das kleine Häuschen, das Ludwig Finckh sich gekauft und soeben für seine junge Frau hergerichtet hatte, in Flammen stehe. Schweigend gingen wir durchs Dorf hinauf, da stand der Himmel hochrot, und das kleine putzige Hexenhäuschen, eben erst frisch ausgebaut, gemalt und eingerichtet, brannte vor unsern Augen bis zur letzten Schindel nieder, während sein Besitzer auf der Hochzeitsreise war und morgen eintreffen und seine Frau in das Haus einführen sollte. Als der Trümmerhaufen noch glühte und rauchte, mußten wir uns auf den Weg machen, um dem Freund entgegenzugehen und ihn und seine Frau mit der Unglücksbotschaft zu empfangen.

Von unsrem Bauernhaus nahmen wir einen langsamen und leichten Abschied, denn wir hatten beschlossen, uns nun selber ein Haus zu bauen. Es hatten sich dafür verschiedene Gründe eingefunden. Erstens waren unsre äußeren Verhältnisse günstig, und bei dem einfach-sparsamen Leben, das wir führten, war jedes Jahr Geld zurückgelegt worden. Dann hatten wir schon lange Sehnsucht nach einem richtigen Garten, und nach einer freieren und höheren Lage mit weiter Aussicht. Auch war meine Frau viel krank gewesen, und es war ein Kind da, und solche Luxuseinrichtungen wie eine Badewanne und ein Badeofen schienen uns jetzt nicht mehr so ganz entbehrlich wie vor drei Jahren. Und, so dachten und sprachen wir, wenn unsre Kinder nun hier auf dem Lande aufwuchsen, so war es schöner und richtiger, wenn sie es auf eigenem Grund und Boden, im eigenen Haus, im Schatten eigener Bäume tun konnten. Ich weiß nicht mehr, wie wir diese Auffassung vor uns selber begründeten, ich erinnere mich nur daran, daß es uns wirklich ernst damit war. Vielleicht stand dahinter nichts als häuslicher Bürgersinn, obwohl der bei uns beiden nie stark gewesen war — aber am Ende

Das 1907 erbaute eigene Haus »Am Erlenloh«, heute »Fremdenheim Waentig«, in Gaienhofen

waren wir durch die fetten Jahre erster Erfolge verdorben; oder aber spukte auch da
so ein Bauerntum-Ideal mit hinein? Ich fühlte mich meiner Bauernideale zwar niemals
sicher, auch schon damals nicht, aber von Tolstoi her und auch von Jeremias Gotthelf
her, und gespeist aus einer damals in Deutschland ziemlich lebhaften Regung von
Stadtflucht und Landleben mit moralisch-künstlerischer Begründung lebten nun eben
diese hübschen, aber unklar formulierten Glaubensartikel in unsern Köpfen, wie sie
auch im »Peter Camenzind« zum Ausdruck kamen. Ich weiß nicht mehr genau, was
ich damals unter dem Wort »Bauer« verstand. Heute jedenfalls glaube ich nichts gewisser zu wissen, als daß ich das genaue Gegenteil eines Bauern bin, nämlich (dem an-
geborenen Typus nach) ein Nomade, ein Jäger, ein Unseßhafter und Einzelgänger.
Nun, damals dachte ich im Grunde wahrscheinlich gar nicht viel anders als heute, aber
statt des Gegensatzes »Bauer – Nomade« sah und formulierte ich damals eben den
Gegensatz »Bauer – Städter«, und verstand unter Bauerntum nicht bloß die Stadtfer-
ne, sondern vor allem die Naturnähe und die Sicherheit, die ein nicht von Vernunftsät-
zen, sondern von Instinkten geleitetes Leben auszeichnet. Daß mein ländliches Ideal
selber nur ein Vernunftsatz war, störte mich dabei nicht. Unsre Neigungen haben ja
stets eine erstaunliche Begabung, sich als Weltanschauungen zu maskieren. Der Fehler
meines Gaienhofener Lebens war denn auch nicht der, daß ich falsche Gedanken über
Bauerntum und so weiter hegte, sondern daß ich zum Teil mit meinem Bewußtsein etwas ganz andres wollte und anstrebte, als meine wirklichen Triebe meinten. Wie weit
ich dabei Ideen und Wünsche meiner Frau Mia über mich herrschen ließ, kann ich
nicht sagen, ihr Einfluß in jenen ersten Jahren war aber, wie ich erst im Zurückblik-
ken sehe, stärker als ich zugegeben hätte.

   Kurz, es war beschlossen worden, Land zu kaufen und zu bauen. Ein von Basel her
befreundeter Architekt, Hindermann, war zur Verfügung, die Schwiegereltern gaben
den größten Teil der Bausumme als Darlehen, Land war überall billig zu kaufen, ich
glaube, das Quadratmeter kostete etwa zwei oder drei Groschen. So haben wir in unsrem vierten Bodenseejahr ein Grundstück gekauft und ein hübsches Haus darauf gebaut. Wir wählten einen Platz weit außerhalb des Dorfes, mit freier Aussicht über den
Untersee. Man sah das Schweizer Ufer, die Reichenau, den Konstanzer Münsterturm
und dahinter ferne Berge. Das Haus war bequemer und größer als das verlassene, es
war Raum darin für Kinder, Magd, Gast; Schränke und Truhen wurden eingebaut,
und wir brauchten das Wasser nicht mehr wie bisher vom Brunnen her zu tragen, es
gab eine Wasserleitung im Haus, und unterm Boden einen Wein- und Obstkeller und
eine Dunkelkammer für die Photographien meiner Frau, und noch dies und jenes Hübsche und Angenehme. Nachdem wir eingezogen waren, gab es auch Enttäuschungen
und Sorgen, die Senkgrube war häufig verstopft, und in der Küche blieb das Altwasser
im Schüttstein stehen und drohte überzulaufen, während ich mit dem herbeigeholten
Baumeister vor dem Hause auf dem Bauche lag und mit Ruten und Drähten in den
wieder aufgegrabenen Ablaufröhren wühlte. Das Ganze aber bewährte sich und machte uns Freude, und wenn auch unser tägliches Leben ebenso einfach geführt wurde
wie vorher, so gab es doch eine Menge von kleinem Luxus, den ich mir nie hätte träumen lassen. In meinem Arbeitszimmer war eine Bibliothek eingebaut und ein großer
Mappenschrank. An allen Wänden drängten sich die Bilder, wir hatten jetzt manche
Künstlerfreunde, kauften einiges und bekamen andres geschenkt. In den Räumen des
weggezogenen Max Bucherer wohnten jetzt im Sommer zwei Maler aus München,
Otto Blümel und Ludwig Renner, die wir gerne hatten und mit denen ich noch heute
befreundet bin.

Blick in Hesses Gaienhofener Bibliothekszimmer im Haus »Am Erlenloh«

Besonders üppig und fein hatte ich mir die Heizung meines Studierzimmers ausgedacht: da stand ein großer grüner Kachelofen, der aber als Dauerbrenner mit Kohlen geheizt werden konnte. Wir gaben uns viel Mühe mit ihm, und schickten einmal während des Bauens eine ganze Wagenladung Kacheln wieder an die Fabrik zurück, weil sie nicht ganz das schöne Grün hatten, die ich gemeint und bestellt hatte. Aber gerade dieser Ofen zeigte mir die Schattenseiten aller Bequemlichkeiten und technischen Verfeinerung: der Kerl heizte zwar gut, aber bei etwas föhnigem Wetter braute er Gase, die er nicht wieder loswerden konnte, und explodierte dann mit einem Ton, den ich heut noch höre, und die Stube war plötzlich voll Kohlengas, Rauch und Ruß, man mußte das Feuer schleunigst herausholen und löschen, und zwei Stunden weit nach Radolfzell laufen, um den Hafner zu holen, und dann war es für manche Tage aus mit Heizung und Studierstube. Drei- oder viermal ist das passiert, und zweimal reiste ich gleich nach dem Unglück ab: kaum war der böse Knall erfolgt und meine Stube eingeräuchert, so packte ich die Handtasche, lief weg, bestellte in Radolfzell den Hafner und fuhr von da nach München, wo ich als Mitherausgeber einer Zeitschrift ohnehin zu tun hatte. Immerhin waren die Eskapaden seltne Ausnahmen.

Beinahe wichtiger als das Haus wurde mir der Garten. Einen eigenen Garten hatte ich noch nie gehabt, und aus meinen ländlichen Grundsätzen ergab sich von selbst, daß ich ihn selber anlegen, bepflanzen und pflegen mußte, und das habe ich denn auch manche Jahre lang getan. Ich baute im Garten einen Schuppen für das Brennholz und das Gartengerät, ich steckte gemeinsam mit einem mich beratenden Bauernsohn Wege und Beete ab, pflanzte Bäume, Kastanien, eine Linde, eine Katalpe, eine Buchenhecke und eine Menge von Beerensträuchern und schönen Obstbäumen. Die Obstbäumchen wurden im Winter von den Hasen und Rehen abgenagt und zerstört, alles andre gedieh recht schön, und wir hatten damals die Erdbeeren und Himbeeren, den Blumenkohl, die Erbsen und den Salat im Überfluß. Daneben legte ich eine Dahlienzucht an, und eine lange Allee, wo zu beiden Seiten des Weges einige hundert Sonnenblumen von exemplarischer Größe wuchsen und zu ihren Füßen viele Tausende von Kapuzinern in allen Tönen von Rot und Gelb. Mindestens zehn Jahre lang habe ich, in Gaienhofen und in Bern, allein und eigenhändig meine Gemüse und Blumen gepflanzt, meine Beete gedüngt und begossen, die Wege von Unkraut befreit, habe all unser vieles Brennholz selber gesägt und gespalten. Es war schön und lehrreich, und wurde doch am Ende zu einer schweren Sklaverei. Das Bauernspielen war hübsch, solang es ein Spiel war: als es sich zur Gewohnheit und Pflicht ausgewachsen hatte, war die Freude daran vorüber. Hugo Ball hat, nach meinen sehr sparsamen Auskünften, den Sinn dieses Gaienhofener Umweges in seinem Buch gut herausgeschält, wenn auch ein wenig zu kahl und zu wenig gerecht gegen Freund Finckh. Es war mehr Wärme dabei und mehr Unschuld und Spiel, als er ahnen läßt.

Wie sehr übrigens unsre Seele das Bild der Umwelt bearbeitet, verfälscht oder vielmehr korrigiert, und wie sehr die Erinnerungsbilder unsres Lebens von innen her beeinflußt werden, das zeigt mir meine Erinnerung an das zweite Gaienhofener Haus beschämend deutlich. Ich habe vom Garten dieses Hauses heute noch die genaueste Vorstellung, und im Hause selbst sehe ich mein Studierzimmer und dessen geräumigen Balkon deutlich mit allen Einzelheiten, ich könnte noch von jedem Buch die Stelle nennen, die es einnahm. Dagegen ist meine Vorstellung von den übrigen Räumen schon heute, zwanzig Jahre nachdem ich das Haus verlassen, merkwürdig unscharf geworden.

Nun waren wir also richtig für Lebzeiten eingerichtet und angesiedelt, friedlich

stand vor unsrer Haustür der einzige große Baum unsres Grundstücks, ein alter gewaltiger Birnbaum, unter den ich eine Lattenbank gezimmert hatte, fleißig bestellte ich meinen Garten, pflanzte und schmückte, und schon kam mein ältestes Söhnchen mir im Garten spielend mit seinem Kinderspaten nach. Aber die Ewigkeit, für die wir gebaut hatten, dauerte nicht lange. Ich hatte Gaienhofen erschöpft, es war dort kein Leben mehr für mich, ich reiste nun häufig für kurze Zeiten weg, die Welt war so weit da draußen, und fuhr schließlich sogar nach Indien, im Sommer 1911. Die heutigen Psychologen, der Schnoddrigkeit beflissen, nennen so etwas eine »Flucht«, und natür-

lich war es unter andrem auch dies. Es war aber auch ein Versuch, Distanz und Über-
blick zu gewinnen. Im Sommer 1911 fuhr ich nach Indien und kam ganz am Ende des
Jahres zurück. Aber das alles genügte nicht. Mit der Zeit fanden sich zu den verschwiegenen inneren Gründen unsrer Unzufriedenheit auch die äußeren, die zwischen
Mann und Frau leicht diskutierbaren: ein zweiter und dritter Sohn war geboren, der
älteste wurde schulpflichtig, meine Frau empfand zuweilen Heimweh nach der
Schweiz und auch nach der Nähe einer Stadt, nach Freunden und nach Musik, und allmählich gewöhnten wir uns daran, unser Haus als verkäuflich und unser Gaienhofener
Leben als eine Episode zu betrachten.   (1931)

Hesse mit seinem ältesten Sohn
Bruno, um 1909, auf der selbst-
gezimmerten Lattenbank um den
Birnbaum vor dem Haus »Am
Erlenloh«. Sitzend: der befreun-
dete Maler und Graphiker
Max Bucherer und seine Frau Else

Eine Bodensee-Erinnerung

Meine erste Heirat fand im Sommer 1904 in Basel statt. Meine Braut hatte, während ich in Calw an einem Buch arbeitete, eine ländliche Wohnung für uns gesucht und in einem kleinen Dorf am deutschen Ufer des Bodensees ein leerstehendes altes Bauernhaus entdeckt, etwas primitiv und auch etwas verwahrlost, aber hübsch und still. Das einzige Komfortable im Hause war ein schöner alter Kachelofen mit »Kunst«, von der Küche her heizbar, Wasser gab es im Hause nicht, das mußte vom Brunnen in der Nähe geholt werden, Gas oder elektrisches Licht gab es in der ganzen Gegend nicht, und es war auch nicht ganz einfach, das Dörfchen zu erreichen oder zu verlassen, außer dem Dampfschiff, das nur sehr selten und bei Eis oder Sturm oft gar nicht fuhr, gab es nur einen Pferdepostwagen, mit dem man in stundenlanger Fahrt, mit langen Aufenthalten in jedem Zwischendorf, eine Bahnstation erreichen konnte. Es war aber gerade das, was wir uns gewünscht hatten, ein verwunschenes, verborgenes Nest ohne Lärm, mit reiner Luft, mit See und Wald, und die Miete für unser ganzes Haus mit fünf Stuben kostete, glaube ich, etwa 150 Mark im Jahr. Wir hatten unsere Sachen schon vor manchen Tagen vorausgeschickt, aber als wir jungen Eheleute nun in unserem Dorf ankamen und einziehen wollten, standen wir vor einem leeren Haus, außer meinen Bücherkisten war noch nichts angekommen, weder Möbel noch Betten, es blieb uns nichts übrig, als zu warten und vorerst irgendeinen Gasthof aufzusuchen. Es wurde uns einer drüben am andern Ufer empfohlen, wir ließen uns über den See rudern und fanden gute Aufnahme und Unterkunft. Immerhin, der Beginn unseres Unternehmens war etwas enttäuschend: Meine Frau hatte sich auf den Einzug und auf das Einrichten gefreut, ich auf das Aufstellen meiner Bibliothek und das Einweihen des großen neuen, aus München bestellten Schreibtisches, an dem ich noch heute arbeite. Statt dessen saßen wir untätig in einem fremden Dorf und Gasthaus, konnten auf das andere Ufer und »unser« Dorf hinüber blicken, fuhren immer wieder mit dem kleinen Dampfer übers Wasser und sahen uns jedesmal enttäuscht: Unser Hausrat war nicht eingetroffen. Irgend etwas schien da nicht zu stimmen bei unserem Sprung ins neue Leben, das ich mir knabenhaft halb als Idylle, halb als Robinsonade vorgestellt hatte, irgendein Kobold schien da zu spuken. Doch waren wir jung, vergnügt und neugierig genug, um nicht schon damals solche Gedanken zu hegen, man ist ja nachher immer scheinbar klüger als in der lebendigen Gegenwart und trägt, wie die leidigen Geschichtsphilosophen es tun, im erinnernden Nachzeichnen des Erlebten Zusammenhänge, Entwicklungslinien und Deutungen hinein, die man dann gern schon dazumal gehabt zu haben sich einbildet. Wir waren im großen ganzen recht vergnügt auf Ausflügen, Schiffs- und Ruderbootfahrten, studierten den üppigen Flor in den gepflegten Bauerngärten und die Mundart der Thurgauer, und für mich waren namentlich die Fischerdörfer und die Ufergebiete mit ihren tausend Pfählen, ihren heimlichen Strömungen und ausgedehnten hohen Schilfwäldern von hoher Anziehungskraft.

Etwas wie Beängstigung aber empfand ich, als an einem dieser heimlosen Ferientage meine Frau mir gestand, daß sie ernstliche Schmerzen beim Bücken und manchmal auch beim Gehen habe. Ich kannte sie als zäh und tapfer, das Gegenteil von wehleidig, ich wußte sie, furchtlose und ausdauernde Bergsteigerin und groß beim Klettern im Fels, mir an physischer Konstitution und Leistungsfähigkeit überlegen, und konnte mir wohl denken, sie habe schon eine gute Weile sich mit diesen Schmerzen geschleppt und sie erst eingestanden, als sie nicht mehr zu verheimlichen waren. Darum erschreckte mich ihre Klage. Sofort erkundigte ich mich, ob es einen Arzt am Ort gebe. Richtig, es gab einen, die Wirtsleute rühmten ihn sehr, er sei unmenschlich gescheit, habe schon manchem wunderbar geholfen, und nehme vom armen Patienten wenig oder nichts, schenke ihnen sogar manchmal die Arzneien. So ließen wir uns denn das Haus des Dorfarztes zeigen, fanden ihn auch zu Hause und wurden gleich empfangen.

In einem altmodisch-behaglichen Studierzimmer saß hinter einem breiten, mit allerlei Zeug vollgestapelten Schreibtisch ein gut und freundlich aussehender Herr, er hätte etwa ein Pfarrer oder Gelehrter sein können, an den Arzt erinnerte in dem dämmrigen Zimmer einzig eine Reihe von Flaschen und Fläschchen, die in Griffnähe neben ihm standen. Wir waren jung und empfanden beide noch dem Medizinmann gegenüber eine gewisse respektable Schüchternheit, er war auch erheblich älter als wir und befand sich nicht wie wir in einer ungewohnten Situation, er strahlte vielmehr eine heitere Sicherheit aus, übrigens auch ein natürliches Wohlwollen, und empfing uns gutgelaunt und zu angenehmer Konversation bereit, während wir klein und etwas ängstlich seiner Einladung folgten und Platz nahmen. Und so blieb es über die ganze Zeit unserer Unterhaltung: Wir die Schwaben saßen gespannt und mit gezwungener Höflichkeit auf unseren Stühlen und er, der Starke und Joviale, saß bequem und väterlich einige Meter von uns entfernt in seinem Armsessel und blieb trotz aller unserer Versuche, die Distanz zu durchbrechen, der Führende in der Konversation. Es war vom Wetter, von der Landschaft, vom Gasthaus, von Sehenswürdigkeiten in der Umgebung, von Fischerei und Obsternte die Rede, zwischenhinein auch von den Schmerzen im Rücken meiner Frau, die er jedoch nicht besonders ernst nahm. »Ja, ja, so junge Frauchen haben recht oft solche Beschwerden, man darf es nicht tragisch nehmen, immerhin gebe ich Ihnen dann etwas zum Einreiben mit, es kann nichts schaden.« Und so weiter und weiter. Zu einer Untersuchung war er nicht zu bewegen, er blieb hinterm Schreibtisch thronen. Schließlich mußten wir Abschied nehmen, er stand auf, reichte uns eine Flasche Opodeldoc, und seine letzten Worte waren: »Fahren Sie doch gelegentlich nach Konstanz und fragen Sie nach Engstlers Biergarten, da bekommen Sie ein gutes Pilsener und können unter den Bäumen im Schatten sitzen, und da singen die Vögel, das ist so schön wie ein Militärkonzert und kostet keinen Rappen.« Wir fragten, was wir schuldig seien, und bezahlten für Konsultation samt Arznei fünf Franken. Bald darauf wurde an anderer Stelle die Krankheit meiner Frau als Ischias erkannt, sie lag viele Wochen damit in Basel und hatte noch jahrelang mit heftigen Rückfällen zu tun.   *(1960)*

Aus Hesses Photoalbum
vom Bodensee

Der Verleger
Albert Langen
(links)

Ludwig Thoma
(rechts)

Hesse mit
Olaf Gulbransson

Von links nach rechts:
Hesse, Max Bucherer,
Else Bucherer,
Othmar Schoeck,
Hilde Schoeck

Brief Olaf Gulbranssons mit Porträtskizzen der Autoren O. J. Bierbaum und Ludwig Thoma sowie mit
Gulbranssons ursprünglichem Titelbildentwurf für die Zeitschrift »März« (Baumstumpf mit jungen Trieben)

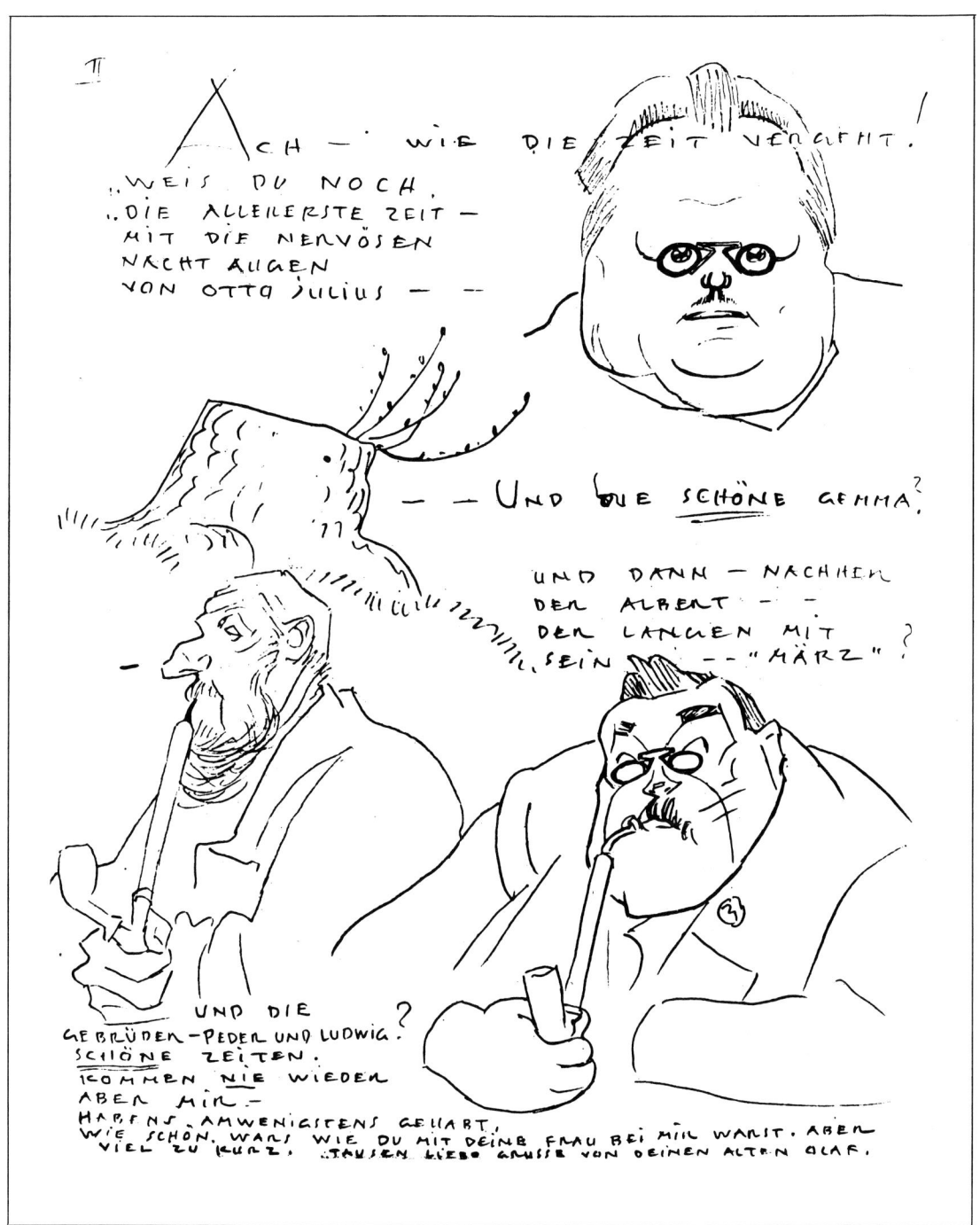

Maria Hesse (genannt Mia), geb. Bernoulli

Hesse mit
seiner Frau Mia

Hesse (Mitte)
mit Freunden

Hesse mit seinen Söhnen Bruno und Heiner, um 1910   Ludwig Finckh und Hermann Hesse

Die Söhne
Heiner (links)
und Bruno

Heiner und Bruno mit ihrem jüngsten Bruder Martin Hesse, 1911

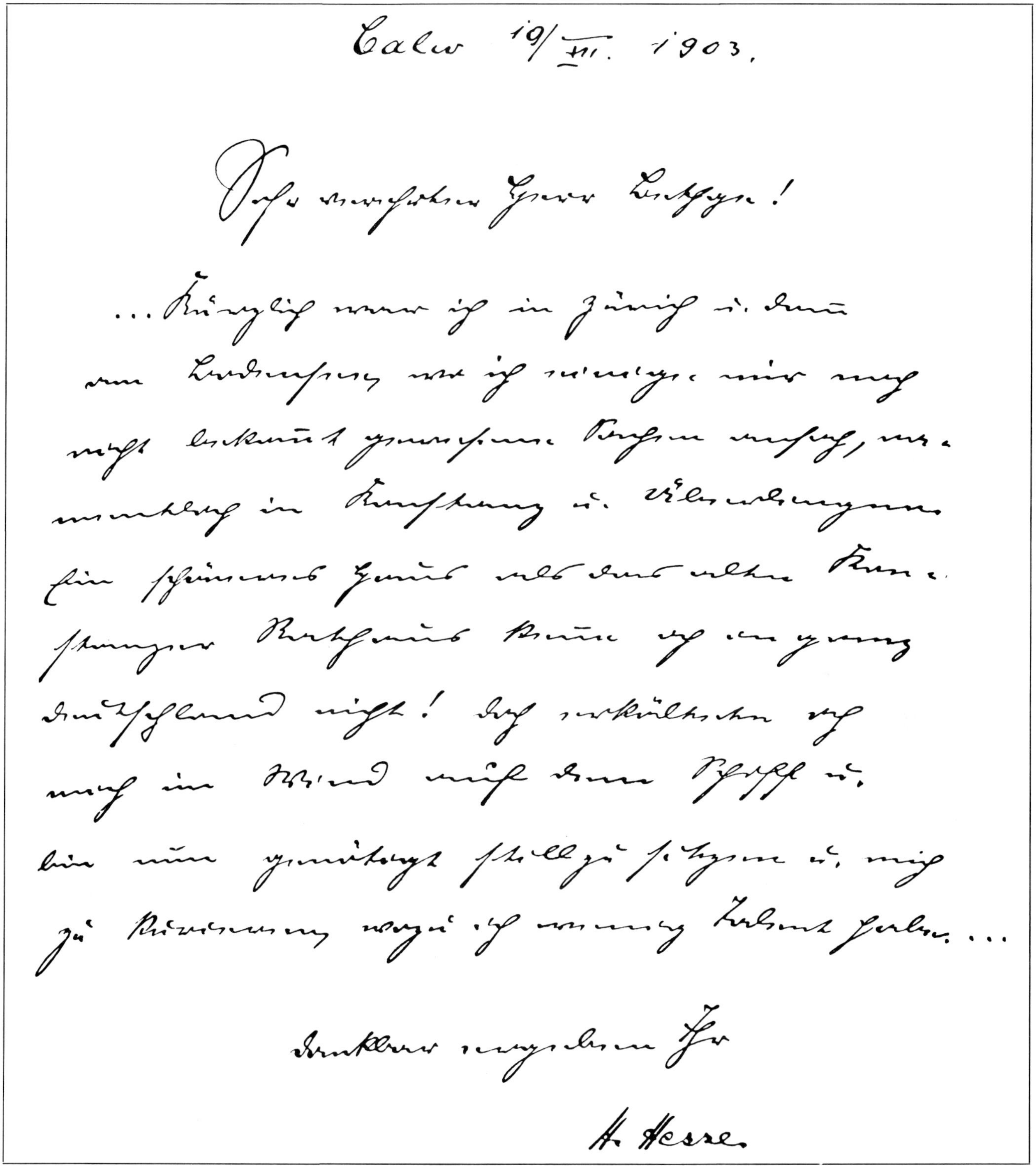

Calw 19/VII. 1903.

Sehr verehrter Herr Bethge!

...Kürzlich war ich in Zürich u. dann
am Bodensee, wo ich einige mir noch
nicht bekannt gewesene Sachen ansah, namentlich in Konstanz u. Überlingen.
Ein schöneres Haus als das alte Konstanzer Rathaus kenne ich in ganz
Deutschland nicht! Ich erkältete mich
mich im Wind auf dem Schiffe u.
bin nun genötigt still zu sitzen u. mich
zu kurieren, wozu ich wenig Talent habe...

Dankbar ergebener Ihr

H. Hesse

(Aus einem Brief Hesses an den Schriftsteller Hans Bethge)

Ihr Lieben, nur in Eile viel schöne Grüße und die Mitteilung, daß wir also am Dienstag getraut wurden. Es gab darauf bei Maria ein kleines Essen, und abends fuhren wir zwei nach Schaffhausen, von da Mittwochs nach Konstanz, wo wir noch viel Besorgungen hatten. Seither trieben wir uns am See herum, besuchten in Rheineck eine Freundin von Maria, waren in Ermatingen usw. Heut abend kamen wir hier in Steckborn an, und morgen wollen wir anfangen, in Gaienhofen nach unsern Sachen zu sehen. Freilich wird sich noch wenig tun lassen, denn die Möbel sind noch nicht da. Wir wohnen einstweilen in Steckborn im Hotel, doch treffen uns Briefe u.s.w. in Gaienhofen, wohin wir jeden Tag kommen. Leider hat Maria, wohl in Folge der vielen Arbeit und Springerei, in letzter Zeit beim Gehen Beschwerden im Rücken, so daß wir schön langsam machen müssen. Doch hoffen wir nach dem Rat eines Konstanzer Arztes, die Sache durch Einreiben etc bald wegzukriegen. Im übrigen hatten wir bei dem schönen Wetter am See sehr schöne Tage. Wir sahen zusammen ein gutes Stück See u. Ufer und freuen uns nun nicht wenig darauf, von der prächtigen Gegend ernstlich Besitz zu nehmen. Eben jetzt, etwa eine Stunde nach Sonnenuntergang, sitzen wir im Hotel am See und freuen uns über diesen köstlichen Winkel, der nun uns gehören soll.

Für heute nur viele herzliche Grüße und Wünsche, besonders für Papa von Euren

Hermann und Maria

Und ich wohne also jetzt mit Frau in Gaienhofen, in einem lustigen Bauernhäuschen (Jahresmiete 150 Mark), das sich hoffentlich auch im Winter bewohnbar zeigt. Einstweilen tat ich das Mögliche mit Dachflicken und Ausbessern der Böden usw. und bin viel mit Beil und Hammer tätig.

Unser Leben hier ist völlig einsam und ländlich, doch nicht ganz, was man poetisch-idyllisch nennt. Das Dörflein ist ganz klein und hat nur einen Bäcker, aber keine Läden, keinen Metzger usw. Ich muß also, sobald etwas nötig wird, nach Steckborn rudern und dort einkaufen. Dabei wird der Zoll passiert, und ich kann schon den ganzen Zolltarif für Küchensachen usw. auswendig, ziehe aber natürlich wo möglich das Schmuggeln vor. In Bälde hoffe ich nun auch ans Fischen zu kommen.

Zwei unsrer Stuben (Wohnstube und Studierbude) sind sehr schön, auch groß, mit Seeaussicht. Das Dorf liegt bergan am Hügel. Ich bin 5 Minuten von der Schifflände. Die Landschaft ist licht und hübsch, viel Obst und Wein, der aber sauer ist, bergaufwärts Wälder. Sie sollten einmal kommen.

(Aus einem Brief Hesses an Alexander Freiherr von Bernus vom 2. 9. 1904)

Thurni in Gaienhofen, mit meinem Ruderboot

Ich diktiere diese Worte meiner Frau unter ziemlich unbequemen Umständen: unsere Möbel sind noch nicht angekommen, und wir leben schon seit Tagen ohne Tisch und Stuhl in unserm leeren Bauernhäuschen. Nun zur Hauptsache. Mit Ihnen persönlich und mit der »Neuen freien Presse« [Wien] in Verkehr zu treten, ist mir eine Freude. Im Augenblick habe ich gar nichts zur Hand, nicht einmal eine Übersicht über meine seit Wochen verpackten Papiere. Es ist die Frage, ob meine meist etwas ins Breite geratenden Erzählungen Ihnen nicht zu lang sein werden. Da es mir fast nie auf Geschehen und auf Pointen ankommt, sind meine Sachen für ein großes Publikum meist langweilig. Auch pflege ich auf die Darstellung des Landschaftlichen, des Atmosphärischen usw. besonders zu achten, was nur wenige goutieren. Doch schreibe ich je und je etwas wie ein Feuilleton, am liebsten z. B. eine Landschaftsstimmung oder dergleichen. Etwas derartiges kann ich Ihnen vielleicht in einiger Zeit anbieten.

(Aus einem Brief Hesses an Franz Karl Ginzkey vom 12. 8. 1904)

Heut war ich draußen auf dem See, um mein neues Boot zu probieren und einzuweihen. Sonst beschäftigt mich meist noch das Instandhalten des Haushalts. Da gibt's genug zu tun. Es gibt z. B. keine Wasserleitung, man muß alles Wasser vom Brunnen holen. Die Temperenzler werden finden, das Wassertragen sei die Strafe für meine Liebe zum Wein. Diese schmachtet hier freilich in Not, denn am Ort wächst nichts Trinkbares, und zum Weinkaufen ist kein Geld da.

Ferner haben wir keinen Metzger im Dorf. Etwa zweimal in der Woche rudere ich nach Steckborn, jenseits des Sees und hole dort Fleisch und Wurst. So fehlt es, da auch im Haus an Dach und Böden genug zu flicken ist, nicht an Arbeit.

(Aus einem Brief Hesses an Paul Renner vom 30. 8. 1904)

Die Abbildungen zeigen:
Das Haus am Kirchplatz in Gaienhofen bewohnte Hesse von 1904 bis 1907. Es war für ihn »die erste legitime Werkstatt meines Berufes. In diesem Haus wurden die Erzählungen von ›Diesseits‹, das ›Nebel‹-Gedicht und viele andere einst geschrieben«. Rechts der Bootsanlegeplatz

Und ich wohne also seit Anfang August verheiratet hier am Bodensee (Untersee) und hoffe ganz bestimmt, daß Sie früher oder später mich besuchen werden. Denn Wien kommt mir, seit ich nun völlig auf dem Land sitze, immer ferner und unmöglicher vor.

Gaienhofen ist ein ganz kleines schönes Dörflein, hat keine Eisenbahn, keine Kaufläden, keine Industrie, nicht einmal einen eigenen Pfarrer, so daß ich heut früh zur Beerdigung eines Nachbarn bei scheußlichstem Regen eine halbe Stunde über Feld waten mußte. Es hat auch keine Wasserleitung, so daß ich alles Wasser am Brunnen hole, keine Handwerker, so daß ich die nötigen Reparaturen im Haus selber machen muß, und keinen Metzger, also hole ich Fleisch, Wurst etc. jeweils im Boot über den See aus dem nächsten thurgauischen Städtchen. Dafür gibt es Stille, Luft und Wasser gut, schönes Vieh, famoses Obst, brave Leute. Gesellschaft habe ich außer meiner Frau und unsrer Katze nicht. Ich bewohne ein gemietetes Bauernhäuschen, für das ich jährlich 150 (hundertfünfzig) Mark Miete bezahle.

Es lebe Peter Camenzind! Ohne den hätte ich nicht heiraten und nicht hierherziehen können. Er hat mir 2500 Mark eingebracht, davon kann ich zwei Jahre leben, wenigstens, wenn ich hierbleibe.

Die »Berühmtheit«, auf die ich mich anfänglich freute, ist weniger lustig, als ich dachte. Schullehrer und Vereine bitten im Geschäftsstil um Gratisexemplare meines Buches usw. Ein Journalist schrieb, er wolle mich für ein Buch über »Zeitgenossen« interviewen. Ich schrieb ihm, er solle in eine Wasserheilanstalt. Das war noch in Calw, hierher nach Gaienhofen kommt niemand, das ist doch zu abseits. Übrigens haben die Briefe usw. jetzt nachgelassen, und es wird wieder Ruhe im Land . . .

Und nun bin ich ein verheirateter Mann, und mit dem Zigeunern hat es einstweilen ein Ende. Die kleine Frau ist aber lieb und vernünftig. Freilich — daß ich heute ein kleines Fäßchen Weißwein bestellt habe, weiß sie noch nicht. Der hiesige Wein ist nämlich schandenmäßig sauer.

(Aus einem Brief Hesses an Stefan Zweig vom 11. 9. 1904)

Die Vorstellung aber, die Sie sich von unserm Glück machen, trifft leider nicht ins Schwarze. Zwar sind Haus, Dorf und Gegend schön und lieb und behaglich, aber meine Frau wurde bald nach dem Einzug krank und ist nun seit mehreren Wochen zur Kur in Basel, wo ich sie öfters besuche. Die Sache ist nicht eben gefährlich, aber langweilig und schmerzhaft. Wenn die Frau wiederkommt, hänge ich eine Tafel an die Tür:

Und ist das Haus auch noch so klein,
Der Teufel hängt den Schwanz hinein.

Von diesem Malheur abgesehen, sind wir allerdings froh und guter Dinge.

(Aus einem Brief Hesses an Helene Voigt-Diederichs vom 25. 10. 1904)

Bootsnächte.
(Gondellieder)

Der Tag ist aus; schon weint die ferne
...

Der geliebte Ton *...* in *...*
... Wolken gleiten mir vorüber,
... wird leis ..... Wo wohnen wir,
    mein Lieb?

Das Land verschwindet. Mit langen Schatten *...*
die *...* Nacht vom Hochgebirg herein.
Das letzte Schiff fährt mit *...*
der Ferne zu ..... Mein Lieb, wir sind allein.

Die Nacht wird kühl; Mich *...* es schon
den *...* Glanz der Ferne zu.
Mit *...* *...* fernher geht der Tod
an meiner Kiel .... Was zitterst du,
    mein Lieb?

Herman Hesse

Dieser Tage fuhr ich in der Eisenbahn von Steckborn nach Konstanz. Durch Obstbäume glänzte mattrot der abendliche Untersee, Bauerngärten mit Geranien, Fuchsien und Georginen leuchteten durch braune und grüne Lattenzäune, jenseits des Wassers lag die Reichenau und über Ried und Rebbergen das hohe Horner Kirchlein goldig umleuchtet in der milden Abendklarheit. Es war noch heiß und ich hatte streng rudern müssen, um den Zug noch zu erreichen. Nun saß ich müde und gedankenlos allein in der Wagenecke und sah durchs offene Fenster die wohlbekannten Berge, Matten und Wasser im roten Abenddunst verglühen.

(Aus der Erzählung »Garibaldi«)

Hermann Hesse im Ried bei Gaienhofen um 1909, photographiert von seiner Frau Mia

Postkartengruß vom 3. September 1905 aus Steckborn

Steckborn

Der Blick aus
meiner Wohnstube
im alten Haus
in Gaienhofen,
nach einer Zeichnung
von Hugo Geisler

Herzlich habe ich… der guten, etwas leichtsinnigen aber wunderschönen Zeit gedacht, in der ich dies brave alte Haus bewohnt habe mit dem Blick auf Kapelle und See und dem Duft der Schulhauslinde im Schlafzimmer. Gut, daß man das einmal gehabt hat. Es ist nachher nie wieder ähnlich behaglich und heiter bei mir geworden.

(Aus einem Brief vom 1. 7. 1947 an Ludwig Finckh)

Ein Septembermorgen am Bodensee

Die Nebelmorgen haben nun wieder begonnen, schon mit Anfang September. In den ersten Tagen waren sie beengend, düster und traurigmachend, so lange man noch das leuchtende Blau und Rotbraun der Hochsommermorgen frisch im Gedächtnis hatte. Sie schienen kalt, stumpf, freudlos, vorzeitig herbstlich und erweckten jene ersten, halb unbehaglichen, halb sehnsüchtigen Gedanken an Stubenwärme, Lampenlicht, dämmerige Ofenbank, Bratäpfel und Spinnrad, die jedes Jahr allzu früh kommen und die ersten Herbstschauer sind, ehe die fröhlichen und farbigen Wochen der Obst- und Weinlese sie wieder vertreiben und in ein nachdenkliches, erwärmendes Ernte- und Ruhegefühl verwandeln.

Nun ist man schon wieder an die Seenebel gewöhnt und nimmt es für selbstverständlich hin, daß man vor Mittag die Sonne nicht zu sehen bekommt. Und wer Augen dafür hat, genießt diese grauen Vormittage dankbar und aufmerksam, mit ihrem feinen verschleierten Lichterspiel, mit ihren an Metall und Glas erinnernden Seefarben und ihren unberechenbaren perspektivischen Täuschungen, die oft wie Wunder und Märchen und fabelhafte Träume wirken. Der See hat kein jenseitiges Ufer mehr, er verschwimmt in meerweite, unwirkliche Silberfernen. Und auch diesseits sieht man Umrisse und Farben nur auf ganz kleine Entfernungen, weiter hinaus ist alles in Wolke, Schleier, Duft und feuchtes Lichtgrau aufgelöst. Die ernsten, einzelstehenden, überaus charaktervollen Pappelwipfel schwimmen matt als fahle Schatteninseln in der nebligen Luft, Segelboote gleiten in unwahrscheinlichen Höhen geisterhaft über den dampfenden Wassern hin, und aus unsichtbaren Dörfern und Gehöften dringen gedämpfte Laute — Glockengeläute, Hahnenrufe, Hundegebell — durch die feuchte Kühle wie aus unerreichbar fernen Gegenden herüber.

Auch das ist seltsam und ergreifend, wie der Nebel alles Benachbarte und scheinbar Zusammengehörende trennt, wie er jede Gestalt umhüllt und abschließt und unentrinnbar einsam macht. Es geht auf der Landstraße ein Mann an dir vorbei, er treibt eine Kuh oder Ziege oder schiebt einen Karren oder trägt einen Korb, und hinter ihm her trabt wedelnd sein Hund, und du siehst ihn herkommen und sagst Grüß Gott, aber kaum ist er an dir vorbei und du wendest dich und schaust ihm nach, so siehst du ihn alsbald undeutlich werden und spurlos ins Graue hinein verschwinden. Nicht anders ist es mit den Häusern, Gartenzäunen, Bäumen, Scheunen und Weinberghecken. Du glaubtest die ganze Umgebung untrüglich auswendig zu kennen und bist nun eigentümlich erstaunt, wie weit jener Garten von der Straße entfernt liegt, wie hoch diese Mauer und wie niedrig jenes Häuslein ist. Hütten, die du eng benachbart glaubtest, liegen einander nun so ferne, daß von der Türschwelle der einen die andere dem Blick nicht mehr erreichbar ist. Und du hörst in nächster Nähe Menschen und Tiere, die du nicht sehen kannst, gehen und arbeiten und Rufe ausstoßen. Alles dies hat etwas Märchenhaftes, Fremdes, Entrücktes, und für Augenblicke empfindest du das Symbolische darin erschreckend deutlich. Wie ein Ding dem andern und ein Mensch dem andern, sei er wer er wolle, unerbittlich fremd ist, und wie unsere Wege immer nur für wenig Schritte und Augenblicke sich kreuzen und den flüchtigen Anschein der Zusammengehörigkeit, Nachbarlichkeit und Freundschaft gewinnen.....

Heute früh, da ein leichter Nordostwind ging, steckte ich das hohe, schmale Dreiecksegel auf meinen kleinen Nachen, stopfte mir eine Pfeife und trieb langsam seeabwärts durch den Nebel. Die Sonne mußte schon überm Berg sein, denn das frühmorgendliche Bleigrau des Wasserspiegels verwandelte sich langsam in klares Silber, beinahe so wie bei schwachem Mondlicht. Von den sonst so freundlichen nahen, laubigen oder schilfbestandenen Ufern war nichts zu sehen, und da ich keinen Kompaß besitze, segelte ich wie durch völlig fremde, uferlose Gewässer und Wolkenmeere dahin und konnte nicht einmal über die Geschwindigkeit meiner Fahrt irgend welche Schätzung anstellen. Doch untersuchte ich nach einer Weile die Tiefe, und da ich keinen Boden fand, warf ich eine Schwemmschnur mit Hechtlöffel auf zwanzig Meter Tiefe aus und zog sie gemächlich hinter mir her.

So trieb ich vielleicht eine Stunde lang weiter, im Steuersitz zusammengekauert, immer im weißen Nebel. Es war kühl. Die linke Hand, in der ich die Segelleine führte, war mir steif und gefühllos geworden, und ich ärgerte mich, daß ich keine Handschuhe mitgenommen hatte. Dann begann ich träumerische Halbgedanken zu spinnen. Ich dachte an einen merkwürdigen Verwandtenmord, der zur Zeit des Konstanzer Konzils im Schlosse meines Dörfchens Gaienhofen geschehen war und mich durch manche Umstände interessierte, und dachte an jene ganze seltsam erregte Zeit, in der unser stilles Seeufer ein Mittelpunkt der Welt und Kultur und die Bühne für große geschichtliche und tragische Einzelschicksale gewesen ist. Es unterhielt und befriedigte mich, die hinter Nebeln verborgenen, wohlbekannten Ufer mit den Bildern jener lang verschwundenen Menschen, ihrer Geschicke und Leidenschaften zu bevölkern. Einer Erbschaft wegen bringt ein Baron seinen Bruder um, Beziehungen zu fernen Ländern spielen ahnungsvoll herein, und von dem mit vornehmen Konzilgästen, Pomp und Luxus überfüllten Konstanz her glänzt verlockend der Reiz einer üppigreichen Kultur...

Ein sich überstürzender, schrill schnurrender Laut schreckte mich auf, während noch meine Phantasie bemüht war, sich die Kostüme und Waffen jener süddeutschen Barone und ihrer welschen Gäste zu Beginn des fünfzehnten Jahrhunderts vorzustellen. Hastig kehrten meine Sinne zum gegenwärtigen Augenblick zurück; in der Erregung des Jagdglückes faße ich nach dem Haspel, zog vorsichtig an und fühlte einen kräftigen Fisch am Haken, der sich mit verzweifelter Leidenschaft zur Wehr setzte. Langsam ziehend, förderte ich einen schönen Hecht an die Oberfläche und brachte ihn im Hamen ein. Darauf setzte ich die Schnur mit Eifer von neuem aus, während der gefangene Fisch im Kasten wütend schlug und plätscherte. Dabei mußte ich das Steuer loslassen, und ein plötzlicher Windstoß schlug mir, da das Boot sich gedreht hatte, die Segelstange und das flatternde Segel kräftig um die Ohren. Der Richtung ungewiß, ließ ich dem Wind das volle Segel und trieb mit zunehmender Schnelligkeit geradeaus, bis der schattenhafte Umriß einer mit alten Nußbäumen bestandenen Landzunge sichtbar wurde. Von den undeutlich auftauchenden, grauverschleierten Rebhügeln krachten da und dort die Flintenschüsse der Weinbergwächter. Ich zog mein Segel ein und ruderte langsam uferwärts, denn die allmählich wärmer werdende Luft roch stark nach nahem Regen. So suchte ich denn die nächste Schifflände, fand sie auch nach kurzer Fahrt, und während ich mein Boot ans Land zog und mich nach dem Namen des kleinen thurgauischen Dorfes erkundigte, begann es erst dünn und gleichsam widerwillig, dann immer kräftiger und ausgiebiger zu regnen.

Auch wenn nicht allen Anzeichen nach zum Nachmittag helles Wetter zu erwarten gewesen wäre, hätten mich der Regenguß und die kurze Verbannung in ein unbekanntes Dorfwirtshaus durchaus nicht betrübt. Ohnehin gebe ich auf sogenanntes »schönes Wetter« gar nichts, denn jedes Wetter ist schön, wenn man Augen und Seele aufmacht; und dann gehört es für mich zu den bevorzugten kleinen Wanderfreuden, unerwartet vom Wetter in Winkel und zu Menschen getrieben zu werden, die ich sonst wohl nie aufgesucht und gesehen hätte. Es ist immer eigen und sehr oft köstlich, für Augenblicke oder Stunden als ungemeldeter Gast in einer fremden Stube bei Unbekannten zu sitzen, ein Stück kleines Leben zu sehen und eine Weile in Gesichter zu blicken, die man nie vorher sah, die einem oft in wenigen Augenblicken vertraut und unvergeßlich werden und die man vielleicht nie wieder sieht.

Daß die ärmliche Schenke, in die ich nun eintrat, eine Fischerkneipe sein müsse, konnte ich leicht, schon ehe ich mich gesetzt hatte, bemerken, denn ich wurde von Wirt, Wirtin und Wirtssohn mit einer groben Ungastlichkeit empfangen, die man hierzulande nur in den ausschließlich von Fischern besuchten Wirtshäusern findet. Es war kühl in der halbdunklen Schankstube, draußen stürzte der Regen immer heftiger herab und troff in Bächen an den Fensterscheiben nieder. Der Wein, natürlich der unvermeidliche sogenannte Tiroler, war verzweifelt herb und machte mich frösteln. Am großen tannenen Tische saß ein einziger Gast, ein struppiger alter Fischer mit verdrießlichem Trinkergesicht, und hatte eine Quinte Schnaps vor sich stehen.

Das alles war nicht sehr beglückend. Ich fing schließlich an, die gestrige Steckborner Zeitung zu lesen — Beratungen des Ausschusses über Vergrößerung der Badeanstalt, Fischmarktbericht, ein Scheunenbrand, Stand der Reben, bevorstehende Erhöhung der Zuckerpreise u. s. w. Und es regnete immer lauter, mit einer zähen und erbitterten Leidenschaftlichkeit, in oft wechselndem Takte, der etwas ebenso Aufregendes und Trostloses hatte. Ich war nahe daran, meine von Hause mitgebrachte und durch den Hechtfang noch erhöhte schöne Morgenfreudigkeit zu verlieren. Da hörte ich, während ich mir die Pfeife frisch stopfte, daß der Wirt den verdrießlichen Alten als Jaköbeli anredete, und beim Klange des Namens fielen mir allerlei Geschichten ein. Von Jaköbeli hatte ich viel reden hören. Er war ein thurgauischer Fischer, den man weit herum im Volke kannte, ein Sonderling und Trinker, mit einem Stich ins Verrückte und einer merkwürdig glücklichen Hand beim Fischen. Er wisse alle Wetterregeln und Kalendersachen unfehlbar auswendig, hatte ich sagen hören, und vielleicht auch noch manche Künste, die nicht jeder verstehe. Je länger ich nun den Alten betrachtete, desto fester war ich überzeugt, er müsse der Jaköbeli sein. Also warf ich ihm ein paar Bemerkungen übers Wetter hin, über diesen ungewöhnlich heißen Sommer, die frühen Septembernebel und die Aussichten für den heurigen Wein.

Jaköbeli ließ mich eine Weile reden, äugte ernsthaft zu mir herüber und räusperte sich ein paarmal. Dann machte er plötzlich, indem er sein Gläschen beiseite schob, eine großmütige, abwinkende und Gehör erbittende Gebärde wie ein alter Prophet und begann zu reden.

»Dieser Sommer«, sagte er, »jawohl, mein Herr, ist ein besonderer Sommer gewesen, und ich sage gar nichts, aber man wird schon sehen, was alsdann kommen wird, mein Herr. Viel Nuß und Haselnuß, das gibt einen strengen Winter, und viel Bucheln und Eicheln, das gibt große Kälte. Es heißt auch:

Ist Sankt-Dominik trocken und heiß,
So wird der Winter lange weiß.

So ist's wirklich und wahrhaftig. Aber das will ja noch wenig sagen. Das nächste Jahr hingegen, wenn man dran denkt, was ich sage, das wird ein Hungerjahr und noch heißer, als das jetzige. So wird es kommen. Es wird sich ereignen und wird Frucht und Obst verbrennen und dörren, desgleichen Gras und Kartoffel, aber viel Kirschen.«

»Warum denn?« fragte ich. Er winkte verächtlich ab.

»Wie ich sage, mein geehrter Herr. Das nächste Jahr wird ein Sonnenjahr heißen, und Sonne führt ein gutes Regiment, aber zu trocken und heiß. Auch der Winter wird als dann noch strenger werden. Wie es vor dreihundert Jahren geschehen ist, daß der Rhein Grundeis gehabt hat, und Kinder erfroren in der Wiege.«

Es folgten noch mehrere Wetterreime, die ich leider vergessen habe. Darauf ein zarter Versuch, mich zum Zahlen eines weiteren Schnapses zu veranlassen; ich überhörte ihn freundlich. Nun klagte er über Nebel und Kühle, schlechten Fischfang und Gliederreißen, nochmals auf die Zuträglichkeit eines wärmenden Schnapses hinweisend, den er sich auch bestellte und den ich schließlich, seinem flehenden Blick gehorchend, zu bezahlen versprach. Auf das hin wurde er fröhlich, rückte mitteilsam nahe zu mir her und begann fidele Geschichten zu erzählen, meistens von ungeheuerlichen Trinkereien oder fabelhaften Fischzügen. Die beste war folgende: Einmal hatte er in Horn am Zeller See Fische verkauft und das ganze Geld dafür sofort vertrunken. Als er wieder abfahren wollte, war er so bezecht, daß ihn die Strandzöllner nicht ins Boot steigen lassen wollten, denn er war der Ruder nimmer mächtig, und der See war unruhig und hatte Schaum. Er fuhr aber trotzdem ab, versuchte eine Strecke zu rudern, sank dann ermüdet ins Boot und schlief ein. Und als er wieder erwachte, trieb sein Nachen gerade an die Schifflände von Steckborn, die er hatte erreichen wollen. Aber noch besser! Zufällig war, was er im Rausche nicht beachtet hatte, seine Schwemmschnur noch ins Wasser gehängt, und wie er sie nun einholen will, muß er aus Leibeskräften ziehen, denn es hängt ein vierzehnpfündiger Hecht daran. Natürlich verkaufte er den Fisch sogleich und konnte sich also noch zu Nacht einen zweiten Rausch leisten.

Ich gab dem Jaköbeli zu verstehen, diese Sorte von Geschichten sei nicht die schönste und er sei doch eigentlich zu alt für solche Streiche. Da streckt er wieder mit großartiger Gebärde die Hand gegen mich aus, streicht sich den Bart und beginnt wieder hochdeutsch zu predigen. (Die Geschichten hatte er im Dialekt erzählt).

»Zum Fischen, mein guter Herr, gehört einfach Glück, nichts als Glück. Da kann einer zehnmal mit Segeln fahren, silberne Hechtlöffel kaufen und solches Zeug, das hilft alles nichts. Es kann einer den größten Heidenrausch haben und fängt doch mehr. Nämlich der eine hat Glück und der andere hat keins. Es ist nur, daß man in einem guten Stern und Himmelszeichen geboren ist, verstehen Sie?«

Ich verstand. Aber als er mich nun herausfordernd überlegen anblickte und nochmals einen Schnaps bezahlt haben wollte, fand er mich unerbittlich. Eine gute Weile schwieg er feindselig und spuckte häufig auf den Boden, dann aber begann er, zum Wirt gewendet, anzügliche Reden zu führen.

»Du hast ja neuerdings, scheint's, großen Fremdenverkehr — hm —, fremde Herrschaften, ja — hm —. Früher ist man da drinnen doch noch unter sich gewesen — jawohl, sag' ich, unter sich gewesen. Könntest ja auch noch Hotelier werden, du, wenn's so weiter geht. Weißt, für so fremde Herren, so feine. Jawohl, Hotelier, da wird noch Geld verdient —.«

Und so weiter. Dieser Ton war mir aus anderen Fischerschenken unheimlich bekannt, und es gefiel mir gar nicht, daß der Wirt und noch mehr sein Sohn so viel husteten und das Lachen verbissen und mich ansahen, wie die Aasgeier. Es schien mir plötzlich, als wollte der Regen anfangen, nachzulassen. So fragte ich denn, was ich schuldig sei, zahlte schnell, aber ohne ein Trinkgeld zu geben, und verließ die ungastliche Bude mit einem höflichen Gruß, der mit keiner Silbe beantwortet wurde. Statt dessen brach hinter mir, noch ehe die Tür zu war, ein boshaftes Gelächter los. Am liebsten wäre ich umgekehrt und hätte den Grobianen meine Meinung gesagt oder mich zum Trotz nun erst recht fest hinter den Tisch gesetzt. Aber da fiel mir ein Abend in Basel ein, wo ich einst mit zwei Freunden zusammen einen arglosen Berliner Gast mit allen Chikanen aus unserer Stammkneipe weggeekelt hatte, und ich gab beschämt den Fischern recht. Zugleich fiel mir auch ein, daß ich allein und die drinnen zu dreien waren.

Und so segelte ich langsam nach Hause zurück, wo ich bald nach Mittag durchnäßt ankam und meiner schon ängstlich gewordenen Frau den gefangenen Hecht, die Erlebnisse des Morgens und die Wetterprophezeiungen des alten Jaköbeli auspackte. *(1904)*

Kastanienbäume

Jeder Ort, an dem wir eine Weile leben, gewinnt erst einige Zeit nach dem Abschiednehmen eine Form in unserem Gedächtnis und wird zu einem Bilde, das unveränderlich bleibt. Solange wir da sind und alles vor Augen haben, sehen wir noch das
Zufällige und das Wesentliche fast gleich betont, erst später erlischt das Nebensächli-
che. Unsere Erinnerung behält nur das, was des Behaltens wert ist; wie könnten wir
sonst ohne Angst und Schwindelgefühl auch nur ein Jahr unseres Lebens überschauen!

Zu jenem Bilde, das ein Ort uns hinterläßt, gehören viele Dinge, Wasser und Fels,
Dächer und Plätze, für mich aber am meisten die Bäume. Sie sind nicht nur an sich
schön und liebenswert und stellen dem Menschenwesen, das sich in den Bauten aus-
spricht, die Unschuld der Natur entgegen; man kann außerdem auch viel aus ihnen er-
sehen, über Art und Alter des Kulturbodens, über Klima und Wetter, sowie über den
Sinn der Menschen. Wie das Dorf, in dem ich jetzt lebe, später einmal vor meinem
Gedächtnis stehen wird, weiß ich nicht, aber ohne Pappeln kann ich es mir nicht vor-
stellen, so wenig wie den Gardasee ohne Oliven und die Toskana ohne Zypressen. Andere
Orte sind mir undenkbar ohne ihre Linden oder Nußbäume, und zwei oder drei sind
mir dadurch erkennbar und merkwürdig geworden, daß sie gar keinen Baumwuchs haben. Eine Stadt oder Landschaft aber, in der keine Art von Gehölz vorherrscht, wird
mir nie ganz zum Bilde und behält für mein Gefühl stets etwas Charakterloses. Ich
kenne eine solche Stadt, ich lebte als Knabe zwei Jahre in ihr, und sie ist mir trotz so
vieler Erinnerungen als Bild fremd und gleichgültig geworden wie ein Bahnhof.

Eine richtige Kastanienstadt habe ich schon lange nicht mehr gesehen; das fällt mir
ein, so oft ich in der Nachbarschaft einmal hier oder dort eine einzelne schöne Roßka-
stanie stehen sehe, oder mit Bedauern, in manchen Dörfern die schäbigen kleinen Gar-
tenwirtschaftskastanien wahrnehme. Wenn die wüßten, wie Kastanien aussehen können! Wie mächtig sie dastehen, wie üppig sie blühen, wie tief sie rauschen, wie satte
volle Schatten sie werfen, wie sie im Sommer von ungeheurer Fülle schwellen und wie
im Herbst ihr goldbraunes Laub so dick und weichmassig liegt!

Ich denke heute wieder an die Stadt mit den schönen Kastanienbäumen, eine kleine
Stadt im Schwabenland. In ihrer Mitte liegt die alte Burg, ein weitläufiges Geschachtel
von massivem Bauwerk, und um die ganze weitläufige Burg herum liegt ein erstaunlich
breiter, längst trockener Graben, und um den Graben herum im weiten Ring führt
eine prächtige Straße; die hat auf der einen Seite lauter niedere alte Häuser und kleine
Gärten, auf der freien Grabenseite aber einen mächtigen Kranz von großen Kastanienbäumen.

Auf der einen Seite hängen Ladenschilder und Wirtsschilder, hier klopfen Schrei-
ner und schmettern Spengler dröhnend auf ihr Blech, hier dämmern die Höhlenwerk-
stätten der Schuster und stinken geheimnisvoll die Lohgerbereien. Auf der anderen
Seite der breiten Straße aber ist Stille und Schatten, Laubgeruch und grünes Lichterspiel, Bienengesang und Schmetterlingsflug. So haben die armen Teufel von Klop-

Oder es hätte auch die Martha sein dürfen, die im »Adler« Nichte und Kellnerin war, und nach der man den »Schwarzen Adler« in den blonden umgetauft hatte, und die immer so von oben herunter mit mir tat. Vielleicht war sie gar nicht so.

Und so kam ich in die Stadt herein und lief hin und her durch die paar Gassen, um dem Zufall die Hand zu bieten, und dann kehrte ich in den »Adler« zurück. Im Gang vor der Wirtshaustüre steckte ich meine Rose ins Knopfloch und ging dann hinein, bestellte höflich Schinken mit Senf oder eine Haxe oder ein Ripplein mit Kraut und ließ mir ein Vaihinger Bier dazu geben.

Bis das Essen kam, las ich noch einmal flüchtig in meinem Versbüchlein, machte schnell noch irgendwo einen Strich oder ein Fragezeichen, und dann aß ich und trank und nahm mir für das Reden und Benehmen die älteren und feineren von den Herren Stammgästen zum Muster. Es kam vor, daß der Wirt oder die Wirtin mir nicht nur freundlich einen guten Appetit wünschten, sondern sich auch ein wenig mir gegenüber setzten und ein kleines Gespräch eröffneten. Dann gab ich mit bescheidener Leutseligkeit Auskunft, und es konnte vorkommen, daß ich auch einen kernhaften Spruch, eine politische Meinung oder einen Witz zum Besten gab. Schließlich bezahlte ich mein Abendessen, nahm eine Flasche Helles mit hinauf und stieg in meine Schlafkammer, wo die Gelsen fleißig summten, und wo ich mein Bier zum Kühlhalten ins Waschwasser stecken mußte.

Und dann kamen die wunderlichen Abendstunden. Da saß ich allein auf dem Fenstersims und fühlte halbbewußt, wie schön die Sommernacht und die leichte Schwüle und das geisterhaft bleiche Leuchten der großkerzigen weißen Kastanienblüten war. Und da sah ich beklommen und schwermütig im Dunkel unter den großen Bäumen die Liebespaare gehen, langsam und aneinandergedrängt, und nahm traurig meine Rose aus dem Knopfloch und warf sie zum Fenster hinaus auf die leicht stäubende, weißschimmernde Straße, wo Wagen und Wirtshausgäste und Liebespaare drüber gingen.

Habe ich denn versprochen, etwas zu erzählen? Nein, ich versprach nichts dergleichen, und ich will auch nichts erzählen. Erzählen kann man eine Verlobung und einen Beinbruch. Ich will nur das Lied jener Sommernächte wieder hören; es ist mir lieber als alle Lieder von Avalun. Ich will mich nur der alten Stadt und der Burg und des Grabens erinnern, damit ich sie nicht ganz vergesse. Ich will nur ein wenig an jene Kastanienbäume denken, nach Jahren wieder einmal, und an mein damaliges Versheftlein, und an alles das, weil es ja nicht wiederkommt.

Unglaublich scheint mir aber, daß das damals nur acht Tage und acht Nächte gewesen sein sollen. Mir ist, ich hätte mehr als hundert Gänge nach dem Walde getan, und mehr als hundert Rosen abgebrochen, und mehr als hundert Rosen an hundert Abenden den schönen Mädchen der Kastanienstadt im Herzen zugedacht und sie nachher betrübt auf die dunkelnde Straße hinabgeworfen, weil niemand sie haben wollte. Freilich, die Rosen waren gestohlen, aber wer hätte das wissen sollen? Nicht die Tochter des Zimmermanns Kiderlen und nicht die blonde Martha, und wenn eine von ihnen die gestohlene Rose von mir hätte haben wollen, ich hätte ihr gern hundert gekaufte dazu geschenkt.

(1904)

Der Blütenzweig

Immer hin und wider
Strebt der Blütenzweig im Winde,
Immer auf und nieder
Strebt mein Herz gleich einem Kinde
Zwischen hellen, dunkeln Tagen,
Zwischen Wollen und Entsagen.

Bis die Blüten sind verweht
Und der Zweig in Früchten steht,
Bis das Herz, der Kindheit satt,
Seine Ruhe hat
Und bekennt: voll Lust und nicht vergebens
War das unruhvolle Spiel des Lebens.

64

Auf dem Heimwege war mir sonderbar zu Mut, indem ich an vergangene Jahre dachte und an die alte Stadt mit den runden Türmen und an das, was ich dort einst erlebt hatte. Nichts zum Erzählen. Eine Liebesgeschichte, einfach und schön, aber nicht frei von Schuld, und ihr Schatten hat mir ganze Jahre verdeckt. Nun schritt ich träumend durch die schwarze Nachtwelt, meinem Dorf entgegen, hoch am Hügel hin über dem finsteren See. Und allmählich liefen meine halbwachen Gedanken weiter und ich dachte an alle die Frauenbilder, vor denen ich in Jünglingsjahren gekniet war, bereit ihnen mein Liebstes und Bestes zu schenken, nur um näher ans Innere des Lebens zu kommen, nur um eine Antwort zu finden auf die dunkel in mir fragenden Stimmen. Und wie haben alle diese Versuche, diese ersten Flüge ins Land der Liebe, geendet! Alle ohne die rechte Antwort, alle unfroh und unerlöst, und die meisten nicht ohne Reue und Schuldgefühl!

Und von fast allen meinen Freunden wußte ich dasselbe und sah es an Fremden täglich. Es stirbt ja kaum einer daran. Wir werden älter, werden Männer, tun den Kranz aus den Haaren und finden unsere Ruhe. Aber wie ist es mit jenen Frauen, mit den Mädchen, um die wir einst so sehnsüchtige Irrgänge taten, die uns den ersten Morgenglanz der Liebe schenkten? Was fühlen sie, wenn wir von ihnen gehen? Und was fühlen sie, wenn sie am Ende einer an hohen Träumen reichen Jugendzeit dem Letzten Ja sagen und die Hand geben? Wir Männer, wir treiben hundert Dinge, wir schaffen und forschen und arbeiten, wir haben Amt und Beruf und Schaffensfreuden — aber was haben sie, die Frauen, die nur in Liebe leben, nur auf Liebe hoffen können? Wie selten geschieht es, daß ihnen jener Letzte auch nur einen Teil von dem zu geben hat, was ihr die Ersten, die Jünglinge und schüchtern-kühnen Anbeter versprochen, vorgedichtet und vorgelogen haben!

Der Sturm lief mich lärmend an und warf mir Regen und harte, welke Blätter ins Gesicht. Vorwärts kämpfend, gab ich den Klagen Abschied und ließ die ungelösten Rätsel hinter mir liegen. Ich dachte daran, was wir alle einst als Knaben, als kühne, freche Knaben vom Leben als unser gutes Recht erhofften. Und wie verzweifelt wenig davon wahr geworden ist! Und doch ist das Leben gut, und ist schön, und rührt uns jeden Tag mit heiligen Kräften ans Herz. Vielleicht geht es auch den armen Frauen mit der Liebe so. Man erzählte ihnen von Märchenwäldern und mondbeglänzten Gärten, und sie finden nachher ein rauhes Stück Land, wo statt Rosen geringe Kräuter wachsen. Von denen binden sie sich einen Strauß, stellen ihn ins Fenster, und wenn abends das Dunkel die Farben auslöscht und der singende Wind aus der Ferne her kommt, liebkosen sie ihren Strauß und lächeln, und es ist, als wären es Rosen und als wäre das Ackerland draußen ein Märchengarten.

Genug, genug! Was brennt die Lampe noch? In meinen Jugendgedichten kann ich morgen weiterlesen, dann ist meine Frau dabei und liest mit, und wenn mir wieder solche Fragen und Sorgen kommen, wird sie auch dafür eine Antwort wissen.   *(1904)*

Auf einem
nächtlichen Marsch

Sturm und schräger Regenstrich,
Schwarze Felderweite,
Wolkenschatten feierlich
Geben uns Geleite.

Plötzlich aus erhelltem Schacht
Dunkler Wolkenhänge
Blickt die monderfüllte Nacht
Still in das Gedränge.

Himmelsinseln blauen rein,
Strenge Sterne grüßen,
Wolkenrand im Mondesschein
Wallt in Silberflüssen.

Seele, Seele, sei bereit!
Ferne Brüder rufen
Aus der Finsternis der Zeit
Dich zu goldnen Stufen.

Seele, nimm das Zeichen an,
Bade dich im Weiten!
Gott wird deine dunkle Bahn
Noch zum Lichte leiten.

mit Olaf die Ringelnatter verfolgend

Auch ich wohne ganz nebendraußen. Unser Dörflein liegt am Untersee, ohne Eisenbahn und Verkehr, nur ein Schiff kommt einmal am Tag, bleibt aber winters auch zuweilen aus. Am See habe ich ein kleines leichtes Ruderboot, ein Geschenk von Freunden, mit dem bin ich viel unterwegs, nehme auch zuweilen eine Hechtangel mit und setze ein primitives kleines Dreiecksegel auf...

Zur Zeit hat dies Leben freilich einige Störung erlitten. Meine Frau (ich habe dies Jahr geheiratet) ist schon drei Monate krank. Doch geht es nun vorwärts, und ich hoffe doch noch fröhliche Weihnacht zu feiern.

Mit »Camenzind« kam ich öfters in Verlegenheit, da es aussieht, als müsse ich selber Peter sein, was nicht der Fall ist; ich teile nur ungefähr seine Art zu denken und zu leben, den Wein leider inbegriffen. Und nun beginnt die Ehe mein Leben vollends zu ändern, indem sie wenigstens dem ewigen Wandern und Zigeunern ein Ende macht. Ich muß regelmäßiger arbeiten, um für den Haushalt zu sorgen u. s. w., aber im Grunde bummle ich doch meistens, nur mit etwas schlechterem Gewissen. Und meine Frau ist geduldig und läßt mich gewähren. Abends sitzen wir am grünen Kachelofen in unserer alten, hölzernen Bauernstube, essen Birnen und lesen ein wenig im Don Quichote oder sonst einem heiteren alten Buch, und bei feierlicher Stimmung auch ein Gedicht von Mörike, der mir lieber als alles andre ist, höchstens Gottfried Keller ausgenommen.

(Aus einem Brief Hesses an L. du Bois-Reymond vom 11. 12. 1904)

Hesse-Karikatur
von Olaf Gulbransson

Vor meinem Fenster

Kürzlich schrieb mir ein Freund aus der Stadt und wollte mich davon überzeugen, daß es unklug von mir sei, den Winter auf dem Lande bleiben zu wollen. Der Mangel an Verkehr und Abwechslung, meinte er, würde mich umbringen. »Denke dagegen an den Winter in der Stadt«, fuhr er fort, »da brauchst du, wenn du Langeweile hast, nur zum Fenster hinauszusehen und hast gleich ein ganzes, unerschöpfliches Bilderbuch vor dir.« Ach ja, ich erinnere mich wohl an dies Bilderbuch! Nein, danke.

Auf diese Mahnung hin achtete ich gestern mehr als sonst auf alles, was ich so in beschaulichen Pausen vom Fenster aus zu Gesicht bekam, und das hat meine Lust, auch den Winter hier zu bleiben, nicht vermindert. Was ich sah, war folgendes:

Morgens, kurz vor acht Uhr, erschrak ich über einen mächtigen, drohend düsteren Feuerschein am Himmel, direkt über Berlingen, und lief ans Fenster. Es war der Sonnenaufgang, um diese Jahreszeit bei uns ein seltener Anblick, da wir jetzt morgens fast täglich dichte Nebel haben, hinter denen die Sonne bis gegen Mittag unsichtbar oder blaß wie ein Mond bleibt. Jetzt aber war die Landschaft weithin unverhüllt, man konnte bis Konstanz sehen, und die Luft war weich und fast warm, wie bei Föhn, doch wenig Wind. Und über den Berlinger Hügeln flackerte brandrotes, glühend flüssiges Gewölk, aus dem erst in einiger Höhe sich langsam die rote, große Sonne hervorwälzte. Der See nahm nun dieselbe blutig düstere Röte an, und in unzähligen Dachziegeln, in Fensterscheiben und Brunnentrögen flammte sie mit, bis die Sonne endlich klar und weiß am Himmel stand.

Ich blieb eine Weile zuschauend stehen und freute mich, wie schon oft, meines schönen Fensters. Es ist niedrig, fast quadratisch, und kann nur mit großen Mühen geöffnet und geschlossen werden. Dafür ist sein alter Sims mit schönem Moos bewachsen, ein Rastort für Spatzen, Schwalben und Tauben, denn das weit überragende Dach schützt sie dort vor Wind und Regen. Von dort aus sehe ich den See von Konstanz bis Berlingen, die Reichenau und noch ein Stück Hegau, ferner meinem Hause gegenüber die alte, winzige Kapelle und den grob gepflasterten, sehr reinlichen Kirchplatz, den Brunnen, ein paar Dächer, eine Menge naher und ferner Pappelwipfel, drei Pflaumenbäume und ein ganz kurzes, weißes Stückchen Landstraße. Und eben, wie ich noch dastehe, fährt unten der Postwagen vorüber. Es sitzt niemand darin als ein feister Herr mit roten Backen, den ich leider kenne, denn er ist Kaufmann in Zell und ich bin ihm Geld schuldig. Da man vom übernächsten Garten aus die Haltestelle sehen kann, ging ich sogleich hinüber und nahm mit Vergnügen wahr, daß der Zeller sitzen blieb und weiterreiste.

Dann setzte ich mich zur Arbeit hin. Viel lieber wäre ich bei dem laufeuchten Wetter auf Fischfang gegangen, aber ein Rest von Pflichtgefühl, den ich schon öfter peinlich empfand, hielt mich bei Briefen, Korrekturen und Rechnereien fest. Desto lieber ließ ich mich vom nächsten Geräusch ans Fenster locken. Da war Schulpause, und die Buben und Mädchen kamen zum Spielen auf den Platz. Die Buben kamen in

atemlosem Galopp, die Mädchen in friedlich-stillen Zügen, fast alle hellblond, mit steif gewässerten Zöpfen. Es ging ein Versteck- und Fangspiel um die Kapelle herum los, mit dröhnendem Laufen und Stampfen und gewaltigem Gebrüll. Der Sieger wurde von zwei anderen durchgehauen. Auch manche Mädchen machten eifrig mit, die meisten aber verzehrten plaudernd ihr Stück Brot, gingen auf und ab oder saßen an die Mauer gelehnt auf dem Boden. Eine ganz Kleine stand nebendraußen und weinte schmerzlich, während sie mit vollen Backen ihr großes Brot verzehrte, auf das die Tränen herunterliefen. Drei Knaben hockten unten am Brunnentrog und steckten die Köpfe zusammen; der eine von ihnen, ein Rothaariger, zeigte auf seiner flachen Hand den anderen eine tote Fledermaus. Daneben wuschen zwei andere im Trog ihre farbigen Sacktücher aus; eines davon hatte ein ungeheures Loch, und sein Besitzer tat mir leid, denn seine Mutter ist die schneidigste und strengste Frau im ganzen Dorf.

Im Hintergrund klatschte der Lehrer in die Hände, und im Augenblick war der Platz leer und wieder so totenstill wie immer. Aber zugleich ward auch das vorher übertönte Rauschen des Brunnens wieder laut, das Tag und Nacht in meine stille Stube klingt und ohne das ich nimmer sein möchte. Und während ich ihm noch eine Minute lausche, geht drunten im Hauskleid meine Frau vorbei, hat in der Rechten einen Wasserkrug und in der Linken eine angebissene Winterbirne, und füllt den Krug am Rohr. Sie schaut nicht herauf, und ich rufe ihr nicht, ich sehe nur zu und freue mich, und nachher steig ich leise auf den Speicher und hole auch für mich eine Birne. Aber dann wurde fleißig gearbeitet. Wenigstens so lange, bis von der Schiffslände her das Schnauben des Dampfschiffes hörbar wurde. Dann sah ich zu, wie es langsam, hell und fröhlich über die bläuliche Wasserfläche davonfuhr. »Der Dampf« wird es von den Leuten hier genannt. Und heute kann ich nimmer verreisen und keinen Besuch mehr bekommen, denn im Winterhalbjahr fährt nur dies eine Schiff am Tag. Man verfehlt es aber auch nie, denn Verspätungen bis zu drei Viertelstunden sind das Gewöhnliche.

Gegen elf Uhr hörte ich den raschen Schritt der Briefträgerin, die meine Postsachen brachte. Wie gewöhnlich knüpften wir, ehe sie ins Haus trat, ein Gespräch durchs Fenster an. Die Frau sprach wieder mit fröhlichem Erstaunen über das zunehmende Gedeihen des Post- und Verkehrswesens; neulich hatte sie an einem Tage mehr als zwanzig Postkarten verkauft. Und wir berieten wieder, wie schon oft, eifrig über die Abfassung einer Eingabe »an den Staat«, deren Zweck die Errichtung einer eigenen Postagentur im Dorfe ist. Die Eingabe soll von mir und dem Postboten abge-

Die erste Wohnung am Gaienhofener Kirchplatz. Links oben das Fenster von Hesses Arbeitszimmer. Von dem befreundeten Maler Hugo Geißler gezeichnet

faßt, dann vom Lehrer begutachtet und vom Bürgermeister sanktioniert werden. Und das wäre auch schon längst geschehen, wenn nicht leider der Postmann seit einiger Zeit krank läge. Ich fragte nach ihm: er hatte Rheumatismus und konnte nicht gut schlafen, und ich ließ ihn grüßen und ihm Geduld wünschen. Dann erhielt ich meine Briefe und begann zu lesen. Aber in der Stunde vor Mittag konnte freilich kaum mehr von Arbeit die Rede sein, denn um diese Zeit ist großer Cercle am Brunnen. Da kommt aus dem ganzen Dorfe, von Bauern, Weibern und Burschen begleitet, das Vieh zur Tränke.

Ochsen, Kühe, Rinder und Kälber kamen daher, die meisten homerisch schwer hinwandelnd, manche aber auch voll Mutwillen oder Tücke, bald störrisch rückwärts strebend, bald feurig springend und tanzend. Da wurde ein weißbärtiger alter Mann von zwei starken Rindern böswillig hin- und hergezerrt und konnte kaum vorwärtskommen, während aus einer anderen Gasse her eine riesige trächtige Kuh sich sanftmütig von einem sechsjährigen Mädchen führen ließ. Um den Brunnen her sammelten sich Vieh und Menschen, und es wurde in der Reihenfolge streng auf Ordnung gehalten. Die zuletzt gekommen waren, mußten am längsten Geduld haben, denn bis an sie die Reihe kam, war der Trog bis zum Boden leer getrunken und man mußte das Wasser sich erst wieder ein bißchen sammeln lassen. Schon fürs oberflächliche Zuschauen ist diese Tränke schön und merkwürdig, wenn man aber erst auf die einzelnen Tiere achtet, sie einzeln kennen lernen will und miteinander vergleicht, den Viehstand der verschiedenen Bauern beobachtet und daraus auf ihre Wohlhabenheit oder Armut, auf die Sorgfalt der Pflege, die Güte der Ställe, des Futters usw. zu schließen beginnt, dann wird die Tränke zum Mittelpunkt und zugleich zur Chronik des Lebens der Gemeinde, dann sieht man Tiere wie Leute mit anderen Augen an und erstaunt darüber, wie eng sie zusammenhängen und wie unentbehrlich eins dem anderen ist.

Darüber war es Essenszeit geworden, und ich ging zu Tisch in die Wohnstube hinunter. Während der Mahlzeit beobachteten wir zwei Männer, die an den Brunnen kamen und sich wuschen und kämmten, bis sie glänzten. Es waren Brüder, und sie mußten am Nachmittag zu einer Beerdigung nach Weiler hinüber. Bald nachdem die Wäsche beendet war, kamen sie denn auch schon in schwarzen Röcken dahergeschritten, und der Jüngere trug sogar einen Zylinderhut von treuherzig breiter Form, wie jetzt keine mehr gemacht werden.

Nach Tisch, in den stillen Stunden des Frühnachmittags, hoffte ich alsdann recht ungestört zu arbeiten. Eine Stunde lang saß ich auch fleißig am Tisch und warf nur selten vom Stuhl aus einen Erholungsblick ins Freie und zu den Thurgauer Bergen hinüber, wo die Farben der Herbstwälder sich nun mählich auflösen und aus den schwarz gewordenen Weinbergen nur noch kleine Inseln von leuchtend goldgelbem Reblaub schimmern. Aber nach einer Stunde zog mich ein durchdringend leidenschaftliches Vogelgeschrei wieder ans Fenster und ich sah zwei schöne weiße Möven in den Lüften kämpfen oder spielen. Zugleich entdeckte ich auf dem Kapellendach meinen Kater Gattamelata in träger Mittagsruhe sitzen. Ich rief ihm zu und lockte ihn, er drehte jedoch nur den Kopf herüber und blinzelte mich ironisch an. Er ist die schönste Katze im Dorf und war stets gehorsam und trefflich erzogen, aber seit ich neulich einen ganzen Regennachmittag neben ihm auf der Strohmatte lag und Unsinn mit ihm trieb, ist sein Respekt erloschen und er führt sich jetzt auf wie ein Pascha. Bedauernd zog ich mich zurück und wollte das Fenster schließen; aber ehe mir das gelungen war, ertönte von der nächsten Gasse her ein wohlbekanntes, helltöniges Glöcklein. Das war der bucklige Uhrmächerle vom Nachbardorf, der einzige Vertreter seines Gewerbes in der Gegend; von Zeit zu Zeit, wenn es an Arbeit fehlen will, zieht er mit seinem Glöcklein durch die Dörfer und sammelt Uhren zum Reparieren ein. Er ist ein durchtriebener Kunde, versteht sein Geschäft, aber säuft zuweilen. Doch schadet das seinem Ansehen wenig, denn wenn er zu viel getrunken hat, redet er nur noch französisch, und das entrückt ihn in bewunderte Höhen. Einmal war in meiner Taschenuhr die Feder gesprungen und ich gab sie ihm zu machen. Die Uhr, als er sie wieder brachte, lief auch wieder, aber bald merkte ich, daß der Uhrmächerle keine neue Feder hineingemacht, sondern die alte abgezwickt und wieder verwendet, jedoch den Preis für eine neue gefordert hatte. Also ging ich zu ihm und wurde von dem Schlaumeier sehr höflich empfangen, aber er sprach hartnäckig nur französisch, und ich mußte wieder abziehen. Denn zwar redete auch ich welsch mit ihm, aber wir verstanden einander durchaus nicht; vermutlich hatten wir unser Französisch in allzu verschiedenen Gegenden gelernt. Ich mußte eben nun meine Uhr zweimal am Tag aufziehen, die Mühe ist ja nicht so groß.

Nun ging er unten vorbei, mit seinem schlauen Kopf auf dem verwachsenen Körperchen, ein Felleisen umgeschnallt und in der Hand sein Glöcklein. Er zwinkerte mir einen halben Gruß herauf und ging weiter. Den leeren Kirchplatz betrat nun stolz und aufgeblasen ein schöner, vielfarbiger Gockelhahn, der aber beim Anblick meiner Katze plötzlich alle Würde fahren ließ und entsetzt die Flucht ergriff. Mehrere Stunden saß ich nun wirklich still beschäftigt am Tisch. Um 5 Uhr lief der von Horn kommende Landbote, der Geld und Wertstücke austrägt, vorbei.

»Nix für mich?« rief ich hinunter.

»Nein. Was möchten Sie denn haben?«

»Alleweil Geld am liebsten.«

»Ich glaub's schon. 's wird wohl auch wieder einmal so was kommen, wenn Sie warten können.«

»Gut denn, so wart' ich halt.«

Seine prächtige Uniform glänzte durch die Gasse und verschwand um die Ecke. Er hatte noch drei Dörfer vor sich. Ich aber hatte durch seinen Anblick Lust zum Marschieren bekommen und lief noch eine Stunde bergan in den Wald, sah Himmel und See rosenrot und blaß werden und fand, als ich heimkam, das Dorf schon in tiefster Dämmerung. Die Abendtränke hatte ich versäumt, ich sah nur noch die letzten Kühe im Halbdunkel wegziehen.

Wir hatten zu Nacht gegessen und etwas gelesen und ein paar Lieder gesungen und Nüsse geknackt, da war's 10 Uhr, und meine Frau ging schlafen. Ich sitze dann gern noch eine Viertelstunde allein und lausche der tiefen, tiefen Stille, und fühle Gottes Frieden über die schlafenden Häuser und Felder gehen. Ehe ich die Ampel ausblies, schaute ich noch einmal zum Fenster hinaus. Da dämmerte der mächtige Platz und stand dunkel die Kapelle gegen den matt glänzenden See, am Himmel stand hinter Wolken der halbe Mond, und durch die Dunkelheit und Stille klang das Brunnenrauschen schön und einfach, wie ein Volkslied.

Kurz vor 11 Uhr, ich lag längst im Bett, hörte ich mit Erstaunen noch Schritte auf der Gasse. Neugierig stand ich auf und sah hinaus. Es waren die zwei Brüder, die von der Leiche heimkehrten. Der Jüngere war stark angeheitert und nahm den Weg im Zickzack. Der andere schritt ruhig und langsam nebenher und trug in der Hand vorsichtig den Zylinderhut des Bruders. Er hatte recht mit seiner Vorsicht; auch mir hätte es um das schöne Erbstück leid getan, wenn es so bei Nacht auf der Landstraße hätte untergehen müssen.

(1904)

Schwarzwald

Seltsam schöne Hügelfluchten,
Dunkle Berge, helle Matten,
Rote Felsen, braune Schluchten,
Überflort von Tannenschatten!

Wenn darüber eines Turmes
Frommes Läuten mit dem Rauschen
Sich vermischt des Tannensturmes,
Kann ich lange Stunden lauschen.

Dann ergreift wie eine Sage
Nächtlich am Kamin gelesen
Das Gedächtnis mich der Tage,
Da ich hier zu Haus gewesen.

Da die Fernen edler, weicher,
Da die tannenforstbekränzten
Berge seliger und reicher
Mir im Knabenauge glänzten.

Am Ende des Jahres

Die Post hat heute wieder viel gebracht. Zehn Zeitschriften, jede an die wahrhaft Gebildeten appellierend und jede nach ausschließlich künstlerischen Gesichtspunkten geleitet, empfehlen sich fürs neue Jahr, und zwanzig Verleger teilen mit, daß sie rüstig daran arbeiten, ihren rühmlichst bekannten Verlag in vornehmster Weise weiter auszubauen. Alle reden dieselbe hohe und toternste Sprache, alle führen eine Liste »erster Namen« auf, alle tragen den führenden Zeitströmungen ausgiebigst Rechnung, und alle möchten gern noch ein bißchen mehr verdienen. Ein junger Romandichter wird empfohlen, dessen Werk, wie alle Jahre ein paar, dem »Grünen Heinrich« zur Seite gestellt zu werden verdient, und ein neuer Lyriker, welcher eigene Wege geht und welchen man ohne Zweifel bald neben Liliencron und Mörike nennen wird; sein Bild ist beigedruckt.

Das alles ist ja gar nicht neu und im Grunde vielleicht gar nicht so schlimm, und ich habe an ebendiesem Kulturjahrmarkt schon hundertmal meinen Spaß gehabt. Aber heute ist es mir gerade nicht zum Lachen, nicht einmal zum Schelten. Noch vor einer Stunde war ich draußen auf den Hügeln und sah den Wolken zu, und jede zog daher oder schritt oder schwamm oder tanzte wie ein Wunder, wie ein Wort oder Lied oder Scherz oder Trost aus Gottes Mund, und strebte sehnlich ins Weite, wiegte sich im kühlen blassen Blau und war schöner und sang ergreifender als alle Lieder, die in Büchern stehen. Nun trat ich in den Kram- und Handelsmarkt der Dichter und Künstler und Verleger zurück wie in einen überfüllten Raum voll ängstlich schwüler Luft, und auf einmal schien es mir, ich wate hoffnungslos durch tiefen, toten Sand, und auf einmal war ich so müde wie von einem fruchtlos verhasteten Tag, legte den Kopf in die Hand und fühlte aus dem Gewirre von »Kultur«, das vor mir lag, eine böse Traurigkeit wie ein Fieber gegen mich andringen. Da wehrte ich mich denn, tat den Plunder still beiseite und ging mit der Lampe in mein Zimmer hinauf, wo vor den Fenstern Spatzen und Möwen flattern und wo in engen Reihen meine vielen alten Bücher stehen. So ein altes Buch ist immer tröstlich, das redet so aus der Ferne her, man kann zuhören oder nicht, und wenn plötzlich mächtige Worte aufblitzen, so nimmt man sie nicht aus einem Buch von heute, nicht von einem so und so genannten Herrn Verfasser, sondern wie aus erster Hand, wie einen Möwenschrei und einen Sonnenstrahl.

Und ich las. Ich las in der Heisterbacher Chronik des Mönches Cäsarius, in einem wohlig milden, gutmütigen Latein, eine kleine Klosteranekdote:

Der Abt Gebhard hielt den Brüdern jeden Morgen eine Vorlesung über Gott, über das Wesen und die Eigenschaften Gottes. Es muß sein, daß er das nicht nur als Gelehrter und Dogmenkenner, sondern auch mit dem Herzen und mit rechter Andacht tat, sonst wäre er strenger und kritischer gegen seine Schüler gewesen. Diese nämlich meinten, längst vom Wesen und den Eigenschaften Gottes genug zu wissen, sie merkten kaum mehr auf und trieben statt dessen Allotria, träumten auch und schliefen häufig ein — wie denn das Schlafen von Cäsarius als eine besondere, sehr häufige Versuchung in einem eigenen Kapitel de tentatione dormiendi dargestellt wird. Der Abt Gebhard redete weiter, vielleicht sah er seine Schüler kaum. Eines Morgens aber fiel während des Redens sein Blick auf die Bänke der Zuhörer, und da sah er seine Mönche träumen, starren, lächeln, schielen, nachdenken oder schlafen. Er schalt aber nicht, sondern brauchte eine kleine List, eine überaus harmlose kleine List, denn einer andern wäre dieser Mann gewiß nicht fähig gewesen. Er hielt nämlich inne, änderte den Ton seines Vortrages, als käme nun etwas ganz Neues, und sagte: »Einst geschah folgende seltsame Sache an dem berühmten Hofe des großen Königs Artus ...« Da wachten alle Schläfer auf, und die Schieler und Träumer machten plötzlich helle, scharfe Augen, alle Zuhörer beugten sich vor, blickten aufmerksam und brannten vor Lust und Begierde, eine Anekdote vom König Artus zu hören. Der Abt aber sah sie an und las in ihren Augen, und dann sagte er mit gütigem Vorwurf: »Ach, wenn ich euch eine Geschichte vom Hofe des Artus erzählen will, da macht ihr die Ohren auf und seid begierig. Aber wenn ich mit euch von Gott reden will, dann schlaft ihr!«

Ich tat das alte Buch an seinen Ort zurück und ging ans Fenster. Da dämmerte unten im Nebelblau der glatte See, jenseits glänzten die Dörfer mit hellen Scheiben und auf den Thurgauer Bergen lagen blasse, lange, schmale Schneefelder zwischen den Wäldern. Diese Berge, durch den See von mir getrennt, stiegen so schön und schweigend und feierlich in die verschleierte Höhe und standen so still und selig rastend in der herandämmernden Winternacht, daß mir schien, ich könnte ein Seliger sein und alle Geheimnisse der Erde verstehen, wenn ich jetzt dort drüben wäre. Dort lag der bleiche Schnee so anders als auf meinem Dach, dort standen Buchenwälder und schwarze Föhren so unbegreiflich schön und entrückt, wie ich sie niemals in der Nähe sah; vielleicht wandelte dort Gott selber über die Hänge, und wer ihm dort begegnete, der könnte ihn berühren und ihn grüßen und ganz nah in seine Augen blicken.

Ja, dort drüben! Schon hier, in meinem schönen, stillen Dorf, auf meinem Hügel, in meinem Walde, wage ich Gott nicht zu denken, berühre nicht seine Hand, höre nicht seinen Schritt — ich suche ihn drüben, überm See, hinter dem leichten Nebel. Und wie erst, wenn ich nun in einer unserer Städte wäre, in München, in Zürich, in Stuttgart, in Dresden? Wo ist da ein Ort, an dem ich mich nicht schämte und erschräke, wenn dort Gott mir begegnete? Ist da nicht jedes Haus und jeder Stein voll von lüsternem Verlangen — nach einer Geschichte vom König Artus? Es ist wenige Tage her, da fragte mich ein Freund, ein Künstler, in welcher Stadt es wohl schön und gut zu leben wäre. Wir hielten Rat, wir nannten viele Städtenamen, wählten und verwarfen, aber wir fanden die Stadt nicht, in der wir für immer oder nur für lange Zeit hätten wohnen mögen. Statt dessen leben wir, da einer und dort einer, in Dörfern, auf Bergen, in Landhäusern, der in Tirol und jener am Meer, der in der Heide und der am Bodensee, und wir wagen es nicht, zusammen an denselben Ort zu ziehen, und finden die Stadt nicht, die wir Heimat nennen möchten. Muß das so sein?

Oft besann ich mich: ist es wohl immer so gewesen? Allein das ist hoffnungslos. Wer jemals ehrlich das betrachtet hat, was wir Weltgeschichte nennen, muß ja wissen, daß jede gewesene Zeit und Art und Kultur für uns mit hundert Siegeln verschlossen und ewig rätselhaft ist.

Ich stand und dachte an den Abt von Heisterbach, an Gott und an den König Artus. Mein Blick lief über die Bücherreihen; viele von den Büchern, die sonst meine Lieblinge sind, waren tot und sagten nichts, aber da und dort sah mich ein alter, brauner Band und Lederrücken lebendig und durchdringend an. Da stehen sie geordnet und warten, und in jedem ist Gott, aber er redet nicht zu allen Stunden, und oft, wenn ich ihn meiden will, und irgendeine frohe Historie anfange, da ist es wie bei dem Abt, und statt der ergötzlichen Geschichte, auf die ich lüstern war, sehe ich einen liebend-traurigen Blick und höre jemand sagen: Wenn ich aber von Gott rede, da schlaft ihr!

(1904)

Berge in der Nacht

Der See ist erloschen,
Schwarz schläft das Ried,
Im Traume flüsternd.
Ungeheuer ins Land gedehnt
Drohen die hingestreckten Berge.
Sie ruhen nicht.

Sie atmen tief, und sie halten
Einer den andern an sich gedrückt.
Tief atmend,
Mit dumpfen Kräften beladen,
Unerlöst
in verzehrender Leidenschaft.

Abendstunde

Es ist dunkel geworden, und die Gasse vor meinen Fenstern ist schon seit einer Stunde totenstill, nur der hohe Brunnen träumt und redet unermüdet weiter. Die verhängte Messinglampe beleuchtet die alte Wohnstube mit ihren matten Holzwänden, die schmale Wandbank, den starken Eichentisch, die bleichen Holzschnitte an der Wand. Und hinträumend genieße ich die Ruhe meines Hauses und meiner Stube, die Stille und Weltferne, die mir niemand stört. Unnötiges Reden liebe ich am Abend nicht; es ist so schön und wunderlich, der Stille zuzuhören und zu lauschen, wie die Erde einschläft, wie der letzte späte Eimer am Brunnen klirrt und jenseits über dem See der letzte ferne Eisenbahnzug leise pfeift und fährt und verschwindet.

Ein Buch liegt auf dem Tisch, vielleicht werde ich später darin lesen. Es ist ein großer Quartband aus dem vorvorigen Jahrhundert, eine Übersetzung des Ossian. Daneben steht mein Glas und ein Krug Meersburger. Er ist nicht sauer, wie man vom Seewein zu sagen pflegt, sondern zart und wohlschmeckend, einer der besten oberrheinischen Weine. Von den zwei Krügen, die ich habe, faßt der kleine knapp ein Literchen, aber ich nahm heute — es geschieht selten — den größeren, und ich sage nicht, wieviel er faßt. Ich nahm den größeren, weil mir sonderbar wohl zu Mute war und weil mir heute, nach einem arbeitsreichen und zufriedenen Tag ein friedvoll schöner Abend zu blühen schien.

Während ich nachdenklich den Becher leere, beginnt in der kleinen Nebenstube meine Frau leise Klavier zu spielen. Sie hat den großen Krug gesehen und meine Stimmung erraten, sie spielt kleine, verwehende Stücke von Schumann. Die feinen, leisgleitenden Töne kommen, zusammen mit dem schwachen rötlichen Kerzenlicht, durch die weit offene Tür herein. Über der Tür, auf dem altmodischen schmalen Gesims, stehen einander zugewandt zwei tönerne Kuckucke, Männchen und Weibchen, Schwarzwälder Bauernkunst, und werfen zwei wahnsinnig verlängerte, fidel groteske Schatten an die Wand. Und wie immer, wenn ich abends müßig bin und Musik höre, sehe ich alle diese kleinen Dinge verwandelt und ferner gerückt, und zugleich geht mein Sinn ungeheißen rückwärts und sucht Pfade der Vergangenheit. Erinnerungen steigen aus den Tönen, aus dem Lampenschein, aus dem Becher, aus der sacht wölkenden Pfeife. Erinnerungen in langen, sanften Reigen; es kommt eine der närrischen Stunden, in denen wir rasten und nichts tun, während doch die Phantasie, das Gedächtnis, die Sehnsucht und hundert feine tätige Nerven arbeiten und schaffen und fiebern. Selbstverständliches wird rätselhaft und unerklärlich, Gelesenes wird Erlebtes, Erlebtes wird Geträumtes, Vergessenes wird gegenwärtig. Erreichtes wird wieder zum Wunsch. Ferne, vor Jahren gelebte, seit Jahren vergessene Tage und Stunden sind so gegenwärtig und tatsächlich, wie Tisch und Zimmer, wie meine eigene Hand, während das eben erblickte Bild, der eben gehörte Ton, die eben gemachte Gebärde traumfern und zu alten, alten Erinnerungen werden.

Halt, das ist nicht Schumann mehr. Was ist es doch? Ja, Chopin. Natürlich Chopin, die erste Nocturne. Oder die dritte? Glaszarte, scheue Töne, verwischte und traumwandelnde Takte, wundersam geschlungene, schlanke, elegante Figuren und die Akkorde erregend, wie verzerrt, Harmonie und Dissonanz nicht mehr zu unterscheiden. Alles auf der Grenze, alles ungewiß, nachtwandlerisch taumelnd, und mitten hindurch mit dünnem Fluß eine süße, milde, kinderselig reine Melodie. Chopin! Diese Musik voll Heimweh, Sehnsucht und Erinnerung, und im Hintergrund Paris. Nicht das Paris von heute, sondern ein anderes, ironischer und sentimentaler, mit anderen Tapeten und Kostümen, mit Chopin und Heinrich Heine.

Es ist schön, es ist schmeichelnd und wohlig, an seinem sicheren Tisch zu sitzen, ein sicheres Dach über sich, einen zuverlässigen Wein in der Kanne, eine wohlgefüllte große Lampe brennend, und nebenan bei offener Tür meine Frau am Klavier, Chopin-Stücke und Kerzenlicht... Plötzlich steigt mir wie eine Seifenblase die Frage auf: Bist du eigentlich glücklich?

Ja, natürlich. Aber warte noch — nein, so eigentlich glücklich — nein doch, ich muß mich erst besinnen. Und wie ich mich besinne, fällt mir ein, daß man nicht vom Glück reden soll. Glück ist ja nichts, ein Wort, ein Unsinn; es kommt auf anderes an. Indem ich nachdenke, verwandelt sich die Frage. Ich möchte nun auf einmal wissen, wann mein frohester Tag, meine seligste Stunde war.

Mein frohester Tag! Ich muß lachen. In meiner Erinnrung, da, wo die guten, reinen köstlichen Augenblicke aufgeschrieben sind, steht einer neben dem andern, zehn und hundert und viel mehr als hundert, und jeder ist fehlerlos, mit ungetrübter Lust gefüllt, und einer ist so schön wie der andere und keiner gleicht dem andern. Da ist ein Tag, vor Jahren im Hochgebirge verbracht, auf einer hohen Alp, zwischen Enzianen und kletternden Ziegen und Geißbubengejodel, ein feuchter, blanker Himmel darüber und in der Nähe das Rufen eines weißen Wasserfalles. Dann eine Morgenstunde, noch vor Sonnenaufgang, auf einer Odenwaldstraße, im Gespräch mit einem verirrten Landstreicher, voll von Morgenkühle, Frühlicht, Erwartung und Humor. Und eine andere Morgenstunde auf der Schwäbischen Alb, da saß ich im schüttelnden Postwagen und vorn und hinten goß der Regen herunter und mir gegenüber eine Kleine, Sechzehnjährige, halb froh, halb ängstlich mit dem Unbekannten plaudernd, dann zuversichtlicher und schließlich fröhlich und ausgelassen wie ein Bub. Aber wie kann ich den Abend vergessen, den warmen Juniabend am See, auf der dunklen Bank! Und unser langsames Gespräch, alle paar Minuten ein Wort, und unsern ersten Kuß! Oder die wunderbare Märchennacht, als ich zum erstenmal, das Herz selig bedrückt von der

Erfüllung jahrelanger Jugendsehnsucht, durch die Gassen von Florenz lief und über den Ponte und wieder durch die alten Winkel auf die Piazza vor den schweigenden, kühnen, himmelhohen Turm! O, und der erste Anblick des Meeres — der Vormittag, da ich über Genua auf den Hügeln schweifte, und unten schrie im Sturm das blaue und weiße Meer an den steilen Felsen empor! Auch jene Mittagsstunde darf ich nicht vergessen, die ich im Hofe eines südlichen Klosters auf dem herrlich glühenden Pflaster verschlief, und wie der Pförtner mich tadelnd weckte, und wie wir Freunde wurden und einen ergiebigen Gang in die kalten, massiv gewölbten, mächtigen Keller unternahmen. Auch nicht den Hochsommermittag, da ich bei Rheinfelden mich seufzend entkleidete und an still brütenden Wäldern vorbei unter einem stählernen Gewitterhimmel aufatmend rücklings den Rhein hinab schwamm.

Ich finde kein Ende. Wie viel Sonnen haben mich verbrannt, wie viel Flüsse und Ströme mich gekühlt, wie viel Wege mich getragen und Bäche mich begleitet! Wie viel Blicke in blaue Himmel und in unvergeßlich lebendige, liebe Menschenaugen habe ich getan, wie viel Tiere lieb gehabt und an mich gelockt! Von diesen Augenblicken ist keiner schöner als der andere. Auch dieser gegenwärtige, da ich den Becher langsam leere, der Musik lausche und liebe Erinnerungen hege, auch dieser gegenwärtige Augenblick ist keiner von den schlechten.

O nein. Und ich träume weiter. Und sieh, andere Bilder steigen aus dem Meer des Erlebten — Stunden des Leides, Tage der Trauer, der Scham, der Reue, Augenblicke des Erliegens, der Todesnähe, des Grauens. Ich sehe den Tag wieder, da meine erste, unvergessene Liebe betrogen ward und unter Qualen starb. Der Tag, da ein Bote kam und grüßte und Geld forderte und die Botschaft daließ, daß fern in der Heimat meine Mutter gestorben war. Die Nacht, da mich mein Jugendfreund im Rausch beschimpfte. Die Tage, da ich nicht wußte, woher die Pfennige zu einem Brot nehmen, während meine Mappe von Gedichten und leidenschaftlichen Artikeln überquoll. Die vielen, vielen Stunden, da ich liebe Freunde leiden und verzweifeln sah und daneben stand und litt und litt und nicht helfen, nicht trösten, nicht lindern konnte. Und die Augenblicke, in denen ich vor Leuten stand, die reich waren und Macht über mich hatten und ihre geringschätzigen Worte hörte und meine in Krampf geballte Faust verbergen mußte. Die Gesellschaft, in der ich beständig die Hand auf die schmählich geflickte Stelle meines letzten Rockes legte. Alle die Nächte, in denen ich schlaflos lag und nicht wußte, wozu ich dies Leben weiter führe. Und alle die Nächte, da ich am Wirtshaustisch mitlachte und Possen riß und lustig tat, während mir innen elend und traurig zu Mute war. Auch die Zeiten hoffnungsloser Liebe, die Zeiten der Glaubenslosigkeit und Selbstverhöhnung, wenn wieder ein begonnenes Werk mißglückt, ein Ideal verloren, ein Versuch fehlgeschlagen war.

Auch hier kein Ende! Aber welche von diesen Stunden möchte ich hergeben, welche ausstreichen und vergessen? Keine, keine einzige, auch die bittersten nicht. Lieber noch einen von den frohen Tagen; es sind ohnehin, wenn ich nachrechnen will, viel mehr als böse.

Die Musik hat aufgehört, die Kerzen im Nebenzimmer sind verlöscht. Meine Frau kommt heraus, schaut in meinen Weinkrug und lacht: »Du bleibst noch auf?«

»Ja, ich will noch lesen, Ossian.«

Sie geht, aber ich lese keinen Ossian. Ich sitze still und fühle die Minuten entgleiten. Ich überschaue träumend die hundert Erinnerungen, die in dieser Stunde mich besucht haben. So viel Tage, so viel Abende, so viel Stunden, so viel Nächte — und alles zusammen ist noch lange kein Vierteil meines Lebens. Wo sind die andern? Wo sind die tausend Tage, die tausend Abende, die Millionen Augenblicke, an die mich nichts mehr mahnt, die nimmer aufwachen und mich ansehen können? Vorbei, dahin, unwiederbringlich vorüber!

Und dieser Abend? Wo wird er bleiben? Wird er irgend einmal wieder erwachen und mir gegenwärtig sein und mich laut und sehnlich an ein vergangenes Damals mahnen? Ich glaube nicht; ich glaube, er wird morgen oder übermorgen vergangen und tot sein und nie wiederkommen. Und wenn ich heute nicht gearbeitet und mich gemüht hätte und ein kleines, kleines Stück vorwärts gekommen wäre, so sänke morgen oder übermorgen dieser ganze Tag, dies gegenwärtige Heute, unrettbar ins Bodenlose, zu den vielen begrabenen Tagen, von denen ich nichts mehr weiß.

Freilich wäre es unrecht, in einem Menschenleben nur die unvergessenen Tage zu zählen. Das stille Wachsen, das unbewußte Reifen, ebenso wie die unansehnlichen Stunden bescheidener, langsam fortschreitender Arbeit sinken unvermerkt und unbeklagt hinunter, und wo später unser Gedächtnis nur eine Reihe blasser, irgendwie vergangener, wertlos gewordener Wochen und Monate sieht, da war vielleicht die Zeit der Empfängnis und Vorbereitung für unverlierbare Lebensgüter. Aber ohne Höhepunkte und unauslöschlich sich eingrabende Momente wäre doch das Leben mir undenkbar. Schon jetzt, da ich doch noch jung und ein Anfänger in der Kunst, zu leben, bin, weiß ich für ruhige Feierabende nichts Edleres und Wohltuenderes als ein stummes Gespräch mit den Schatten aller jener Augenblicke, die in Wohlsein oder Schmerz, das alltägliche Maß überschreitend, sich als reife Früchte lösten und nun zeitlos und immer gegenwärtig meine Schätze und meine Freunde sind. Wie erst, wenn ich alt sein werde? Woher anders kann jenes milde, leis wärmende Glück eines schönen Alters kommen als von einem randvoll gefüllten Gedächtnis solcher Momente?

Wem es nicht gegeben ist, mit der großen einseitigen Leidenschaft eines vom Dämon berührten Schicksals blind und glühend durch ein nie rastendes Leben zu stürmen, der tut wohl daran, sich zeitig in der Kunst der Erinnerung, vielleicht der ersten aller Künste, zu üben. Die Kraft des Genießens und die des Erinnerns sind eine von der anderen abhängig. Genießen heißt einer Frucht ohne Rest ihre Süßigkeit entpressen. Und Erinnerung heißt die Kunst, einmal Genossenes nicht nur festzuhalten, sondern es immer reiner auszuformen, es goldener und tieftöniger zu machen. Jeder von uns tut das unbewußt. Er denkt an seine Kinderzeit und sieht dabei nicht mehr einen Wirrwarr von kleinen Geschehen, sondern die zur Phantasie gewordene Erinnerung spannt selig blaue Himmel über ihn aus und mischt das Andenken von tausend Schönheiten zu einem ungetrennten, mit Worten nicht zu erschöpfenden Lustgefühl.

Indem so das Rückwärtsschauen die Genüsse entfernter Tage nicht nur wiedergenießt, sondern jeden zu einem Sternbild des Glücks, zu einem Sehnsuchtsziel und Paradies erhöht, lehrt es immer wieder neu genießen. Wer einmal weiß, wie viel Lebensgefühl, Wärme und Glanz er in eine kurze Stunde pressen kann, der wird nun auch die Gaben jedes neuen Tages möglichst rein und restlos und unverdorben aufnehmen wollen. Und er wird auch dem Leid gerechter werden; er wird einen großen Schmerz ebenso lauter und ernst zu kosten versuchen. Denn er weiß, daß auch das Andenken dunkler Tage ein schönes und heiliges Besitztum ist.

Es ist bald 11 Uhr, sehe ich, und das ist auf dem Dorf spät, unheimlich spät. Aber der in Erinnerungen und Halbgedanken verdämmerte Abend hat mir gut getan, und es ist auch noch Wein da. Wie mild und kühl er rinnt! Und bei jedem langsamen Schluck denke ich an einen meiner unvergeßlichen Tage, nicke ihm zu und grüße ihn und blicke ihm in die klaren, wohlbekannten, lügelosen Augen. *(1904)*

Landstreicherherberge

Wie fremd und wunderlich das ist,
Daß immerfort in jeder Nacht
Der leise Brunnen weiterfließt
Vom Ahornschatten kühl bewacht,

Und immer wieder wie ein Duft
Der Mondschein auf den Giebeln liegt
Und durch die kühle, dunkle Luft
Die leichte Schar der Wolken fliegt!

Das alles steht und hat Bestand,
Wir aber ruhen eine Nacht
Und gehen weiter über Land,
Wird uns von niemand nachgedacht.

Und dann, vielleicht nach manchem Jahr,
Fällt uns im Traum der Brunnen ein
Und Tor und Giebel, wie es war
Und jetzt noch und noch lang wird sein.

Wie Heimatahnung glänzt es her
Und war doch nur zu kurzer Rast
Ein fremdes Dach dem fremden Gast,
Er weiß nicht Stadt, nicht Namen mehr.

Wie fremd und wunderlich das ist,
Daß immerfort in jeder Nacht
Der leise Brunnen weiterfließt,
Vom Ahornschatten kühl bewacht!

Manchmal

Manchmal, wenn ein Vogel ruft
Oder ein Wind geht in den Zweigen
Oder ein Hund bellt im fernsten Gehöft,
Dann muß ich lange lauschen und schweigen.

Meine Seele flieht zurück,
Bis wo vor tausend vergessenen Jahren
Der Vogel und der wehende Wind
Mir ähnlich und meine Brüder waren.

Meine Seele wird ein Baum
Und ein Tier und ein Wolkenweben.
Verwandelt und fremd kehrt sie zurück
Und fragt mich. Wie soll ich Antwort geben?

Am Gotthard

So oft ich schon in den Bergen war, so habe ich doch bis heute nur viermal einen Steinadler gesehen. Das erste Mal, da war ich noch fast ein Knabe, und als ich hoch in silbernen Lüften den sicheren, schönen Bogenflug des großen Vogels wahrnahm und als man mir sagte, das sei ein Adler, da schlug mir das Herz und ich sah in dem königlich Schwebenden ein Lied und ein Sinnbild, folgte ihm mit durstendem Blick und behielt ihn für immer im Gedächtnis. Seither besuchte ich die Berge nie ohne die stille Sehnsucht, ihn wieder zu sehen, und hundertmal hob ich auf Höhenwegen die Augen in halber Hoffnung. Selten hat sie sich erfüllt und sie blieb unvermindert in mir lebendig. Es gibt Dinge und Wünsche, an die ich alle atemlose Lebenslust und die Vorstellung der sehnlichsten Erdenwonne knüpfte; zu diesen gehören vor allen anderen die drei: eine sternklare Winternacht im Hochgebirge, eine abendliche Barkenfahrt auf der Lagune vor Venedig und dann das Erspähen eines Adlers über den Bergen. Sooft Enttäuschung und Sorge mich müde macht, sooft ein leerer und unschöner Tag mich verdrießt und lähmt, flüchte ich zu diesen Bildern, und wenn sie auch zumeist Wünsche und unerfüllbar bleiben, so hat doch mein Verlangen darin ein festes und reines Ziel gefunden und das ist schon halbe Genesung.

Kürzlich war ich eine Woche in Zürich, um den langen Winter zu unterbrechen und einmal wieder Kultur zu atmen, Menschen zu sehen und mich als Zeitgenossen zu fühlen. Es waren schöne, ausgefüllte Tage; ich sah neue Bilder von Welti, hörte Beethoven, Mozart und Hugo Wolf, verkehrte mit befreundeten Malern, Dichtern, Redakteuren, sah bevölkerte Straßen, rasche Wagen und schön gekleidete Frauen, trank nachts meinen Wein bei lebhaften Gesprächen. Ich genoß das Vergnügen, in guten Läden gut bedient zu werden (obwohl ich höflichere Kaufleute kenne als die Züricher), ließ mich wieder einmal bequem und fein rasieren, nahm ein köstliches Dampfbad und saß gegen Abend in einem vielbesuchten Café, wo es französische und italienische Journale, elegante Gäste, eifrige Kellner und gute Billards gab. Zugleich war ich mir mit Vergnügen bewußt, das alles herzlich und innig zu genießen, was den Stadtleuten längst schal und alltäglich war, und wahrscheinlich bin ich in diesen Tagen der zufriedenste Mensch in der ganzen Stadt gewesen.

Am Ende der Woche wollte es mir scheinen, es sei nun für diesmal genug und es wäre jetzt gut, wieder daheim zwischen See und Wald zu sitzen, im gewohnten Bett zu schlafen und auch wieder ans Arbeiten zu denken. Die Menschen fingen an, mir weniger zu imponieren, mir weniger lebendig und geistreich vorzukommen, auch fühlte ich ein Bedürfnis, die täglichen Kunstgenüsse nun in Ruhe nachzugenießen, denn sie begannen sich ein wenig zu verwirren und ein wenig blaß zu werden. Also nach Hause!

Aber nun hatte ich acht Tage lang über den Zürichsee hinweg die bleichen, stillen Alpen gesehen, und mit dem allmählichen Müdewerden und Sattwerden war das lange nicht mehr gehörte Lied vom Steinadler und von der Winternacht im Hochgebirge mächtig in mir aufgewacht. Mein Reisegeld reichte noch für zwei, drei Tage aus, und ich beschloß, noch eine rasche Fahrt an den Gotthard zu tun, den ich im Winter noch nie gesehen hatte, außer im eiligen Durchreisen. Schneegamaschen und das übrige Winterzeug hatte ich bei mir, so brauchte ich nur noch ein Billett zu kaufen und einzusteigen.

Es war ein grauer Tag, vom Wagenfenster aus konnte man außer den zunächst stehenden Bäumen, Hügeln und Häusern nichts unterscheiden, alles zerrann in blassem Nebelbrodem, der nur durch den noch frischen reinen Schnee Licht erhielt. Der Zugersee wollte sich zu meinem Erstaunen nicht zeigen, bis ich entdeckte, daß er gefroren und eingeschneit war. Mit Ungeduld wartete ich auf ein Zeichen von Sonne und auf das Reißen der Nebel. In Arth, in Brunnen, in Flüelen erwartete ich es, und als wir Erstfeld passiert hatten — es ging schon gegen Mittag — und noch immer in Wolken und Dämmerung dahinfuhren, begann ich den Glauben zu verlieren und machte mich enttäuscht darauf gefaßt, oben Schneefall und Trübe anzutreffen. Selten bin ich mit so gespannter Aufmerksamkeit die wundervolle Gotthardbahn hinauf gefahren, aber Amsteg lag im Nebel, Gurtnellen lag im Nebel, die kühnen Reußbrücken lagen im Nebel und als ich durch Wassen fuhr und auch dort noch keine Sonne antraf, gab ich die Hoffnung auf und sank in die Bank zurück. Die Berge sind ja immer schön und auch den Nebel genieße ich zuzeiten gern, aber wenn man weiß, wie ein Sonnentag in den Alpen aussieht, und wenn man nur zwei bis drei Tage übrig hat, fällt es immerhin schwer, vergebens auf blauen Himmel zu warten.

Während ich schon anfing zu überlegen, ob mein Ausflug nicht eine recht übereilte Geldvergeudung sei, fuhr der Zug oberhalb Wassen aus dem Kehrtunnel, und in dem Dunst und grauweißen Schneelicht glaubte ich plötzlich eine Ahnung von Bläue und Sonne zu spüren. Eilig sprang ich auf, öffnete das Fenster und spähte himmelwärts. Da drang langsam und unsicher eine hohe Felsenschroffe mit schrägen Schneeritzen rötlich aus dem Gewölk und wurde klarer und kam näher, und hinter ihr noch eine und darüber eine dritte; ein schwerer Windstoß fegte aus der Höhe herab, Wolkenfetzen zerstoben dünn und geisterhaft, und in wenigen Augenblicken entschleierte sich das ganze Bergland, lag lachend und sonneglänzend in einer durchsichtigen milden Luft und hatte einen reinen, stillen, fast veilchenblauen Himmel über sich. Ein tiefes Lustgefühl kam über mich, hundert ähnliche Bergwintertage wachten in meiner Erinnerung auf, golden und strahlend und jeder ein Kleinod. Nun dachte ich nicht an den Adler und nicht an die Mondnacht mehr; leicht wie ein Knabe sprang ich in Göschenen aus dem Wagen und lief in die blaue Herrlichkeit hinein.

Alle Grate und Gipfel standen so wunderlich klar und nah, wie man sie nur an auserlesenen Wintertagen sehen kann, mit langen violetten Schatten und gleißenden Schneefeldern. Es ging ein mäßiger Föhn, und die durchsonnte Luft war frühlingshaft warm. Wieder wie an manchen früheren Wandertagen stand ich häufig still und hatte im Umherblicken ein Gefühl, als sei alles ein Zauber und könnte plötzlich verschwinden. Und wieder hatte ich das seltsam selige, fast bange Wandergefühl: So verklärt siehst du die Erde nicht wieder! Auf der von Holzschlitten aufgewühlten, vom Winde bald blank gefegten, bald ganz zugewehten, mit etwa meterhohem gefrornem Schnee bedeckten Straße stieg ich langsam gegen den brausenden Wind bergan, den Schöllenen und der Teufelsbrücke entgegen. Die berühmte, herrliche Straße und dieser ganze Teil des wilden Reußtales sind im Winter unendlich viel schöner als ich sie im Sommer sah. Und wie ein Märchen ist die junge, tosende Reuß, die in ihrer verschneiten Klamm unter bläulichen, häufig durchbrochenen Eisrinden hinabrollt, das einzige Leben in der weißen Todesstille. Der kleine Wasserfall oberhalb der Teufelsbrücke war von einem scheinbar freischwebenden, aus dem Sprühstaub entstandenen Eisbaldachin mit hundert grotesken Spitzen überwölbt.

Die Wetterscheide vor Andermatt war ein Erlebnis. Aus der wilden, rauhen, vom Winde durchpfiffenen Schlucht trat ich durch den kurzen Tunnel, der dort die Straße deckt, in ein weißes, blendendes Sonnenland. Das breite Hochtal glänzte warm, die abschließende Höhenwand war bläulich verschattet, das stille Hospental mit dem schwarzen Langobardenturm schlief klein und dunkel zwischen hohen Schneemauern, links suchte mein Auge die verwehte und für Monate vom Schnee gesperrte Furkastraße. Merkwürdig sahen in Andermatt die leeren, geschlossenen Fremdenhotels aus, bis an die Parterrefenster im Schnee begraben, aus dem nur noch die Spitzen der eisernen Gartenzäune hervorragten. In der »Krone« trank ich einen Kaffee und wärmte mich auf dem steinernen Sitzofen, den vor etwa siebzig Jahren der damalige Besitzer Kolumban Camenzind erbaut hat. Sein und seiner Frau Namen stehen in altmodischer Schrift auf der mittleren Platte.

Es ging gegen Abend und der Schnee begann rötlich zu scheinen, da kehrte ich um, und da geschah es, daß ich hoch am Berge, noch über der obersten Windung der Oberalpstraße, einen Vogelflug wahrnahm. Es war ein großer, still und langsam kreisender Steinadler, und ich blieb stehen und sah ihm lange zu, seltsam von dieser Erfüllung meines fast vergessenen Wunsches betroffen. Und nun wußte ich, daß auch eine klare Mondnacht nicht fehlen würde, denn der Föhn hielt in mäßiger Stärke noch immer an, und gegen Süden war der Himmel so rein blau, wie der offene Kelch des Frühlingsenzians.

Der Rückweg talabwärts nach Göschenen war keine Arbeit mehr. Im »Rößli« ließ ich mir Wein und Essen geben und ruhte eine Weile, bis nachts gegen 1 Uhr über den steilen Grat der fast noch völlige Mond herauskam. Da band ich die Gamaschen um, zog Fausthandschuhe an und wanderte durch das schlummernde Dorf und an dem alten Fruttkirchlein vorüber den wunderbar stillen Weg durch das enge Seitental, dem Dammagletscher und der Göschenenalp entgegen. Ich schritt ohne Ziel und ohne Mühe, soweit der Pfad es erlaubte, und kehrte, als ich müde ward, langsam wieder um. Auf dem weichen Schneeweg hörte ich meine Schritte nicht, auch sonst war kein Ton zu hören, in der Höhe gegen den nachtblauen Himmel glänzte matt der überschneite Gletscher, das weiße Mondlicht erfüllte das Tal und war so hell, daß ich bei der Frutt die knapp aus dem Schnee ragende Tafel lesen konnte, die man einem dort von der Lawine erschlagenen sechzehnjährigen Knaben gesetzt hat. Groß und flimmernd standen viele Sterne in der Nacht, und ihr Leuchten und das weiß schimmernde Mondland und das Schweigen der matten Gipfel will ich nie vergessen.

Als ich morgens nach mehreren Stunden eines tiefen Schlafes aufstand und ans Fenster lief, war am oberen Rande des Gletschers schon wieder Sonne. Ins Tal kam sie freilich nicht, die Häuser der Frutt und die letzten diesseitigen Höfe von Göschenen haben von Ende Oktober bis Ende Februar keinen Sonnenstrahl. Aber vorne im Dorfe und im Reußtal abwärts mußte es noch vor Mittag sonnig werden. Ich beschloß, einen Teil der Heimfahrt auf dem Bergschlitten zurückzulegen. Zwar hätte ich diesen Tag noch hier oben bleiben können, aber es sah aus, als würde sich morgen das Wetter ändern, und ich hatte keine Lust, diese beiden Glanztage mit einem trüben Abschied abzuschließen. So machte ich nur noch einen Schlendergang an die Schöllenen und zurück, nahm dann gegen Mittag Abschied und entlehnte einen kräftigen Bergschlitten, den ich per Bahn zurückzuschicken versprach.

Gleich jenseits der Bahnschienen konnte ich aufsitzen und laufen lassen, und sauste oberhalb der Reußschlucht, mit nur zwei kurzen Unterbrechungen, bis Wassen hinunter in weniger als einer halben Stunde. Vor und durch Wassen stieg der Weg eine Weile, dann ging es die wundervolle Strecke bis Gurtnellen und über die märchenhafte

Dem Sommer entgegen

Da ich heute erwachte und aufstand, hatte das Wetter sich zum Guten gewendet, den sattblauen See bestrich ein mäßiger Ostwind mit zitternden Silberfurchen, die blühenden Kronen der Birnbäume standen frohlockend und strotzend gegen einen hellblauen Himmel, und lichte Bläue spiegelte sich im Brunnentrog und in den kleinen, schon fast vertrockneten Wasserlachen der Landstraße. In der Kapelle, die meinen Fenstern gegenüber liegt, war der Meßner mit den Zurüstungen zur Maienandacht beschäftigt. Auf dem improvisierten Zimmerplatz meines Nachbarn, der seinen Stall umbauen und vergrößern will, leuchtete und duftete in der schon prächtig warmen Sonne froh und festlich das weiße tannene Balkenholz.

Da fiel es mir aufs Herz, daß mein Ruderboot noch immer winterlich unter Dach stand und noch immer nicht revidiert, gestrichen und flottgemacht war. Schon mehrmals hatte ich an schönen, zum Seefahren verlockenden Tagen meine Saumseligkeit verwünscht und bitter bedauert und hatte dann, aus Trägheit und aus Mißtrauen gegen das Wetter, die Arbeit doch wieder auf ein andermal verschoben. Es war nachgerade eine Schande, und die Nachbarn, die mein Schifflein noch immer im Schuppen verstaut sahen, begannen zu grinsen und mich bedauernd anzusehen. Jetzt war es höchste Zeit, und ich beschloß, die Arbeit heute noch vorzunehmen.

Die Farben standen schon bereit, ich brauchte sie nur noch mit Leinöl anzurühren, und bald durchzog der scharfe, pikante Ölgeruch das Haus. Die große Schürze vorgebunden, begann ich das Boot und die Ruder zu reinigen und dann zu malen. Wie das fleckte und ausgab, wenn ich den schweren, breiten, saftig mit Ölfarbe gefüllten Pinsel über die Planken hinstrich! Wenn so das Feuilletonschreiben ginge, und wenn es so lustig wäre! Hühner gackerten vorbei, zwei junge Hündlein balgten sich und brachten meinen Ölkrug in Gefahr, Kinder kamen und schauten zu. Und die Nachbarn, wenn sie vorüberkamen, lachten und riefen: »Also endlich?«

Man malt ja die modernen Sportboote jetzt meistens hellbraun oder gelblich wie Kanzleimöbel. Aber mein Nachen muß schöner aussehen, ich streiche ihn mit dem alten, traditionellen, feurigen Grün und Hochrot, und ebenso Ruder und Zubehör. Eine Ruderschaufel muß rot sein, keine andere Farbe klingt mit dem Blau oder Grün des Wassers so freudig und lebendig zusammen.

Vier Stunden, fünf Stunden strich und salbte ich mit Eifer, dann schien es mir für diesen Tag genug. Noch ein paar Tage, dann wird alles fertig und geordnet sein, dann führen wir das Boot auf einem Wagen mit zwei Kühen an den Strand, und den Kühen werden die Hörner bekränzt, und dann mache ich meine erste Ruderfahrt in diesem Jahre allein und still, und es wird wie jedes Jahr ein Tag voll schweigender Herrlichkeit und voll wunderbar schwellender Erinnerungen sein.

Drei Dinge gehören für mich notwendig zu einem richtigen Sommer: Glühheiße, gelbe, schwer brütende Kornfelder — ein hoher, kühler, schweigsamer Wald — und viele Rudertage. Rudertage! Ich denke an solche, da über See und Bergen ein glänzend blauer Himmel stand, da die Luft vor Hitze zitterte und vor Sonnenwärme das Holz

Der Schnitter Tod

Es war plötzlich voller Sommer geworden. Die in den langen Regenwochen feist auf-gewachsenen grünen Kornfelder begannen zu bleichen, der Mohn flackerte üppig rot auf jedem Felde. Die Landstraße glühte weiß und staubig, aus den dunkler gewor-denen Wäldern tönte der Kuckucksruf müder, schwüler und eindringlicher, in den ho-hen Wiesen wiegten sich auf schwanken Stengeln die Margueriten und Esparsetten, Salbei und Skabiosen, alle schon in der üppigen Fülle und in dem fiebernd tollen Ver-schwendungsdrang der Todesnähe. Denn abends läutete schon da und dort in den Dör-fern helltönig und unerbittlich mahnend das Sensendengeln.

An einem brennend warmen Nachmittag schlenderte ich langsam und fröhlich auf der Landstraße dem dunkel ragenden Wald entgegen, an den schwer duftenden Heu-wiesen und leise silbern wehenden Ährenfeldern vorüber. Im ausgetrockneten Stra-ßengraben spielten braune und grüngoldene Eidechsen, schönfarbige Laufkäfer mit großen, hohen Beinen und komisch scheuen, eckigen Bewegungen, dazwischen je und je eine glatte, lautlose Blindschleiche. Über den Wiesen zitterte die durchglühte Luft, an den Rändern des schwülblauen Himmels lagen kleine, dicht geknetete, silber-weiße Turmwolken ruhig auf der Lauer, regungslos und in blendendem Glanze.

Als ich schon dem Waldrande nahe war, holte mich ein Bauer ein, der, mit der Sense über der Schulter, auf die Heumahd ging. Es war einer von meinen Nachbarn, ein froher, rüstiger Mensch, aufrecht und hellblond, mit dem ich auf Feldwegen oder feierabends drinnen im Dorfe häufig zu plaudern pflegte. Er trug den Strohhut zu-rückgeschoben auf dem dichten, kurzen Haar, im Munde hielt er einen langen Gras-halm, an dem er kaute, und von seiner Stirne lief in kleinen, klaren Tropfen der Schweiß über das bräunliche Gesicht.

»Auch wieder spazieren?« fragte er mit gutmütig spöttischem Blick.

»Es macht warm heute«, gab ich zurück.

»Ja, besonders wenn man schaffen muß.«

Ich beneidete ihn um seinen braunen, breiten Nacken und um die sorglose Kraft, mit der er seine Sense auf der Schulter trug. Für mich war der heiße Gang im Staub eine Arbeit, von der ich im Walde auszuruhen gedachte; für ihn war er ein Spiel, dem die Arbeit erst folgen sollte.

»Nix Neues?« fragte ich.

»Doch, meine Schwarze hat zu Nacht gekalbt.«

»Gut gegangen?«

»Schon gut, aber leicht nicht. Wir sind die ganze Nacht im Stall gewesen und ich bin in kein Bett gekommen.«

»Na, wenn nur das Kalb gesund ist.«

»Da fehlts nicht, das ist schon wie es sein soll. Also adieu denn, wenn Sie gradaus wollen.«

»Ja, adieu, Herr Nachbar. Überschaffen Sie sich nicht.«

»Habs nicht im Sinn. Adieu denn.«

Ich sah ihm nach, wie er zwischen Acker und Wiese feldeinwärts schritt, schwer und zäh und doch mühelos, und wie das hohe Gras ihm um die Knie schlug und wie seine blanke Sense hoch in den Lüften blitzte. Dann ging ich weiter und erreichte bald die feucht duftende, milde Waldkühle.

Vögel riefen im flimmernden Geäst, weiches Moos federte wohlig unter meinen Schritten, braunrote Schmetterlinge rasteten atmend auf hohen Blütenstengeln, und kleine, goldbraune Waldbienen flogen suchend in raschen, geraden Flügen durch die weiche, schattige Luft. An einem stillen Platze zu Füßen einer dicken Buche setzte ich mich zur Rast, schaute in das dämmernde, tausendfältige Waldleben, den Fliegen und Faltern nach, und trank die frische Schattenluft. Dann zog ich ein altes Büchlein aus der Tasche und las langsam blätternd in alten, volkstümlichen Liedern. Das Lesen im Freien ist ja schön und bei Sommerfrischlern und Luftschnappern sehr beliebt, und auch ich versuche es oft, aber ich fand immer wieder mit Verwunderung, daß die Bücher, die im Walde schöner zu lesen sind als in der Stube, überaus selten sind. Altmodische Liederbücher und Volksmärchen gehören zu diesen Seltenheiten, und die einfachen Verse, die beim Lesen immer gleich zu Melodien werden wollen, vertragen Waldluft und Vogelruf und Windesrauschen besser als irgend andere Bücher.

Da las ich auch das Lied vom Schnitter Tod, und sah ihn groß und ruhig über blühende Felder hinschreiten und hörte den strengen, ernsten, kühlen Strich seiner Sense durch das lebendige Kraut. Es werden auch heute noch schöne Gedichte gemacht, aber wenig solche, bei denen wir lächeln und mitsummen müssen, während uns das Herz zittert und den Takt verändert. Dies Lied vom Schnitter Tod war ernst, war traurigmachend, herb und streng, aber es war nicht grausam, es klang zart und süß und wohllautend aus, als käme es aus Kindermund, als wisse es nicht um seine Traurigkeit.

Ein paar Stunden vergehen schnell, wenn man zur Sommerszeit im Walde schlendert, ruht und wieder schlendert, und der halbe Nachmittag war vorüber, als ich heimkehrend auf der selben Straße den Wald verließ. Sonne und Heugeruch drangen auf mich ein, im nächsten Dorfe hörte ich fünf Uhr schlagen, und mit beschleunigtem Schritte ging ich weiter. Da holte ich einen Leiterwagen ein; ein Mann ging neben den Pferden her, ein anderer saß vorn auf, und im Wagen lag ein dritter, der hatte ein rotes Kopftuch übergelegt und streckte nur die Beine heraus.

»Der schläft aber gut«, rief ich im Vorbeigehen.

»Er steht nimmer auf«, sagte der Führer und hielt die Pferde an. Ich zog das Tuch von dem Liegenden, da war es mein fröhlicher Nachbar, und als ich ihm die Hand auf die Brust legte, war sie kühl und ohne Herzschlag, und sein Gesicht hatte bläulich-blasse Schatten.

»Soll ich vorausgehen?« fragte ich den Führer.

»Ist nicht nötig, die Frau weiß es schon.«

Nun ging ich hinter dem Wagen her, durch die glänzenden Felder und das blumige Grasland, und sah bald in die weithin blauende Seeferne, bald auf den stillen Mann, der neben seiner Sense auf dem Wagenboden lag. Er war beim Mähen umgefallen, mehr wußten seine Begleiter nicht zu erzählen.

Wir kamen ins Dorf gefahren, und scheue Weiber und Männer kamen uns entgegen, die schlossen sich an und es entstand ein stiller Zug durch die langgestreckte, zweimal gewundene Dorfstraße, bis vor das Haus des Toten, den seine Frau mit bleichem Gesicht und großen, erschrocken aufgerissenen Augen empfing.

An jenem Abend war es ganz still im Dorfe. Anderen Tages ging alles seinen alten Gang, nur daß man oft von dem Gestorbenen sprechen hörte. Das geschah ohne be-

sondere Rührung, aber mit Ernst und einem Tone der Trauer, den man nur in kleinen Dorfgemeinden so hören kann. Sie hatten den Schritt des gefürchteten Schnitters gehört, der in so kleinen Gemeinschaften selten kommt und dann ehrfürchtiger begrüßt wird als in Städten, wo jeden Tag Menschen sterben, ohne daß außer den Allernächsten jemand darauf achten kann.

Und gestern war die Beerdigung. Vor dem Hause stand der Sarg, und jeder Herankommende besprengte ihn mit Weihwasser; wer einen Kranz mitgebracht hatte, der legte ihn auf den Sarg oder hängte ihn um den wartenden Totenwagen. Dann ward der Sarg in den Wagen gehoben, die Glocken der kleinen Kapelle klangen herüber und wir begleiteten unseren Nachbarn auf dem stillen, weiten Weg zum Grabe. Denn unser kleines Nest hat keinen Pfarrer und keinen Kirchhof, wir bringen die Toten ins nächste Dorf hinüber. In zwei Reihen, zu beiden Seiten der Straße, schritten wir einer hinter dem andern, die Männer zuerst und dann die Weiber, und von Zeit zu Zeit stimmte irgend einer die Litanei an und alle fielen mit ihren harten, langsamen Stimmen betend ein. So brachten wir den Toten am blitzenden See, an den Weinbergen und Fruchtfeldern und Wiesen vorüber zum Kirchdorf, und dann standen wir auf dem alten, wunderbaren Friedhof, über dessen graue Mauer hinweg der See und die Insel und weite Bergzüge zu sehen sind. Der Pfarrer segnete und betete, der Chor sang seinen Choral, wir warfen Erde und Laub ins frische Grab und rings um uns lag das schöne, sommerliche Land in gleichmütigem Frieden gebreitet.

Einmal, während der Einsegnung des Grabes, als ich in halber Betäubung den Blick erhob und ausschaute, sah ich über das dunkle Häuflein der Leidtragenden hinweg für Augenblicke den Kopf eines schönen Bauernweibes ragen. Sie schaute mit klaren Augen und unbewegtem Gesicht still aus dem Gedränge über den See und die Weinberge hinaus, nicht traurig und nicht froh, mit halb geöffnetem Munde, und ihr schöner dunkler Kopf stand einen Augenblick lang scharf und kühn gegen den hohen Himmel.

(1905)

Dorfkirchhof

So nahe lieget ihr beisammen
In eurem Garten, stille Schar.
Von eures Lebens grellen Flammen
Loht keine mehr. Das Glockenläuten
Will euch nicht Leid noch Lust bedeuten
Noch Anklang dessen, was einst war.

Euch ist genug, daß in den Lüften
Hoch über euch der Flieder blüht
Und Sommernachts mit warmen Düften
Ob eurer Stätte festlich glüht.
Was noch in euch als Kraft, Begierde
Und unerlöster Drang gelebt,
Ist nun erlöst und frei und schwebt
Im Duft dahin als Spiel und Zierde.

Ein Bummeltag

Still löse ich die Kette vom Baumstamm, schiebe mein leichtes Boot ins Wasser, kniee hinten auf und stoße vom Strande ab. Der See liegt spiegelglatt und flimmert grün und silbern, die Sonne brennt in voller Mittagskraft herunter und der jenseitige Seerand spiegelt einen blauen, leuchtenden, von festgeballten, schneeweißen Sommerwolken durchzogenen Himmel.

Hinter mir entweicht das schattige Wiesenufer mit hohen Pappeln und breiten, alten tiefhängenden Weiden, und mit dem Ufer flieht auch alles das zurück, was mir dort am Lande Arbeit und Freuden, Pein und Sorge macht. Es wird fern und unkenntlich, es verliert an Wichtigkeit und Wert, und je weiter ich in den blendenden Brand der Farben und Lüfte hineinfahre, desto fremder, älter, unbegreiflicher wird das kaum erst Vergangene.

Zu Hause liegen Briefe, auf die ich antworten soll, und Rechnungen, die ich zahlen, und Einladungen, denen ich folgen soll, angefangene Arbeiten und aufgeschlagene Bücher. Alle diese Dinge scheinen mir, indes ich langsam seewärts rudere, uralt und wesenlos, dumm und unnötig, einer sonderbar entarteten Welt zugehörig, der ich entronnen bin und die ich nimmer verstehe. Ein Kohlenhändler will Geld von mir, weil ich vor Monaten mit seinen Kohlen eingeheizt habe; ein Verlagsbuchhändler will, ich soll ein neues Buch schreiben; ein Freund verlangt Auskunft über die hiesigen Wohn- und Steuerverhältnisse. Über mir blaut in ungeheurer Weite und Glut der vieltausendjährige Himmel, Wolken schreiten ihren uralt heiligen Reigen und stille Berge stehen kühn und unveränderlich — wie ist es möglich, daß daneben immer noch der lumpige Bagatellenkram der kleinlichen Menschengeschäfte und Menschensorgen besteht! Nein, er besteht nicht mehr, er ist untergegangen wie alles Lächerliche untergeht, ist zu Sage, Traum und unbegreiflicher Vergangenheit geworden.

Unbegreifliche Vergangenheit! Alexander der Große und der Perserkönig Darius sind mir nicht ferner und merkwürdiger und unverständlicher, als es der heutige Morgen und der gestrige Abend ist. Was tat ich da? Ich weiß nicht mehr, vielleicht Briefe schreiben, vielleicht Bücher lesen. Warum tat ich es? War es notwendig? War es gut? War es unnütz und schädlich? Ich weiß es nicht. Ich weiß aber, daß jetzt in dieser gegenwärtigen, selig schönen Stunde die Mittagssonne mir die Arme und das Gesicht braun macht, daß auf der weiten Wasserfläche unerhörte, fabelhafte Farben spielen und inbrünstig glühen, daß aus der heißen, strahlenden Höhe Gott herabschaut und dies Tal und Gebirg und diesen See und seine Ufer samt Dörfern, Klöstern, Höfen und närrischen Menschen mit Wohlgefallen und Güte betrachtet. Und ich weiß auch, daß das, was ich in dieser Stunde sehe und lebe und tue, gut und notwendig und köstlich ist. Denn jetzt sehe ich Gott in die Augen, jetzt redet der Geist der Erde und der Geist der Höhe, der See und das weithin gestreckte Gebirge mit mir; jetzt bin ich kein Einzelner, keine Persönlichkeit, kein ängstlich abgetrenntes und unterschiedenes Wesen mehr, sondern einfach ein Kind der Erde, das keine eigenen Gedanken und Wünsche

und Sorgen hat und hingegeben dem größeren, reichen Leben der Lüfte und Wasser, Wolken und Wellen zuschaut.

Und nun habe ich unvermerkt die Seemitte erreicht. Dorf und Kirche des verlassenen Ufers sind ferngerückt und klein geworden, die Gebüsche am Strand fließen ineinander und über die Hügelhöhe hinweg, die noch vor einer Weile die höchste war und scharf im Blauen stand, sehe ich jetzt ferne höhere Berge ragen, Berge mit dunklen, weichen Waldrücken und andere mit steilen Felshängen. Weit um mein Boot her glänzt der unbewegte Wasserspiegel und nach wenigen Augenblicken bin ich der Kleider ledig, habe den köstlichen Sprung ins Kühle getan und schwimme ziellos in dem weichen, durchsichtig reinen Wasser dahin, in Bögen und Kreisen, bald heftig schlagend und plätschernd, bald unhörbar leise und heimlich. Mein grünes Boot mit dem grellroten Rande und den grellroten Ruderschaufeln ruht leicht und schwebend auf der Fläche und spiegelt seine farbigen, besonnten Flanken wie ein schöner schwimmender Vogel.

Wie habe ich das kleine, schmucke Fahrzeug lieb! Von allen Dingen, die ich besitze, ist es das einzige, das fern von Haus und Zimmer und fern von den Geschäften des Alltags nebendraußen lebt und meiner wartet, wie ein Stück Natur, wie ein Baum oder ein Tier. Es ist vielleicht auch von allen Dingen, die ich besitze, das einzige, an welchem nur schöne, reine, liebe Erinnerungen hängen. Mein Boot hat mich wohl schon traurig, nachdenklich oder müde gesehen, aber es sah mich nie verdrießlich, ängstlich, mißmutig, hastig und zornig. Es ist mir auf ungezählten Fahrten lieb und vertraut geworden, ich kenne alle seine Fähigkeiten und Vorzüge, auch seine wenigen kleinen Fehler, es hat mir hundertmal genützt und mich hundertmal erfreut und vergnügt, und ich habe es geschont und gepflegt, mit Teer verdichtet, nach jedem Regen ausgeschöpft und getrocknet, mit schönen Farben bemalt und jedesmal am Strande zu einem sicheren, sandigen und bequemen Landeplatz geführt.

Da schwimmt es heiter und zierlich, wartet auf mich und schaut nach mir aus. Ich kehre zu ihm zurück, klettere triefend und erfrischt über Bord, ziehe die Ruder ein und lege mich der Länge nach auf den Boden. Nackt in der Sommersonne zu liegen, ist immer eine Wonne; es ist schön, wenn man es auf einer Wiese oder im Sand am Ufer oder auf der Dachterrasse eines Hauses tut, aber nirgends ist es so schön wie auf einem großen Wasserspiegel im Boot, das wie ein Kelch die Wärme empfängt und hält. Da geht der Sonnenbrand durch Haut und Fleisch bis ins Mark, und wenn es zuviel wird, braucht man nur einen raschen Sprung zu tun und liegt sogleich im tiefen, klaren Wasser. Zu Anfang des Sommers wenn der Leib noch weiß und kleidergewohnt ist, gibt es kleine Beschwerden; da brennt die Haut und rötet sich und schält sich ab. Dann aber wird sie fest und braun und sonnensicher, und dann kommt die Zeit, da der Leib seiner selbst froh wird und in animalischem Wohlsein atmet und gedeiht und Sonne, Wasser und Luft als seinesgleichen fühlt. Dann hört auch die Empfindung der Einheit von Leib und Seele auf, ein peinliches Abhängigkeitsgefühl zu sein. Denn wie der Körper sich frei und wohl und sicher fühlt, so weist die Seele das Kleid der Gewohnheit und Alltäglichkeit von sich, atmet erstaunt und frei, kehrt zu heimatlichen Quellen zurück, wird dankbares Kind der Erde und Sonne, fühlt Verwandtschaft mit allen Lebenden und lernt die Sprache der Erde wieder verstehen. Sie wird Kind, Welle, Wolke, Lied, sie singt und träumt, sie erlebt Sagen und Wunder. Wie alle Dichtung Erinnerung ist, so sind die seltsamen Regungen und phantastischen Träume, die in solchen Sonnenstunden in uns spielen, Erinnerungen an fernstes Ehemals, an Schöpfung und Urzeit, an den »Geist über den Wassern« . . .

Ein leiser Luftzug weckt mich auf. Der See beginnt sich in unendlich feinen, zarten Linien zu kräuseln, die Wolken über den Schweizer Bergen haben sich vereinigt und wachsen mit stummer Eile himmelan, werden dunkel und drohend. Bald wird es Wind geben und dumpfen Donner, vielleicht Sturm. Wie das im Luftreich arbeitet, strebt und brütet! In Eile werfe ich die Kleider um, lege die Ruder aus und trete die Heimfahrt an. Das Seegekräusel wird zum Wellenschlag, doch sind die Wellen noch klein und rund und geben wenig Widerstand. Mein gutes Boot fährt rasch darüber hin, und ehe noch die ersten Regentropfen fallen und das Wasser am Ufer zu branden beginnt, sind wir im Hafen.

Heimkehrend finde ich Bücher, Briefe und Rechnungen auf meinem Tische liegen, fange ungern zu arbeiten an und werfe nach einer Viertelstunde das ganze Zeug wieder von mir. Das Verständnis für die Notwendigkeit dieser törichten Dinge ist mir noch nicht wiedergekehrt. Draußen ist ein wütender Gewitterregen ausgebrochen, die Dorfgasse ist ein gelber Bach und die Dächer glitzern weiß von den aufprasselnden Güssen. Drüben überm See blitzt es und donnert prächtig, und mich faßt wie in Knabenzeiten bei diesem Toben ein übermütiges Frohgefühl. Pfeifend ziehe ich hohe Stiefel und eine Lodenjacke an, drücke den Filz auf den Kopf und wandere ohne Ziel in das laute, herrlich zürnende Gewitter hinaus. *(1905)*

Reiselied

Sonne leuchte mir ins Herz hinein,
Wind verweh mir Sorgen und Beschwerden!
Tiefere Wonne weiß ich nicht auf Erden,
Als im Weiten unterwegs zu sein.

Nach der Ebne nehm' ich meinen Lauf,
Sonne soll mich sengen, Meer mich kühlen;
Unserer Erde Leben mitzufühlen
Tu ich alle Sinne festlich auf.

Und so soll mir jeder neue Tag
Neue Freunde, neue Brüder weisen,
Bis ich leidlos alle Kräfte preisen,
Aller Sterne Gast und Freund sein mag.

Sommerreise

Am Mittagstisch in Preda war von nichts anderem die Rede als von Alpenbären. »Seit fünf Tagen suche ich den Alpenbär und habe noch keinen!«

»Ich habe schon zwei, einer ist ein Weibchen.«

»Gestern sah ich einen, aber er war nicht zu erwischen.«

Einer der Herren wandte sich zu mir: »Haben Sie vielleicht schon einen angetroffen?«

»Einen Alpenbären?«

»Nun ja.«

Ich überlegte einen Augenblick. Es beschämte mich nicht wenig, daß ich vom Vorkommen des Bären in diesem Teil Graubündens absolut nichts gewußt hatte. Ich beschloß lieber zu leugnen, als mir eine Blöße zu geben.

»Gesehen habe ich noch keinen«, antwortete ich gleichmütig, »aber brummen gehört hab' ich sie schon öfter.«

Der Herr riß die Augen auf, starrte mich an, schüttelte den Kopf und brach dann in ein Gelächter aus.

»Sie sind nicht Entomolog?« fragte er noch lachend.

»Nein, was ist das?«

»Schmetterlingsammler, meine ich. Der Alpenbär, auch Flavia, ist ein hier in der Gegend vorkommender alpiner Falter. Wir sind alle hinter ihm her.«

»So? Ich dachte, das sei ein Sport für kleine Buben.«

»Doch nicht. Aber, wenn ich fragen darf — was suchen Sie eigentlich in Preda, wenn Sie nicht Entomolog sind?«

Die Frage schien mir naiv, denn Preda liegt wunderbar schön und hoch in den Bergen des Albulagebiets, drei Stunden von der Paßhöhe, und jeder einzelne Berg der Umgebung verlockt zum Steigen, namentlich der Piz Val Lung und der nahe Piz Moulix. Aber es zeigte sich nach wenigen Tagen, daß der Schreckliche recht gehabt hatte. Preda besteht lediglich aus einem kleinen Stationsgebäude und zwei Gasthäusern, und in beiden Gasthäusern sitzen Entomologen. Schmetterlingsnetze, Ätherfläschchen, Acetylenlaternen stehen herum, auf jeder Matte flattert ein Netz, auf jedem Geröllfeld stehen ernste Männer und drehen Stein um Stein um, da die Flavia dort ihre Eier legt. Es sind Sammler da, die seit fünf und mehr Jahren jeden Sommer kommen, manche haben von den seltenen Alpenschmetterlingen schon dreißig und mehr Exemplare zusammengeräubert, andere sehen resigniert und nervös aus, denn sie suchen gewisse Falter schon seit Jahren vergebens.

Es gibt ohne Zweifel unter ihnen Leute, mit denen im täglichen Leben angenehm zu verkehren wäre, aber hier auf dem Tummelplatz ihrer Leidenschaft werden sie fanatisch und unmöglich. Jeder lechzt nach Beute, jeder kontrolliert den anderen. Wer ein seltenes Tier erbeutet hat, gibt dem Kollegen einen falschen Fundort an, weiß aber nicht, daß mindestens einer von ihnen ihm heimlich auf den Fersen war und sich den

Ort gemerkt hat. Jeder glaubt Plätze zu kennen und Erfahrungen zu haben, die er bis in den Tod geheim halten muß. Und wenn einmal ein gefürchteter Konkurrent über ein Wändchen stürzt und die Knochen bricht, vernehmen es die anderen mit nur schlecht geheucheltem Bedauern.

Dies alles macht den Aufenthalt in Preda einigermaßen peinlich. Noch schlimmer aber ist die Ansteckungsgefahr. Nach etwa acht Tagen geschah es, daß ich einem Freunde, mit dem ich die Reise unternommen hatte, auf einer kühlen Bergwanderung mitteilte, ich sei entschlossen, nach meiner Heimkehr eine Schmetterlingsammlung anzulegen, und zwar werde ich zum Töten der gefangenen Tiere nicht Cyankali, sondern Äther verwenden. Mein Begleiter sah mich sonderbar an, und plötzlich erkannte ich das Gefährliche meines Zustandes. Sofort beschloß ich abzureisen. Am Abend aber gelüstete es mich doch, noch einen Blick in das Treiben der Entomologen zu tun; ich schloß mich einer von ihren Touren an und bereute es nicht. Es war meine schönste Nacht in Preda.

Nach der Abendmahlzeit brachen wir auf, zwei Schmetterlingsjäger, mein Freund und ich. Es war noch hell, und wir wanderten langsam die schöne Straße bergan, an Palpuogna und an dem wundervollen kleinen Alpensee vorbei, der mitten in seiner glasig grünen Fläche ein großes tiefblaues Auge hat.

»Sehen Sie, die paar wunderbaren schwarzen Bäume dort am See! Wie ein Märchen.«

»Ja, das sind Lärchen. Dort könnten jetzt leicht ein paar Spanner fliegen. Gehen wir hinunter?«

»Um Gotteswillen nicht.«

»Also weiter. Dort ist der Weißenstein.«

Der Weißenstein ist ein früher vielbesuchtes, seit der Eröffnung der Albulabahn aber geschlossenes Gasthaus und der Hauptausgangspunkt für die Beutezüge der Entomologen, nur noch eine knappe Stunde vom Flaviafelsen, dem berühmtesten Fundort des Alpenbären, entfernt.

Ein bequemer Fußweg biegt links von der Paßstraße ab und führt an einem Wasserfall und mehreren großen, öden Geröllhalden vorüber direkt zum Hospiz. Langsam stiegen wir und wendeten unterwegs alle größeren Steine um, darunter Blökke in Mannesgröße, in der Hoffnung, Eier oder Puppen des Alpenbären zu finden. Doch fiel uns nur eine leere Puppenhülse in die Hände. Wir verloren uns bergaufwärts ins Geröll und mußten an steilen Stellen viel Mühe und Vorsicht anwenden, um mit den gewendeten Steinblöcken einander nicht zu erschlagen. Einen weiteren Reiz erhielt diese an sich wenig interessante Tätigkeit noch durch die Mitteilung eines Sennen, es gebe unter diesen losen Steinen Massen von Kreuzottern. Aber auch von diesen bekamen wir nichts zu sehen; alles schien wüst und ausgestorben, nur von der Höhe her ertönte zuweilen der grelle, fast höhnische Pfiff eines Murmeltieres.

Die erfolglose Mühe begann mich zu verdrießen, auch wurde es rasch dunkler, und das Arbeiten im Steinschutt wurde fast unmöglich. Jenseits unseres Geröllfeldes stieß ich auf einen beinahe steinfreien Mattenstreifen, auf dem ich ohne Mühe in die Höhe kam. Ich ließ die drei zurück und stieg eine Weile gedanken- und ziellos steil bergan, in die zunehmende Finsternis hinein. Kleine Steine glitten leise unter mir weg, zuweilen schrillte die Spitze meines Bergstocks in einer Felsritze, sonst war nichts zu hören als das schwache Reiben meiner Schuhnägel am Boden.

Mittlerweile gingen, von mir ungesehen, über den jenseitigen Gipfeln die ersten Sterne auf, und als ich mich ausruhend umwandte, wurde mir ein unerwartet mächtiger Anblick. Vor mir fiel der kahle Berg in ununterbrochener, steiler Schräge tief ins Albulatal hinab, das in brauner Öde lag. Zwischen Moorstrecken und Steinwüsten glänzten blaß die vielen winzigen Quellseen, und in jedem schwamm das Spiegelbild eines Sterns. Jenseits des breiten, großartigen Hochtales stiegen die Zwillinge, der Piz Loleis und das Albulahorn, mit scharfen Umrissen in den Nachthimmel. Alles lag in dem ungewissen, grünlichen Sternenlicht und sah verlassener, wilder und größer aus als am Tage. Nächst dem feuchten, fließenden Silberlicht eines windigen Nebelmorgens weiß ich keine Stimmung und Beleuchtung, die den eigentümlich grandiosen Charakter des prächtigen Hochpasses so eindringlich und rein vor Augen bringen könnte wie dies graugrüne, kalte, schleierartige Licht einer klaren, aber mondlosen Nacht.

Einen halb gespenstischen, halb komischen Anblick boten von hier aus die beiden Entomologen, die tief unter mir im Geröll ihrer Jagd oblagen. Jeder hatte eine stark leuchtende Blendlaterne aufgestellt, deren Licht auf ein ausgespanntes weißes Leinentuch fiel. Um diese leise zuckenden Lichtstreifen sah ich die beiden Jäger eilig, doch vorsichtig an der Steinhalde hin und wider tanzen, die weißen Schmetterlingsnetze in hastigen Bogen und Kreisen schwingend, um die vom Licht angelockten Nachtfalter einzufangen. Bald erschienen sie undeutlich als irrende Flecken, wenn sie sich vom Licht entfernten, bald kehrten sie in die Helle zurück und waren plötzlich scharf zu sehen; zuweilen stürzte einer ausgleitend zu Boden oder kniete nieder, um eine Beute zu bergen. Es sah aus wie der nächtliche Tanz von Wilden. Und das ganze Bild, dies ungeheuer in der Nacht ausgedehnte, von riesigen Bergen umschlossene Alpental mit den beiden leidenschaftlich bewegten, winzigen, einer harmlos tollen Begierde frönenden Menschen, gab mir einen unvergeßlichen Eindruck.

Zurückkehrend fand ich die eine Laterne erloschen und ihren Besitzer in mühsam gedämmter Wut, während der zweite ruhig und lächelnd seine Jagd fortsetzte. Doch ließ er sich bestimmen, nun auch ein Ende zu machen, und beim Schein seines Lichtes gingen wir heimwärts. Ich erkundigte mich nach den Ergebnissen des Falterfangs; der eine von den Sammlern hatte Glück gehabt und war zufrieden, der andere, dessen Laterne versagt hatte, schimpfte halblaut vor sich hin.

»Ihr Kollege hat, scheint's, mehr Glück gehabt als Sie?« sagte ich zu ihm.

»Ja«, knurrte er zornig, »das haben die Dummen ja immer.«

Der andere hörte es wohl, lachte aber nur vergnügt vor sich hin. Einen Alpenbären aber hatte auch er nicht gefangen. Ich allein war so glücklich, einen zu sehen. Er flog, als ich nach der späten Heimkehr im Gasthaus Licht machte, gegen mein Fenster. Doch habe ich ihn weder gefangen noch einem der Sammler verraten. Es war ein schönes Tier, schwarz und gelbbraun, mit starkem behaartem Rumpf. Ich nickte ihm zu, löschte mein Licht und sah ihn rasch flatternd in die bläuliche Nacht verschwinden.

II.

An einem wolkenlos blauen Hochsommermorgen verließ ich Preda und wanderte ohne Eile die schöne, sanft steigende Straße nach dem Hospiz hinan. Der letzte Teil des Weges ist von einer wuchtig ernsten Schönheit, nicht unähnlich dem St. Gotthard, und doch anders, kahl und ganz Form, ohne alles Kleine, Zierliche, Zufällige. Auf der Höhe liegt nur sehr wenig Schnee, ein paar kleine graue Felder in runden Schattenmulden, aber wie überall in dieser Gegend ist Wasser genug vorhanden. Das urweltlich Kolossale der Steinlandschaft reinigt die Phantasie, schon indem es für eine Weile alle menschlich kleinen Beziehungen zum Schweigen bringt und mit schlichter Gewalt

gadin ins Bergell hinabsteigt. Dort alles hart, blank, metallisch klar und kühl, hier alles warm, weicher, abgetönter, samtener. Namentlich trägt das Wasser zu diesem auffallenden Eindruck bei: oben ist es rein, eisig, geklärt, an tiefen Stellen von leuchtendem Grün und Blau; hier ist der rasch und reißend abstürzende Fluß durchaus stumpf grau, zuweilen mattsilbern, nie grün und auch an den schäumendsten Stellen nie ganz weiß. Das rührt von dem feinen Mineral her, das der Bach aus den Bergen herbringt, einem sehr zarten, glimmerartigen, feinkörnigen Silbersand, auf welchem barfuß herrlich zu gehen ist. Ich erprobte das unterhalb Vicosoprano bei einem Bade.

Noch nie hatte ich Italien auf einem schöneren Wege erreicht; auch der Sprachübergang durch das rhätische Romanisch hat eine besondere Schönheit. An der Grenze nickten die Zollsoldaten mir zu, ohne mich anzuhalten, ich hatte nicht einmal Mantel, Schirm oder Stock, von Gepäck gar nicht zu reden. Ich hatte auch keine Landkarte und lief durch alle die malerischen Dörfer und an allen den hohen, zackig wilden Fels- und Schneebergen vorbei, ohne mich um ihre Namen zu kümmern. Wieder stand am Ende meines Weges, heute aber viel näher und drohender das dunkel ansteigende Gebirge von Wetterwolken, und ein schwüler Wind trieb mir streckenweise den dichten weißen Landstraßenstaub entgegen. Und genau bei meinem Einmarsch in Chiavenna begann Regen zu stürzen.

Die platt gepflasterten Gassen des enggebauten Städtchens wurden rasch zu kleinen Bächen, und die Menge von Herumtreibern, fliegenden Händlern, Barbieren, Weibern und Kindern, die zur Ausstattung jeder italienischen Gasse gehören, verschwand nach allen Seiten in die Häuser. Im Tore eines kleinen, primitiven Ladens für Wein, Tabak und Lebensmittel saß ein schönes Mädchen mit Stickerei beschäftigt, und sah mich mitleidig an, da ich nach dem stundenlangen, staubigen Wandern nicht eben frisch und sauber aussah. Ich trat bei ihr ein und fragte, ob es kein Nachtquartier im Hause gäbe. Sie holte ihre Mutter her, und diese führte mich über den Hof und gewundene, brüchige Steintreppen hoch in den obersten Stock zu einem guten und billigen Stüblein, das mir gerne für die Nacht überlassen wurde. Und während ich dann ausruhend im Lädchen saß, mit der Schönen und ihren vier ebenfalls hübschen Schwestern plauderte und dem Regen zuschaute, kochte mir die Mutter über dem offenen Feuer im Hängekessel eine große Schüssel Makkaroni mit Fleisch, die ich bis auf den letzten Faden verzehrte. Ich bin kein Esser, aber für einen Teller maccheroncini al sugo würde ich jederzeit freudig den weitesten Gang tun. Der von meiner Wirtin verzapfte und als Vero Vecchio empfohlene Chianti hingegen war nicht ganz glaubwürdig, ich gab ihn zurück und bekam statt seiner einen vorzüglichen Piemontesen.

Der Regen hatte nicht lang gedauert, das eigentliche Gewitter hing noch wartend über der Stadt. Satt und heiter bummelte ich durch die eindämmernden Gäßlein und hatte meine Freude an dem vielfältigen Abendleben der Kleinstadt. Auf einer Brücke über dem laut tosenden Fluß, inmitten altmodisch winkeliger Häuser, ruhte ich aus und atmete die feuchte Kühle mit wahrem Durst, denn über der engen, finsteren Stadt brütete eine infernalische Schwüle. Das Glück ließ mich unterwegs unverhofft einen Bekannten antreffen, einen Basler Maler, der müde, einsam und nervös durch Chiavenna schlenderte, und für den es höchste Zeit war, daß ein besorgter Freund ihn mitnahm und um ein paar Flaschen Wein leichter machte. Wir suchten lange und vorsichtig nach einer guten Osteria und gerieten schließlich an einen ganz hervorragenden Grumello, nach dem mir noch jetzt der Mund wässert.

Da wir beide über den Gotthard heimkehren wollten, und da uns bei dem höchst unsicheren Wetter der sehr weite Weg über den Splügen und St. Bernhard doch gewagt erschien, beschlossen wir, am nächsten Morgen über den Comersee nach Lugano und von da nach Bellinzona oder Airolo zu fahren. Wir verlangten ein Kursbuch und stellten einen annehmbaren Plan zusammen, dann leerten wir still die letzte Flasche und hatten einander kaum gute Nacht gesagt, als ein wütender Wolkenbruch losging, die Straßen überschwemmte und ein Gewitter eröffnete, das die ganze Nacht hindurch anhielt. Auch in den hohen Bergen habe ich selten ein solches Unwetter erlebt. Der Donner schrie fast ohne Pause dröhnend und polternd bis zur Morgenfrühe, Blitze loderten blendend jeden Augenblick durch die Finsternis, und der Regen goß in leidenschaftlichen Strömen auf die Dächer und in die widerhallenden, engen, steinernen Gassen. Schlafen war unmöglich, ich saß im Hemd auf dem Bettrand, schlenkerte mit den Beinen, fing Schnaken und hörte dem Wetter zu.

Der Maler, den ich nach dem Frühstück wieder traf, hatte natürlich auch nicht geschlafen. Wir waren froh, daß wir heute nichts zu leisten brauchten, nahmen einen Vermouth und gingen zur Eisenbahn, um unsere wohlausgerechnete Tagesreise abzu-

Hermann Hesse
beim Chianti, 1906

fahren. Der Zug ging ab, und wir kamen zur rechten Zeit nach Bellano, einem hübschen Nest am Comersee. Dort aber erfuhren wir, daß der Fahrplan seit acht Tagen geändert sei; damit fiel unser schöner Plan ins Wasser, und wir standen in Bellano vor dem Bahnhof, während es eben wieder kräftig zu regnen anfing. Beim unentschlossenen Weiterschlendern entdeckten wir ein herrliches Gasthaus, über schmalen Terrassengärten und grünen Laubengängen hoch überm Seeufer hängend. Dort richteten wir uns ein — wir waren die einzigen Gäste — und warteten, während vor den Fenstern das Laub im Regen tropfte und die entfernteren Ufer in Nebelwolken verschwanden. Nebenan stand eine kleine Villa, die ein italienischer Institutsbesitzer gemietet hatte, und aus den offenstehenden Fenstern schmachteten siebzehnjährige Mädchen in hellen Sommerkleidern gelangweilt und melancholisch herüber. Uns aber bereitete die Wirtin ein vortreffliches Essen, und als nach einigen Stunden die Zeit der Weiterreise da war, kam sie uns beinahe zu früh. Das Wetter hatte sich etwas aufgehellt, und wir legten ohne längere Aufenthalte den Weg über Menaggio und Porlezza nach Lugano zurück.

Ich hatte nun, nach der schönen Dampferfahrt an den Bergdörfern, Villen und Zypressengärten vorbei, für diesmal vom Süden genug. Die laue Schwüle der Luft und die gesprächige Lebhaftigkeit der Italiener ist, wenn man aus den Alpen kommt und nicht Zeit zu längerem Aufenthalt und Einleben hat, verwirrend und ermüdend. So drängte ich zum raschen Weiterfahren, und mein Kamerad gab gerne nach. Wir hatten am Bahnhof nur Zeit, einen raschen Trunk zu nehmen, dann stiegen wir ein und fuhren im Schnellzug dem Gotthard entgegen. So sehr es mir leid tat, diesmal ohne Aufenthalt durch das Tessin zu fahren, war ich doch froh, rasch wieder in höhere kühlere Lüfte zu kommen. Darum stiegen wir in Bellinzona nicht aus, sondern fuhren durch das halb in Nebeln verborgene Tal weiter bis Airolo, wo wir bei einbrechender Dunkelheit ankamen.

III.

Als ich Morgens in der Frühe erwachte, war es ziemlich kühl und regnete so heftig, daß wir noch zwei Stunden liegen blieben. Auch da sah das Wetter noch schlecht aus, doch versprachen wir einer dem anderen, den Humor nicht zu verlieren, komme was da wolle. So rückten wir aus und verließen gleich hinter Airolo die Straße, um direkt bergan zu gehen. Im Tal hingen weißlich trübe Wolkenlappen und über uns war Straße, Berg und Himmel dicht verhüllt; aus dem Nebel sickerte die Nässe in staubfeinen Tropfen, so daß wir anfangs froren. Doch wurden wir schnell warm bis zum Schwitzen, da das Steigen an den nassen, bröckelnden Halden einige Mühe machte. Dabei hatte ich, wie immer am Gotthard, meine Freude an dem schönen, edlen Gestein, dessen Bruchflächen silberig und goldbraun schillern — ein Anblick, dessen man stundenlang nicht müde wird.

Als wir die Straße wieder erreichten, hatten wir mehr als eine halbe Stunde Wegs erspart. Aber jetzt fingen die Wolken sich zu lösen an, und nach wenigen Minuten waren wir im dichten Regen und konnten die Straße nur höchstens zwanzig Schritte weit vor uns erkennen. Mäntel oder Kapuzen hatten wir nicht, und obwohl meine Kleidung aus gutem Loden ist, war ich schon nach einer Viertelstunde vollkommen durchnäßt. Das Wasser lief in kühlen, schmalen Bächen am Nacken herein, den Rücken hinunter, und aus den Ärmeln, Hosen und Stiefeln wieder hinaus. Taschentuch, Geldbeutel, Briefschaften, die ich bei mir trug, wurden weich und breiig und schwammen trostlos in den mit Wasser gefüllten Taschen herum. Unangenhm war namentlich die Reibung an dem nassen Kleiderstoff, wobei Ellbogen, Schultern und Knie wund wurden. Da ich Kniehosen trug, konnte ich mir durch Ausziehen der lästigen hohen Strümpfe Erleichterung schaffen.

Als ich das letzte Mal am Gotthard war, war es Januar und ich hatte über dem tiefen Schnee wundervoll blaue, lichte, sonnige Tage gehabt, an denen jede Felsspalte und jeder ferne Gipfel klarer und schärfer zu sehen war als je im Sommer. Nun hatte ich nichts dagegen, das alles auch einmal in Wolken und Regenschleiern zu sehen. An Abkürzungen war nicht mehr zu denken, rennen konnten wir in den vom Wasser schweren Kleidern und Schuhen auch nicht, so schritten wir, da doch einmal nichts zu bessern war, ohne Eile gleichmäßig weiter, anfangs still und geduldig, dann aber vergnügt und heiter. Je weiter wir kamen, desto mehr genossen wir die graue, schwere Stimmung der Luft und den sagenhaft phantastischen Anblick der Landschaft. Ziehende Wolken umgaben uns von allen Seiten, und wo sie sich vorschoben, drohte plötzlich eine Steinwand, eine tief gerissene Bachschlucht, ein Felsgipfel überraschend nah und mächtig auf, um bald wieder spurlos zu verschwinden. Die schöne aber bequeme und harmlose Straße war geheimnisvoll und abenteuerlich geworden. Natürlich begegneten wir keinem Menschen.

Im Wandern fiel mir die Erzählung eines jungen Berliner Kaufmanns ein, der einmal über den Gotthard gegangen war, und den ich nachher in der Eisenbahn getroffen hatte. Mit der einer gewissen, meist dem Norden angehörenden Menschenklasse eigenen Naivität gab er mir, dem Einheimischen, merkwürdige Aufschlüsse über die Natur der Berge und Bergstraßen. Er sprach von dem Gang über die Gotthardstraße wie von einer Hochtour, betonte namentlich wiederholt, daß er die »Tour« ganz allein gemacht habe, und stützte sich dabei mit der Sicherheit eines greisen Bergführers auf seinen unverhältnismäßig langen Bergstock, den er nirgends im Coupé unterbringen konnte. Am meisten war mir damals aufgefallen, daß er den Gotthard für eine räubergefährliche Gegend hielt; freilich sah er jeden mit einem großen alten Hut versehenen Tessiner Hirten für »so einen gefährlichen Bruder« an. Schließlich hatte ich ihn gefragt, ob er denn einmal angefallen oder bedroht worden sei.

»Nicht direkt«, sagte er, »aber begegnet bin ich solchen Burschen wiederholt. Einmal ging einer, ein großer, schwarzer Mensch, ganz nah an mir vorbei. Keine Seele in der Nähe natürlich. Da hab' ich denn meinen Stock ordentlich feste gefaßt und den Kerl mal so angesehen, daß er gleich wußte, wo er dran war. Herangewagt hat er sich dann nicht mehr.«

— Beinahe drei Stunden hatten wir so im Regen zu gehen. Da die Bewegung uns warm hielt, hatten die kleinen Beschwerden nichts zu sagen, und wir kamen allmählich in jene angenehme träumerische Regenstimmung, in der man aus dem Rhythmus des Tropfenfalls Melodien hört und gerne alten Erinnerungen nachgeht. Wir erzählten einander von früheren Fußreisen, von früheren Wandergenossen und Wandererlebnissen, und kamen schließlich in der besten Stimmung oben an, wo eben das Mittagessen serviert wurde und eine Menge von Gästen und eingeregneten Touristen an den Tischen saß.

In unseren triefenden Kleidern konnten wir freilich den überfüllten, behaglich ofenwarmen Gästeraum nicht in Anspruch nehmen. Nach einem sorgenvollen Blick in den Geldbeutel bestellten wir ein besonderes Zimmer, wo wir die Kleider ablegten und uns in Bettücher wickelten. So saßen wir zu Tisch und wärmten uns mit einem guten Wein. Unsere Kleider und Hemden wurden zum Trocknen aufgehängt, wir bekamen Hausschuhe, und ich konnte mir sogar ein Paar lange Damenstrümpfe kaufen.

Mein Freund trocknete seine breiweichen Zigaretten, dann rauften wir ein wenig zur
Erwärmung, und wären am liebsten gleich weiter gegangen. Doch schien es mir schade, den herrlichen Talweg so im Regendunkel zu machen, und wir beschlossen, ein
paar Stunden zu warten. Draußen klatschte der immer noch heftig stürzende Regen in
den grauen See, nebenan im alten Hospiz wurde gebaut und die italienischen Maurer
sangen zur Arbeit. Wein und Speise wurden uns von der Kellnerin durch den Türspalt
hereingereicht.

Nach etwa drei Stunden wurde der Regen schwächer und gegen Andermatt hin
öffnete sich die Aussicht, nur einzelne kleinere Gipfel blieben im Gewölk verborgen.
Wir zogen unsere Kleider wieder an; trocken waren sie in der kurzen Zeit und bei der
kühlen Witterung nicht geworden, und es war nicht behaglich, in die nassen, sich kalt
anlegenden Hemden zu schlüpfen. Doch konnten wir uns ja schnell wieder warm laufen, und da es aussah, als wolle der Regen bald ganz aufhören, hatten wir Aussicht,
unterwegs rascher trocken zu werden als im Hause. Also brachen wir auf, zündeten
uns eine feuchte Zigarette an und gingen weiter, während ein leichter Wind talaufwärts kam und besseres Wetter brachte. Es fiel nur noch ein dünnes, schwaches Gerie-
sel, die Luft schien wärmer zu werden und in der Ferne trat sogar ein kleines Stücklein Himmelsblau hervor.

Die Gotthardstraße bis zu dem trotzig malerischen Hospenthal hinab zu gehen, ist immer eine besondere Lust. Namentlich der höhere Teil des Passes mit den unvergleichlich kühnen, massigen Formen der Felsberge, den kleinen Seebecken und dem aus vielen kleinen Rinnsalen entstehenden Bach gehört zum Gewaltigsten, was man auf gebahnten Bergstraßen sehen kann. Über Hospenthal, wo man den Zusammenhang der drei großen Paßstraßen (Gotthard, Oberalp und Furka) überschaut und am Ende des fast ebenen Tales die Reuß gegen die Schöllenen zu verschwinden sieht, hat man den letzten großen Eindruck. Dann wird die Straße eben und verliert den Gebirgscharakter, von Andermatt her spazieren elegante Kurgäste, Hotelomnibusse knattern einher, und man hat plötzlich das Gefühl, 500 Meter tiefer zu sein, als man in Wirklichkeit ist. Protzige Gasthäuser verderben Andermatt, das sonst ein sehr hübscher Ort wäre, und alles nimmt wieder den Charakter der Durchschnittsschweiz an: Ansichtskartenhandel, Läden mit Holzschnitzereien, Berliner Familien, Hotellivreen usw.

Mein Begleiter, der morgen noch über die Furka wollte, blieb für die Nacht in Andermatt. Mich duldete es dort nicht länger, ich nahm Abschied und ging mit langen Schritten weiter bis zu der wunderbaren Stelle, an der das Tal sich nahezu schließt, die Straße als Tunnel unterm Berge durchschlüpft und die wilde Reuß sich mit einem brausenden Sturz in die finstere Schlucht hinunterwirft. Hier mögen Wagen fahren und Touristen gehen, Photographen ihre Apparate stellen und Backfische ihre Skizzenbücher aufmachen, man sieht es nicht, es verschwindet und geht unter neben der Gewalt der Felsen und Wasser. Im vergangenen Winter war ich hier im Schlitten vorbeigefahren und früher zweimal an schönen sonnigen Tagen dagewesen. Jetzt hingen Nebel um die Höhen und eine verfrühte Dämmerung brach ein, kühl und düster, und ich stieg langsam talabwärts. Alle Eindrücke meiner Reise waren vergessen, ich war glücklich, wieder diese Wunderstraße gehen zu dürfen, schaute an jedem Felsen empor und in jeden Strudel hinab und war nicht weniger benommen als an jenem Sommertag, da ich vor Jahren zum ersten Mal diesen Weg gegangen war.

Übrigens mußte ich, so oft ich hier vorüberkam, jedesmal nicht an Goethe und nicht an Suwarow und nicht an Böcklin denken, sondern an das erste Kapitel des Vischerschen »Auch Einer«.

In Göschenen dunkelte es schon, als ich dort ankam, und den Blick durchs Göschenertal auf den Dammagletscher mußte ich auf den anderen Morgen verschieben.

Und als es so weit war, reichte mein Geld gerade noch zur direkten Heimfahrt, und ich saß im Zuge mit dem Gefühl des Verurteilten, der an hundert verlockenden Gassen und Türen vorbei in den Kerker geführt wird. Die Göscheneralp, das Maderanertal, die Axenstraße und der zu wenig bekannte schöne Zuger See blieben alle unbesucht liegen, und meine Reise endete, wie jede von meinen Reisen, mit dem drängenden Verlangen, bald wieder zu wandern, so bald und so weit wie möglich. *(1905)*

Wenn des Sommers Höhe überschritten

Wenn des Sommers Höhe überschritten,
weiße Fäden in den Hecken wehn
schwer bestaubt am Weg die Margeriten
mit gebräunten Stengeln müde stehn,
wird aus Müdigkeit und Todeswille
über allem eine tiefe Stille,
will Natur nach so gedrängtem Leben
nichts mehr tun als ruhn und sich ergeben.

Herbstbeginn

Während vor den Fenstern eine kühle, schwarze Regennacht liegt und mit stetig leisem Rhythmus auf den Dächern tönt, tröste ich mein unzufriedenes Herz mit farbig lockenden Herbstgedanken, mit Gedanken an reine, lichtblaue, goldklare Himmel, silberne Frühnebel, an blaue Pflaumen und Trauben, rote Äpfel und goldgelbe Kürbisse, an herbstfarbige Wälder, an Kirchweih und Winzerfeste. Ich hole mir den Mörike her und lese seinen mildleuchtenden »Septembermorgen«:

> Im Nebel ruhet noch die Welt,
> Noch träumen Wald und Wiesen:
> Bald siehst du, wenn der Schleier fällt,
> Den blauen Himmel unverstellt,
> Herbstkräftig die gedämpfte Welt
> In warmem Golde fließen.

Leise lese ich die Verse des Meisters vor mich hin und lasse sie in mich dringen wie einen langsam geschlürften, klaren, alten Wein. Sie sind schön, und sie tun mir wohl, und der Herbst, den sie malen, ist etwas Schönes, Zartes, Gesättigtes — aber ich freue mich nicht auf ihn. Er ist die einzige Jahreszeit, auf die ich mich niemals freue.

Und schon ist er da. Es ist nicht mehr Sommer. Die Felder sind leer, auf den Matten liegt ein leichter, kühler, metallener Duft, die Nächte sind schon kühl und die Morgen neblig, und gestern war es, daß ich auf einem schönen, fröhlichen Bergausfluge an den steilen Wiesenhängen die ersten blassen Herbstzeitlosen fand. Seit ich sie sah, ist mein Sommerübermut gebrochen; das, was für mich das Schönste im Laufe eines Jahres ist, ist wieder einmal vorüber.

Noch sind die Tage warm und die Bäume grün, man kann im See noch baden und in Hemdärmeln im Garten sitzen. Und doch ist die Höhe des Jahres überschritten; man fühlte es, noch ehe man es sah. Die letzten echt sommerlichen Tage und Nächte, für mich die köstlichsten des Jahres, tragen den Duft des Flüchtigen, rasch Vergehenden in sich, und vielleicht macht ebendieser Duft sie so schön. Diese Tage sind ein Fest, ein Abschiedsfest, und solche Feste dürfen nicht lange dauern.

O diese letzten Augusttage! Sie machen nicht fröhlich, aber sie machen dankbar, milde und nachdenklich. Man legt sich ins Öhmdgras und nimmt teil an der Milde und Zärtlichkeit der goldenen Stunden. Man fühlt die Neige der Jahreszeit; die ganze reife Süßigkeit des Sommers quillt weich und müde über, man fühlt sich von stillem Glanz umgeben und man weiß zugleich, daß schon bald, viel zu bald, auf den Wegen rote Blätter liegen werden. Man schwelgt im Anblicke dieser Tage wie im Genusse einer heißen, erregenden Musik, von der man weiß, daß sie plötzlich abbrechen wird, und wie im Genuß eines Tanzes, der uns mit sehnlichem Drängen mitreißt, während wir bei jedem enteilenden Takte sein rasch nahendes Ende fürchten. Zärtlicher und inniger ist das bräunliche Spiel der Schatten und Lichter an den Waldrändern, süßer der Regenbogenduft über dem glatten Seespiegel, die Abende sind goldener und die Sonnenuntergänge purpurner als sonst.

Vorüber, Vorüber! Ein paar kühle Nächte, ein paar Regentage, ein paar dichte Morgennebel, und plötzlich hat das Land Herbstfarben bekommen. Die Luft ist spröder und durchsichtiger, das Blau des Himmels lichter geworden. Vogelschwärme rauschen über die kahlen Felder und rüsten zur Wanderung. Morgens liegt das erste reife Obst im nassen Gras und die Zweige sind von den feinen, blitzenden Gespinsten der kleinen Spätjahrspinnen bedeckt. Bald wird das Schwimmen im See und das Liegen im Gras ein Ende haben, und die Abende im Boot, die Mahlzeiten im Garten, die Waldmorgen und die Seenächte! Und draußen rinnt der zähe Regen, kühl und unerbittlich, die ganze unfreundliche Nacht. Jedes Jahr dasselbe Lied vom Herbst, vom Altwerdenmüssen, vom Sterbenmüssen! Mißmutig und mit einem Fluch auf den Lippen schließe ich das Fenster, stecke eine Zigarre an und gehe fröstelnd im Zimmer auf und ab.

Wie jedes Jahr um diese Zeit steigen wieder verlockende Reisepläne vor mir auf. Warum nicht dem Herbst entrinnen und den Winter kürzen, da es doch wärmere Länder, Eisenbahnen und Schiffe gibt? Nachdenklich hole ich den Globus und dann eine Karte von Italien her, suche den Gardasee, die Riviera, Neapel, Korsika und Sizilien. Da ließe sich die Zeit bis Weihnachten verbringen! Sonnige Felsenstrandwege am blauen Meere, laue Stunden auf süditalienischen Küstendampfern und in Fischerbarken, ernste Palmenwipfel, in der tiefen Mittagsbläue ruhend. Es wäre nicht übel, immer vor dem Herbst her einige Meilen südwärts zu fahren und dann mitten im Winter sonnenverbrannt in die heimische Ofenbehaglichkeit zurückzukehren. Die Landkarte da unten wimmelt von schönklingenden Namen schöngelegener Städte und Dörfer, die ich noch nicht kenne und die mir Tage des Wohlseins und Schwelgens versprechen, und die ganze Reise ist, sobald ich sie auf dem Globus ausmesse, erstaunlich klein und bescheiden. Vielleicht könnte ich, der Wärme nachgehend, noch einen Aufenthalt in Afrika machen, in Constantine oder in Biskra Kameltouren unternehmen, Negermusik anhören und türkischen Kaffee trinken und den Faltenwurf an den Gewändern der Beduinen und Araberfrauen betrachten?

Wie schön solche Pläne einen leeren Abend füllen! Eine Landkarte, ein paar alte Kursbücher und ein Bleistift — wie man sich damit die Zeit vertreiben, einen Ärger vergessen und sich die Phantasie mit lauter reizenden Vorstellungen füllen kann!

Wie jedes Jahr um diese Zeit suche ich die Karte nach warmen, herrlichen Gegenden ab, studiere die Schiffslinien und die Fahrpreise. Und wie jedesmal bleibe ich hier und reise nicht. Was mich zurückhält, ist ein sonderbares Schamgefühl. Es will mir unrecht scheinen, den rauhen Tagen zu entfliehen, nachdem ich die schönen genossen habe. Vielleicht ist es auch nur ein gesetzmäßiges Bedürfnis der Natur, daß sie nach Monaten der Wärme, der Farben, nach dem Überfluß an Behagen, Schönheit und starken Eindrücken müde wird und nach Kühle, Rast und Beschränkung verlangt. Es ist nun einmal nicht das ganze Jahr Sommer, so soll man auch nicht ohne Not ihn künstlich verlängern wollen.

Ein paar unentschiedene und unzufriedene Tage, dann haben diese Erwägungen Macht gewonnen, und der Herbst beginnt mir lieb zu werden. Wie konnte ich ans Fortreisen denken, da ich doch von so vielen Dingen, die mir lieb sind und denen ich Dank schulde, Abschied nehmen muß. Die letzten Gartenfreuden, die letzten Wiesenblumen, die Schwalben unter meinem Dach, die letzten satt und taumelnd übers Land wehenden Schmetterlinge. Man achtet schon wieder jeden einzelnen und fürchtet bei jedem, er möchte der letzte seiner Gattung sein. Auch unsere altmodischen kleinen

Dampfschiffe, meine einzige Verbindung mit der Welt, werden in Bälde rar werden. Vom Oktober an kommt nur noch eins am Tag, und im tieferen Winter bleibt auch das zuweilen aus. Sie alle, Schwalbe und Feldblume, Schmetterling und Dampfschiff, sind mir lieb und haben mir diesen Sommer hindurch viele Freuden gebracht; ich möchte sie alle noch ein wenig halten und noch einmal recht zu eigen haben, ehe sie alle dahingehen. Was für ein Narr bin ich gewesen, wie viele Sommerstunden bin ich trotz alledem im Hause und am Büchertisch gesessen, wie viele Abende und Morgenfrühen habe ich versäumt! Ade auch ihr ungenossenen Tage, die ihr nun schöner und köstlicher scheint als alle anderen!

Über dem Abschiednehmen kommt dann auch das Neue zu Ehren, das der unwillkommene Herbst gebracht hat: silberne Nebelschleier, braune und lachend rote Farben im Laub, reifende Trauben, volle Obstkörbe, beginnende Abendunterhaltungen im Hause bei Lampenlicht, ferner wundersame, aufregend herrliche Sturmtage, an denen See und Lüfte tönen und die ganze stumme Schöpfung Stimme erhält. Jetzt kommt auch als täglicher, andächtiger Genuß an jedem Vormittag der spielende Kampf der Sonne mit dem Nebel, das trüb ringende Hin und Her und der feierliche, königliche Sieg des Lichtes. Und wenn der Oktober und die Weinlese kommen, wollen wir uns einen Tag und einen Taler nicht reuen lassen und bei einem großen Kruge vom Neuen dankbar der vielen unverdienten Freuden und ungesucht gefundenen Genüsse gedenken, die das alternde Jahr uns gebracht hat. *(1905)*

Elegie im September

Feierlich leiert sein Lied in den düsteren Bäumen der Regen,
Über dem Waldgebirg weht schon erschauerndes Braun.
Freunde, der Herbst ist nah, schon äugt er lauernd am Wald hin;
Leer auch starret das Feld, nur von den Vögeln besucht.
Aber am südlichen Hang reift blau am Stabe die Traube,
Glut und heimlichen Trost birgt ihr gesegneter Schoß.
Bald wird alles, was heut noch in Saft und rauschendem Grün steht,
Bleich und frierend vergehn, sterben in Nebel und Schnee;
Nur der wärmende Wein und bei Tafel der lachende Apfel
Wird noch vom Sommer und Glanz sonniger Tage erglühn.
So auch altert der Sinn uns und kostet im zögernden Winter,
Dankbar der wärmenden Glut, gern der Erinnerung Wein,
Und von zerronnener Tage verflatterten Festen und Freuden
Geistern in schweigendem Tanz selige Schatten durchs Herz.

Eine Fußreise im Herbst

Seeüberfahrt

Ein sehr kühler Abend, feucht, ungastlich und früh dunkelnd. Auf einem steilen Sträßlein, zum Teil lehmiger Hohlweg, war ich vom Berge herabgestiegen und stand am Seeufer allein und fröstelnd. Nebel rauchte jenseits von den Hügeln, der Regen hatte sich erschöpft und es fielen nur noch einzelne Tropfen, kraftlos und vom Winde vertrieben.

Am Strand lag ein flaches Boot halb auf den Kies gezogen. Es war gut im Stand, sauber gemalt, kein Wasser am Boden, und die Ruder schienen ganz neu zu sein. Daneben stand eine Wartehütte aus Tannenbrettern, unverschlossen und leer. Am Türpfosten hing ein altes messingenes Horn, mit einer dünnen Kette befestigt. Ich blies hinein. Ein zäher, unwilliger Ton kam heraus und flog träge dahin. Ich blies noch einmal, länger und stärker. Dann setzte ich mich ins Boot und wartete, ob jemand käme.

Der See war nur leicht bewegt. Ganz kleine Wellen schlugen mit schwächlichem Klatschen an die dünnen Bootwände. Mich fror ein wenig und ich wickelte mich fest in meinen weiten, regenfeuchten Mantel, steckte die Hände unter die Achseln und betrachtete die Seefläche.

Eine kleine Insel, dem Anschein nach nur ein stattlicher Felsen, ragte in der Seemitte schwärzlich aus dem bleifarbenen Wasser. Ich würde, wenn sie mein wäre, einen Turm darauf bauen lassen, mit wenigen Zimmern und quadratischem Grundriß. Ein Schlafzimmer, ein Wohnzimmer, ein Eßzimmer und eine Bibliothek.

Dann würde ich einen Wärter hineinsetzen, der müßte alles in Ordnung halten und jede Nacht im obersten Zimmer Licht brennen. Ich aber würde weiterreisen und wüßte nun zu jeder Zeit eine Zuflucht und Ruhestätte auf mich warten. In fernen Städten würde ich jungen Frauen von meinem Turm im See erzählen.

»Ist auch ein Garten dabei?« würde vielleicht eine fragen. Und ich: »Ich weiß nicht mehr, ich war so lange nimmer dort. Wollen Sie, daß wir hinreisen?«

Sie würde mir mit dem Finger drohen und lachen, und der Blick ihrer hellbraunen Augen würde sich plötzlich verändern. Möglich auch, daß ihre Augen blau sind oder schwarz, und ihr Gesicht und Nacken bräunlich, und ihr Kleid dunkelrot mit Pelzbesätzen.

Wenn es nur nicht so kühl gewesen wäre! Eine unangenehme Verdrießlichkeit wuchs in mir herauf.

Was geht mich die schwarze Felseninsel an? Sie ist lächerlich klein, wenig besser als ein Vogeldreck, und man könnte auf ihr überhaupt nicht bauen. Wozu auch, bitte? Und was liegt daran, ob eine junge Frau, die ich mir erdenke und der ich möglicherweise, falls sie wirklich existierte, mein Turmschloß zeigen würde, falls ich eines hätte — ob diese junge Frau blond ist oder braun und ob ihr Kleid einen Pelzbesatz hat oder Spitzen oder gewöhnliche Litzen? Waren mir Litzen etwa nicht gut genug?

Gott bewahre, ich gab den Pelzbesatz, den Turm und die Insel preis, rein um des Friedens willen. Meine Verdrießlichkeit kassierte die Bilder mürrisch, schwieg und nahm zu statt ab.

»Bitte«, fragte sie nach einer Weile wieder, »wozu sitzst du eigentlich hier, an einem weltfremden Ort, in der Nässe am Strand und frierst?«

Da knirschte der Kies, und eine tiefe Stimme rief mich an. Es war der Fährmann.

»Lang gewartet?« fragte er, während ich ihm das Boot ins Wasser schieben half.

»Gerade lang genug, scheint mir. Jetzt also los!«

Wir hängten zwei Paar Ruder ein, stießen ab, drehten und probierten den Takt aus, dann arbeiteten wir schweigend mit starken Schlägen. Mit dem Erwarmen der Glieder und mit der flotten, taktfesten Bewegung kam ein anderer Geist in mir auf und machte dem fröstelnd trägen Unmut ein rasches Ende.

Der Schiffsmann war graubärtig, groß und mager. Ich kannte ihn, er hatte mich vor Jahren mehrmals gerudert; doch erkannte er mich nicht wieder.

Wir hatten eine halbe Stunde zu rudern, und während wir unterwegs waren, ward es vollends Nacht. Mein linkes Ruder rieb in seiner Öse bei jedem Zuge mit rostig knarrendem Ton, unter dem Vorderteil des Bootes schlug das schwache Gewoge unre-

Indem ich die Saaltüre öffnete, drang ein ausgesperrter kleiner Hund zwischen meinen Beinen durch in den Raum, ein schwarzer Spitzerhund, und stürzte mit wütendem Freudengebell unter den Tischen hindurch seinem Herrn entgegen, den er sogleich erblickt hatte, denn er stand gerade aufrecht an der Tafel und hielt eine Rede.

»— und also, meine verehrten Herrschaften«, rief er mit rotem Gesicht und überlaut, da fuhr wie ein Sturm der Hund an ihm hinauf, kläffte freudig und unterbrach die Rede. Gelächter und Scheltworte erklangen durcheinander, der Redner mußte seinen Hund hinausbringen, die verehrten Herrschaften grinsten schadenfroh und tranken einander zu. Ich drückte mich beiseite, und als der Herr des Spitzerhundes wieder an seinem Platz und wieder in seiner Rede war, hatte ich das Nebenzimmer erreicht, legte Hut und Mantel weg und setzte mich ans Ende eines Tisches.

An vortrefflichen Speisen fehlte es heute nicht. Und schon während ich am Hammelbraten arbeitete, erfuhr ich von meinen Tischnachbarn das Nötigste über die Hochzeit. Das Paar war mir nicht bekannt, wohl aber eine große Zahl der Gäste — Gesichter, die mir vor Jahren vertraut gewesen waren und die mich nun, viele schon im halben Rausch, beim Schein der Lampen und Kronleuchter umgaben, mehr oder minder verändert und gealtert. Einen feinen Bubenkopf mit ernsten Augen, mager und zart geschnitten, sah ich wieder — erwachsen, lachend, schnurrbärtig, eine Zigarre im Mund, und ehemalige junge Burschen, denen das Leben um einen Kuß und die Welt einen Narrenstreich feil gewesen war, staken nun in Backenbärten, hatten die Hausfrau bei sich und regten sich in Philistergesprächen über Bodenpreise und Änderungen des Eisenbahnfahrplans auf.

Alles war verändert und doch noch lächerlich kenntlich, und am wenigsten verändert war erfreulicherweise die Wirtsstube und der gute weiße Landwein. Der floß noch wie je so herb und freudig, blinkte gelblich im fußlosen Glase und weckte in mir das schlummernde Gedächtnis zahlreicher Kneipnächte und Kneipenstreiche. Mich aber kannte niemand wieder und ich saß im Getümmel und nahm am Gespräch teil als ein zufällig herein verschlagener Fremder.

Gegen Mitternacht, nachdem auch ich einen Becher oder zwei über den Durst genossen hatte, gab es einen Streit. Um eine Bagatelle, die ich schon am andern Tag vergessen habe, ging es los, hitzige Worte klangen, und drei, vier halbberauschte Männer schrieen zornig auf mich ein. Da hatte ich genug und stand auf.

»Danke meine Herren, an Händeln liegt mir nichts. Übrigens sollte der Herr da sich nicht so unnötig erhitzen, er hat ja ein Leberleiden.«

»Woher wissen Sie das?« rief er noch barsch, aber verblüfft.

»Ich sehe es Ihnen an, ich bin Arzt. Sie sind fünfundvierzig Jahre alt, nicht wahr?«

»Stimmt.«

»Und haben vor etwa zehn Jahren eine schwere Lungenentzündung durchgemacht?«

»Herrgott, ja. An was sehen Sie denn das?«

»Ja, das sieht man eben, wenn man geübt ist. Also gute Nacht, ihr Herren!«

Sie grüßten alle ganz höflich, der Leberleidende machte sogar eine Verbeugung. Ich hätte ihm auch noch seinen Vor- und Zunamen und den seiner Frau sagen können, ich kannte ihn so gut und hatte früher manches Feierabendgespräch mit ihm gehabt.

In meiner Schlafkammer wusch ich mir das heiße Gesicht, schaute vom Fenster über die Dächer weg auf den blassen See hinüber und ging dann zu Bett. Eine Zeitlang hörte ich noch dem langsam abnehmenden Festlärmen zu, dann überkam mich die Müdigkeit und ich schlief bis zum Morgen.

Sturm

Am verstürmten Himmel trieben zerfaserte Wolkenbänder, grau und lila, und ein heftiger Wind empfing mich, als ich am nächsten Vormittag nicht zu früh meine Weiterreise antrat. Bald war ich oben auf dem Hügelkamm und sah das Städtchen, das Schloß, die Kirche und den kleinen Bootshafen eng und spielzeughaft lustig am Gestade unter mir liegen. Schnurrige Geschichten aus der Zeit meines früheren Hierseins fielen mir ein und machten mich lachen. Das konnte ich brauchen, denn je näher ich dem Ziel meiner Wanderung rückte, desto befangener und schwüler wurde mir, ohne daß ich es mir gestehen mochte, das Herz.

Das Gehen in der kühlen sausenden Luft tat mir wohl. Ich hörte dem ungestümen Winde zu und sah im Vorwärtsschreiten auf dem Gratsteig mit aufregender Wonne

Erinnerungen

In einem ruhigen Winkel, wo mir ein breiter Felsen den Sturm abhielt, aß ich mein Mittagsbrot. Schwarzbrot, Wurst und Käse. — Nach ein paar Stunden Bergaufmarsch bei starkem Winde der erste Biß in ein belegtes Brot — das ist eine Lust, fast die einzige, die noch das ganze durchdringend Köstliche, bis zur Sättigung Beglückende der echten Knabenfreuden hat.

Morgen werde ich vielleicht an der Stelle im Buchenwald vorüberkommen, an der ich den ersten Kuß von Julie bekam. Auf einem Ausflug des Bürgervereins Konkordia, in den ich Julies wegen eingetreten war. Am Tag nach jenem Ausflug trat ich wieder aus.

Und übermorgen vielleicht, wenn es glückt, werde ich sie selber wiedersehen. Sie hat einen wohlhabenden Kaufmann namens Herschel geheiratet, und sie soll drei Kinder haben, von denen eins ihr auffallend gleicht und auch Julie heißt. Mehr weiß ich nicht, es ist auch mehr als genug.

Aber ich weiß noch genau, wie ich ihr ein Jahr nach meiner Abreise aus der Fremde schrieb, daß ich keine Aussicht auf Stellung und Geldverdienst habe und daß sie nicht auf mich warten möge. Sie schrieb zurück, ich solle mir und ihr das Herz nicht unnötig schwer machen; sie werde da sein, wenn ich wiederkäme, sei es bald oder spät. Und ein halbes Jahr später schrieb sie doch wieder und bat sich frei, für jenen Herschel, und im Leid und Zorn der ersten Stunde schrieb ich keinen Brief, sondern telegraphierte ihr mit meinem letzten Gelde, vier oder fünf geschäftsmäßige Worte. Die gingen übers Meer und waren nicht zu widerrufen.

Es geht so närrisch im Leben zu! War es Zufall oder Schicksalshohn oder kam es vom Mut der Verzweiflung — kaum lag das Liebesglück in Scherben, da kam Erfolg und Gewinn und Geld wie herangezaubert, da war das nicht mehr Erhoffte im Spiel erreicht und war doch wertlos. Das Schicksal hat Mucken, dachte ich, und vertrank mit Kameraden in zwei Tagen und Nächten eine Brusttasche voll Banknoten.

Doch an diese Geschichten dachte ich nicht lange, als ich nach der Mahlzeit mein leeres Wurstpapier dem Winde hinwarf und, in den Mantel gewickelt, Mittagsrast hielt. Ich dachte lieber an meine damalige Liebe, und an Julies Gestalt und Gesicht, das schmale feine Gesicht mit den noblen Brauen und großen dunkeln Augen. Und dachte lieber an den Tag im Buchenwald, wie sie langsam und widerstrebend mir nachgab und dann bei meinen Küssen zitterte und dann endlich wieder küßte und ganz leise, wie aus einem Traum hervor lächelte, während noch Tränen an ihren Wimpern glänzten.

Vergangene Dinge! Das Beste daran war aber nicht das Küssen und nicht das abendliche Zusammenpromenieren und Heimlichtum. Das Beste war die Kraft, die mir aus jener Liebe floß, die fröhliche Kraft, für sie zu leben, zu streiten, durch Feuer und Wasser zu gehen. Sich wegwerfen können für einen Augenblick, Jahre opfern können für das Lächeln einer Frau, das ist Glück. Und das ist mir unverloren.

Pfeifend stand ich auf und ging weiter.

Als die Straße jenseits vom Hügelkamm abwärts sank und ich genötigt war, vom Anblick der Seeweite Abschied zu nehmen, lag eben die Sonne, schon dem Untergehen nah, im Kampf mit trägen, gelben Wolkenmassen, die sie langsam umschleierten und verschlangen. Ich hielt inne und schaute rastend den fabelhaften Vorgängen am Himmel zu:

Hellgelbe Lichtbündel strahlten vom Rande einer schweren Wolkenbank in die Höhe und gegen Osten. Rasch entzündete sich der ganze Himmel gelbrot, glühend purpure Streifen durchschnitten den Raum, zur gleichen Zeit wurden alle Berge dunkelblau, an den Seeufern brannte das rötlich welke Ried wie Heidefeuer. Dann verschwand alles Gelb, und das rote Licht wurde warm und milde, spielte paradiesisch um traumzarte, hingehauchte Schleierwölkchen und lief in tausend feinen Adern rosenrot durch mattgraue Nebelwände, deren Grau sich langsam mit dem Rot zu einem unsäglich schönen Lilaton vermischte. Der See wurde tiefblau und nahezu schwarz, die Untiefen in der Nähe der Ufer traten hellgrün mit scharfen Rändern hervor.

Als der fast schmerzlich schöne Farbenkampf erlosch, dessen Feuer und rapide Flüchtigkeit an großen Horizonten immer etwas hinreißend Kühnes hat, wandte ich mich landeinwärts und blickte erstaunt in eine schon völlig abendklare, gekühlte Tälerlandschaft. Unter einem großen Nußbaum trat ich auf eine bei der Lese vergessene Frucht, hob sie auf und schälte mir die frische lichtbraune feuchte Nuß heraus. Und als ich sie zerbiß und den scharfen Geruch und Geschmack verspürte, überraschte mich unversehens eine Erinnerung. Wie von einem Stück Spiegelglas ein Lichtstrahl reflektiert und in einen dunkeln Raum geworfen wird, so blitzt oft mitten im Gegenwärtigen, durch eine Nichtigkeit entzündet, ein vergessenes, längst gewesenes Stückchen Leben auf, erschreckend und unheimlich.

Hermann Hesse,
Porträt von
Ernst Würtenberger,
1905

Das Erlebnis, an das ich in jenem Augenblick nach vielleicht zwölf oder mehr Jahren zum ersten Mal wieder dachte, war mir ebenso peinlich wie teuer. Als ich mit etwa fünfzehn Jahren auswärts in einem Gymnasium war, besuchte mich eines Tages im Herbst meine Mutter. Ich hielt mich sehr kühl und stolz, wie es mein Gymnasiastenhochmut forderte, und tat ihr mit hundert Kleinigkeiten weh. Andern Tages reiste sie wieder ab, kam aber vorher noch ans Schulhaus und wartete die Morgenpause ab. Als wir lärmend aus den Klassenzimmern hervorbrachen, stand sie bescheiden und lächelnd draußen, und ihre schönen gütigen Augen lachten mir schon von weitem entgegen. Mich aber genierte die Gegenwart meiner Herren Mitschüler, darum ging ich ihr nur langsam entgegen, nickte ihr leichthin zu und trat so auf, daß sie ihre Absicht, mir einen Abschiedskuß und Segen zu geben, aufgeben mußte. Betrübt aber tapfer lächelte sie mich an, und plötzlich lief sie schnell über die Straße zur Bude eines Fruchthändlers, kaufte ein Pfund Nüsse und gab mir die Tüte in die Hand. Dann ging sie fort, zur Eisenbahn, und ich sah sie mit ihrer kleinen altmodischen Ledertasche um die Straßenecke verschwinden. Kaum war sie mir aus den Augen, so tat mir alles bitter leid und ich hätte ihr meine törichte Bubenroheit unter Tränen abbitten mögen. Da kam einer meiner Kameraden vorbei, mein Hauptrivale in Angelegenheiten des savoir vivre. »Bonbons von Mamachen?« fragte er boshaft lächelnd. Ich, sofort wieder stolz, bot ihm die Tüte an, und da er nicht annahm, verteilte ich alle Nüsse, ohne eine für mich zu behalten, an die Kleinen von der vierten Klasse.

Zornig biß ich auf meine Nuß, warf die Schalen ins schwärzliche Laub, das den Boden bedeckte, und wanderte auf der bequemen Straße unter einem grünblau und goldig verhauchenden Späthimmel hin zu Tal und bald darauf an herbstgelben Birken und fröhlichen Vogelbeerbüschen vorbei in die bläuliche Dämmerung junger Tannenstände und dann in die tiefen Schatten eines hohen Buchenwaldes hinein.

Das stille Dorf

Zwei Stunden später am Abend hatte ich mich, nach langem sorglosem Schlendern, in einem Gewimmel schmaler, finsterer Waldwege verlaufen und suchte, je dunkler und kühler es wurde, desto ungeduldiger nach einem Ausgang. Mich geradeaus durch den Laubwald zu schlagen ging nicht an, der Wald war dicht und der Boden stellenweise sumpfig, auch wurde es allmählich stockfinster.

Stolpernd und müde tastete ich in der wunderlichen Aufregung des nächtlichen Verirrtseins weiter. Häufig blieb ich stehen, um zu rufen und dann lang zu lauschen. Es blieb alles still, und die kühle Feierlichkeit und dichte Schwärze des lautlosen Waldinnern umgab mich von allen Seiten, wie Vorhänge von dickem Samt. So töricht und eitel es war, machte mir doch der Gedanke Freude, daß ich um ein Wiedersehen mit einer fast vergessenen Geliebten in dem fremd gewordenen Lande mich durch Wald und Nacht und Kälte schlage. Ich fing leise meine alten Liebeslieder zu singen an:

> Mein Blick erstaunt und muß sich senken,
> mein Herz schließt alle Tore zu,
> dem Wunder heimlich nachzudenken —
> so schön bist du!

Dazu war ich durch Länder gewandert und hatte mir in langen Kämpfen den Leib und die Seele voll Narben geholt, um nun die alten dummen Verse zu singen und den Schatten lang verblaßter Knabentorheiten nachzulaufen! Aber es machte mir nicht wenig Freude, und während ich mühsam den gewundenen Pfad verfolgte, sang ich weiter, dichtete und phantasierte, bis ich müde ward und still weiterlief. Suchend tastete ich an dicke Buchenstämme, die von Efeuästen umklammert waren und deren Zweige und Wipfel unsichtbar im Finstern schwammen. So ging es noch eine halbe Stunde und ich begann endlich kleinlaut zu werden. Da erlebte ich etwas unvergeßlich Köstliches.

Urplötzlich war der Wald zu Ende und ich stand zwischen den letzten Stämmen hoch an einer steilen Bergwand, und unter mir schlief ein weites Waldtal in der Nachtbläue, und mitten darin zu meinen Füßen lag still und heimlich mit sechs, sieben kleinen rotleuchtenden Fenstern ein Dörflein. Die niederen Häuser, von denen ich fast nur die breiten, leise schimmernden Schindeldächer sah, lehnten sich eng aneinander, in einer leichten Biegung, und zwischen ihnen lief schmal und dunkel die schattige Gasse, und an ihrem Ende stand ein großer Dorfbrunnen. Weiter oben, am halben Berge gegenüber, lag allein zwischen vielen dämmernden Kirchhofkreuzen die Kapelle. In ihrer Nähe lief auf einem steilen Hügelhang bergan ein Mann mit einer Laterne. Und drunten im Dörflein, in irgend einem Hause, sangen ein paar Mädchen mit kräftigen, hellen Stimmen ein Lied.

Ich wußte nicht, wo ich war und wie das Dorf heiße, und ich nahm mir vor, auch nicht danach zu fragen.

Mein bisheriger Weg verlor sich am Waldrande bergaufwärts, so stieg ich behutsam ohne Pfad durch steile Weiden hinab, dem Dorf entgegen. Ich geriet in Gärten und auf schmale Steinstaffeln, fiel über eine Stützmauer und mußte schließlich einen Zaun überklettern und durch den seichten Bach springen, dann aber war ich im Dorf und trat am ersten Gehöft vorbei in die krumme, schlafende Gasse. Bald fand ich das Wirtshaus, das hieß zum Ochsen, und war noch nicht geschlossen.

Das Erdgeschoß war still und dunkel, aus dem gepflasterten Flur führte eine alte verschwenderisch gebaute Treppe mit bauchigen Geländersäulen, von einer am Strick aufgehängten Laterne erleuchtet, empor in einen Fliesengang und zur Gästestube. Diese war reichlich groß, und der von einer Hängelampe beschienene Tisch beim Ofen, an dem drei Bauern vor ihren Weingläsern saßen, lag wie eine Lichtinsel in dem halbdunkeln, großen Raum.

Der Ofen war geheizt, ein würfelförmiges Gebäude mit dunkelgrünen Kacheln; in den Kacheln spiegelte freudig warm das matte Lampenlicht, unterm Ofen lag ein schwarzer Hund und schlief. Die Wirtin sagte Grüß Gott, als ich hereinkam, und einer von den Bauern schaute prüfend her.

»Was ist das für einer?« fragte er zweifelnd.

»Weiß nicht«, sagte die Wirtin.

Ich setzte mich an den Tisch, grüßte und ließ Wein kommen. Es gab nur Heurigen, einen hellroten jungen Most, der schon stark im Reißen war und mir prächtig warm machte. Dann fragte ich nach einem Nachtlager.

»Das ist so eine Sache«, meinte die Frau und zuckte die Achseln. »Wir haben schon ein Zimmer, freilich, aber da ist gerade heut ein Herr drin. Es wäre auch ein zweites Bett in der Stube, aber der Herr schläft schon. Wenn Sie hinaufgehen und mit ihm reden wollen — ?«

»Nicht gern. Und sonst gibt's keinen Platz?«

»Platz schon, aber kein Bett mehr.«

»Und wenn ich mich da zum Ofen lege?«

»Ja, wenn Sie das wollen, freilich. Ich geb Ihnen dann eine Decke und wir legen ein paar Scheiter nach, so müssen Sie nicht frieren.«

Nun ließ ich mir Eier kochen und eine Wurst geben, und während des Essens fragte ich, wie weit ich noch von meinem Reiseziel sei.

»Sagen Sie, wie lang geht man von hier nach Ilgenberg?«

»Fünf Stunden. Der Herr droben, der die Stube hat, will morgen auch wieder hinüber. Er ist dort daheim.«

»So so. Und was treibt er denn hier?«

»Holz kaufen. Er kommt jedes Jahr.«

Die drei Bauern mischten sich in unser Gespräch. Es waren, dachte ich mir, die Waldbesitzer und Fuhrleute, mit denen der Ilgenberger Händler den Holzkauf abgeschlossen hatte. Mich hielten sie offenbar für einen Geschäftemacher oder Beamten und trauten mir nicht. So ließ ich sie auch in Ruhe.

Kaum hatte ich gegessen und lehnte mich im Sessel zurecht, da fing der Mädchengesang von vorher plötzlich wieder an, ganz laut und nahe. Sie sangen das Lied von der schönen Gärtnersfrau, und beim dritten Vers stand ich auf und ging an die Küchentür und klinkte leise auf. Da saßen zwei junge Dirnen und eine ältere Magd am weißen tannenen Tisch bei einem Kerzenstumpen, hatten einen Berg Bohnen zum Ausschoten vor sich und sangen während der leichten Feierabendbeschäftigung. Wie die ältere aussah, weiß ich nicht mehr. Aber von den jungen war die eine rötlichblond, breit und blühend, und die zweite war eine schöne Braune mit ernstem Gesicht. Sie hatte die Zöpfe in einem sogenannten »Nest« rund um den Kopf gewunden und sang selbstvergessen mit einer hellen Kinderstimme vor sich hin, während das sich spiegelnde Kerzenflämmlein in ihren Augen blitzte.

Als sie mich in der Tür stehen sahen, lachte die Alte, die Rötliche schnitt eine Fratze und die Braune sah mir eine Weile ins Gesicht, dann senkte sie den Kopf, wurde ein wenig rot und sang lauter. Sie fingen gerade einen neuen Vers an und ich fiel mit ein, so gut und kräftig ich es vermochte. Dann holte ich meinen Wein herüber, nahm eine dreibeinige Stabelle her und setzte mich singend mit an den Küchentisch. Die Rotblonde schob mir eine Handvoll Bohnen zu und ich half denn mit aushülsen.

Als alle die vielen Strophen ausgesungen waren, sahen wir einander an und mußten lachen, was der Braunen überaus prächtig zu Gesichte stand. Ich bot ihr mein Glas hin, doch nahm sie es nicht an.

»Sie sind aber eine Stolze«, sagte ich betrübt. »Sind Sie denn etwa von Stuttgart?«

»Nein. Warum von Stuttgart?«

»Weil es heißt:

Stuegert isch e schöne Stadt,
Stuegert lit im Tale,
was so schöne Mädle hat,
aber so brutale.«

»Er ist ein Schwab«, sagte die Alte zur Blonden.

»Ja, er ist einer«, bestätigte ich. »Und Sie sind vom Oberland, wo die Schlehen wachsen.«

»Kann sein«, meinte sie und kicherte.

Ich sah aber immer die Braune an, und ich setzte aus Bohnen den Buchstaben M zusammen und fragte sie, ob sie so heiße. Sie schüttelte den Kopf und ich machte nun ein A. Da nickte sie und ich begann nun zu raten.

»Agnes?«

»Nein.«

»Anna.«

»Nichts.«

»Adelheid?«

»Auch nicht.«

Und so viel ich riet, es war alles falsch, sie aber wurde ganz fröhlich darüber und rief schließlich: »O Sie Unvernunft!« Als ich sie dann sehr bat, sie möchte mir jetzt ihren Namen sagen, schämte sie sich eine kleine Zeit, dann sagte sie schnell und leise: »Agathe« und wurde rot dabei, wie wenn sie ein Geheimnis preisgegeben hätte.

»Sind Sie auch ein Holzhändler?« fragte die Blonde.

»Nein das nicht. Seh ich denn so aus?«

»Oder ein Geometer, nicht?«

»Auch nicht. Warum soll ich Geometer sein?«

»Warum? Darum.«

»Ihr Schatz wird einer sein, gelt?«

»Mir wär's schon recht.«

»Singen wir noch eins, zum Schluß?« fragte die Schöne, und während die letzten Schoten uns durch die Finger gingen, sangen wir das Lied »Steh ich in finstrer Mitternacht«. Als das zu Ende war, standen die Mädchen auf und ich auch.

»Gut Nacht«, sagte ich zu jeder und gab jeder die Hand, und zu der Braunen sagte ich: »Gut Nacht, Agathe.«

In der Wirtsstube brachen jetzt die drei Rauhbeine auf. Sie nahmen keinerlei Notiz von mir, tranken langsam ihre Reste aus und zahlten nichts, waren also jedenfalls für diesen Abend die Gäste des Ilgenbergers gewesen.

»Gute Nacht auch«, sagte ich, als sie gingen, bekam aber keine Antwort und schlug hinter den Dickköpfen die Türe kräftig zu. Gleich darauf kam die Wirtin mit Pferdedecken und einem Bettkissen. Wir bauten aus der Ofenbank und drei Stühlen ein leidliches Nachtlager, und zum Trost teilte die Frau mir beim Weggehen mit, das Übernachten solle mich nichts kosten. Das war mir auch recht.

Halb ausgekleidet und mit meinem Mantel zugedeckt lag ich am Ofen, der noch wohlig wärmte, und dachte an die braune Agathe. Ein Vers aus einem alten frommen Liede, das ich in Kinderzeiten oft mit meiner Mutter gesungen hatte, fiel mir ein:

Schön sind die Blumen,
schöner sind die Menschen
in der schönen Jugendzeit — — —

So eine war Agathe, schöner als Blumen, und doch mit ihnen verwandt. Es gibt überall, in allen Ländern, einzelne solche Schönheiten, doch sind sie nicht allzu häufig, und so oft ich eine sah, hat es mir wohlgetan. Sie sind wie große Kinder, so scheu wie zutraulich, und haben in ihren ungetrübten Augen den unbewußt seligen Blick eines schönen Tieres oder einer Waldquelle. Man sieht sie an und hat sie lieb, ohne sie zu begehren, und während man sie ansieht, will es einem wehtun, daß diese feinen Bilder der Jugend und Menschenblüte auch einmal altern und vergehen müssen.

Bald schlief ich ein, und es mag von der Ofenwärme gekommen sein, daß mir träumte, ich liege am Felsgestade einer südlichen Insel, spüre die heiße Sonne auf meinen Rücken brennen und sähe einem braunen Mädchen zu, das allein in einer Barke seewärts ruderte und langsam ferner und kleiner wurde.

Morgengang

Erst als der Ofen erkaltet war und mir die Füße starr wurden, wachte ich frierend auf, und da war es auch schon Morgen und nebenan in der Küche hörte ich jemand den Herd anheizen. Draußen lag, zum ersten Mal in diesem Herbst, ein dünner Reif auf den Wiesen. Ich war vom harten Liegen steif und mitgenommen, aber gut ausgeschlafen. In der Küche, wo die alte Magd mich begrüßte, wusch ich mich am Wasserstein und bürstete meine Kleider aus, die gestern bei dem windigen Wetter sehr staubig geworden waren.

Kaum saß ich in der Stube beim heißen Kaffee, da kam der Gast aus der Stadt herein, grüßte höflich und setzte sich zu mir an den Tisch, wo schon für ihn gedeckt war. Er tat aus einer flachen Reiseflasche ein wenig alten Kirschgeist in seine Tasse und bot auch mir davon an.

»Danke«, sagte ich, »ich trinke keinen Schnaps.«

»Wirklich? Sehen Sie, ich muß es tun, weil ich die Milch sonst nicht vertragen kann, leider. Jeder hat so seinen Bresten.

»Na, wenn Ihnen sonst nichts fehlt, dürfen Sie nicht klagen.«

»Gewiß, ja. Ich klage auch nicht. Es liegt mir fern — —«

Er gehörte zu den Leuten, denen es ein Bedürfnis ist, sich recht oft ohne Ursache zu entschuldigen. Zwar weiß ich, daß diese Art von Narren leicht lästig wird und daß ihre Bescheidenheit, sobald sie irgendwie zu Courage kommen, ins Gegenteil umschlägt, doch sind sie immerhin amüsant und ich habe sie nicht ungern. Im übrigen machte er einen anständigen Eindruck, etwas zu höflich, aber intelligent und offen. Gekleidet war er kleinstädtisch, sehr solid und sauber, aber schwerfällig.

Auch er musterte mich, und da er mich in Kniehosen sah, fragte er, ob ich auf dem Veloziped gekommen sei.

»Nein, zu Fuß.«

»So so. Eine Fußtour, ich verstehe. Ja, der Sport ist eine schöne Sache, wenn man Zeit hat.«

»Sie haben Holz gekauft?«

»O, eine Kleinigkeit, nur für den eigenen Bedarf.«

»Ich dachte, Sie wären Holzhändler.«

»Nein, doch nicht. Ich habe ein Tuchgeschäft. Das heißt einen Tuchladen, wissen Sie.«

Wir aßen Butterbrot zum Kaffee, und während er sich Butter nahm, fielen mir seine wohlgebildeten langen und schmalen Hände auf.

Den Weg nach Ilgenberg schätzte er auf sechs Stunden. Er hatte seinen Wagen da und lud mich freundlich zum Mitfahren ein, doch nahm ich nicht an. Ich fragte nach Fußwegen und bekam leidliche Auskunft. Dann rief ich die Wirtin und zahlte meine kleine Zeche, steckte Brot in die Tasche, sagte dem Kaufmann Adieu und ging die Treppe hinab und durch die gepflasterte Flur in den kalten Morgen hinaus.

Vor dem Hause stand des Tuchhändlers Gefährt, eine leichte, zweisitzige Kutsche, und eben zog ein Knecht den Gaul aus dem Stall, ein kleines, fettes Rößlein, das weiß und rötlich wie eine Kuh gefleckt war.

Der Weg führte talaufwärts, eine Strecke den Bach entlang, dann ansteigend gegen die Waldhöhen. Indem ich allein dahinmarschierte, fiel mir ein, daß ich im Grunde alle meine Wege so einsam gemacht habe, und nicht nur die Spaziergänge, sondern alle Schritte meines Lebens. Freunde und Verwandte, gute Bekannte und Liebschaften waren ja immer dabei, aber sie umfaßten mich nie, erfüllten mich nie, rissen mich nie in andere Bahnen als die ich selber einschlug. Vielleicht ist jedem Menschen, er sei wie er wolle, wie einem geschleuderten Ball seine Wurfbahn vorgezeichnet und er folgt einer längst bestimmten Linie, während er das Schicksal zu zwingen oder zu hänseln meint. Jedenfalls aber ruht das »Schicksal« in uns und nicht außer uns, und damit bekommt die Oberfläche des Lebens, das sichtbare Geschehen, eine gewisse Unwichtigkeit, etwas ergötzlich Spielzeughaftes, dessen Anblick einen stillen Zuschauer sein Leben lang angenehm beschäftigen kann. Was man gewöhnlich schwer nimmt und gar tragisch nennt, wird dann oft zur Bagatelle. Und dieselben Leute, die vor dem Anschein des Tragischen in die Knie sinken, leiden und gehen unter an Dingen, die sie nie beachtet haben.

Ich dachte: Was treibt mich jetzt, mich freien Mann, nach dem Städtlein Ilgenberg, wo Häuser und Menschen mich nichts mehr angehen und wo ich kaum anderes als Enttäuschung und vielleicht Leid zu finden hoffen kann? Und ich sah mir selber verwundert zu, wie ich ging und ging und zwischen Humor und Bangigkeit hin und wider schwankte.

Es war ein schöner Morgen, die herbstliche Erde und Luft vom ersten Winterduft gestreift, dessen herbe Klarheit mit dem Steigen des Tages abnahm. Große Starenzüge strichen in schöner keilförmiger Ordnung mit lautem Schwirren über die Felder. Im Tale zog langsam die Herde eines Wanderschäfers hin, und mit ihrem leichten Staub vermischte sich der dünne, blaue Rauch aus des Schäfers Pfeife. Das alles samt den Bergzügen, farbigen Waldrücken und weidenbestandenen Bachläufen stand in der glasklaren Luft frisch wie ein gemaltes Bild, und die ergreifende Schönheit der Erde redete ihre leise, sehnsüchtige Sprache, unbekümmert wer sie höre.

Das ist mir immer wieder sonderbar, unbegreiflich und hinreißender als alle Fragen und Taten des Tages und Menschengeistes: wie ein Berg sich in den Himmel reckt und wie die Lüfte lautlos in einem Tale ruhen, wie gelbe Birkenblätter vom Zweige gleiten und Vogelzüge durch die Bläue fahren. Da greift einem das ewig Rätselhafte so beschämend und so süß ans Herz, daß man allen Hochmut ablegt, mit dem man sonst über das Unerklärliche redet, und daß man doch nicht erliegt, sondern alles dankbar annimmt und sich bescheiden und stolz als Gast des Weltalls fühlt.

Am Saum des Waldes flog mit lautklatschendem Flügelschlagen ein Wildhuhn vor mir aus dem Unterholz. Braune Brombeerblätter an langen Ranken hingen über den Weg herein, und auf jedem Blatte lag seidig der durchsichtig dünne Reif, silbrig flimmernd wie die feinen Härchen auf einem Stück Samt. Wenn einem Maler oder Kunststicker oder Keramiker eine halbe Nachahmung solcher Töne gelingt, so reißt man in der Stadt die Augen auf.

Als ich nach längerem Steigen im Wald eine Höhe und eine aussichtsreiche freie Halde erreichte, kannte ich mich bald wieder in der Landschaft aus. Den Namen des Dörfleins, in dem ich genächtigt hatte, wußte ich aber nicht und habe auch nicht nach ihm gefragt.

Mein Weg führte am Rand des Waldes weiter, der hier die Wetterseite hatte, und ich fand meine Kurzweil an den kühnen, bedeutungsvoll grotesken Formen der Stämme, Äste und Wurzeln. Nichts kann die Phantasie stärker und inniger beschäftigen. Zuerst herrschen meistens komische Eindrücke vor: Fratzen, Spottgestalten und Karikaturen bekannter Gesichter werden in Wurzelverschlingungen, Erdspalten, Astgebilden, Laubmassen erkennbar. Dann ist das Auge geschärft und sieht, ohne zu suchen, ganze Heere von wunderlichen Formen. Das Komische verschwindet, denn alle diese Gebilde stehen so entschlossen, keck und unverrückbar da, daß ihre schweigende Schar

»Wann waren Sie denn zuletzt hier?«

»Vor zehn Jahren. Sie wissen ja. Übrigens fand ich die Stadt nicht allzusehr verändert.«

»Wirklich? Sie hätte ich kaum wieder erkannt.«

»Ich Sie sofort, gnädige Frau.«

Herr Herschel hustete.

»Wollen Sie nicht zum Abendessen bei uns vorlieb nehmen?«

»Wenn es Sie gar nicht stört —«

»Bitte sehr, nur ein Butterbrot.«

Es gab jedoch kalten Braten mit Gallerte, Bohnensalat, Reis und gekochte Birnen. Getrunken wurde Tee und Milch. Der Hausherr bediente mich und machte ein wenig Konversation. Julie sprach kaum ein Wort, sah mich aber zuweilen hochmütig und mißtrauisch an, als möchte sie herausbringen, warum ich eigentlich gekommen sei. Wenn ich es nur selber gewußt hätte!

»Haben Sie Kinder?« fragte ich, und nun wurde sie ein wenig gesprächiger. Schulsorgen, Krankheiten, Erziehungssorgen, alles im besseren Philisterstil.

»Ein Segen ist ja die Schule trotz alledem doch«, sagte Herschel dazwischen.

»Wirklich? Ich dachte immer, ein Kind sollte möglichst lange ausschließlich von den Eltern erzogen werden.«

»Man sieht, Sie selber haben keine Kinder.«

»Ich bin nicht so glücklich.«

»Aber Sie sind verheiratet?«

»Nein, Herr Herschel, ich lebe allein.«

Die Bohnen würgten mich elend, sie waren schlecht entfädet.

Als das Essen abgetragen war, schlug der Mann eine Flasche Wein vor, was ich nicht ablehnte. Wie ich gehofft hatte, ging er selber in den Keller, und ich blieb eine Weile mit der Frau allein.

»Julie«, sagte ich.

»Was beliebt?«

»Sie haben mir noch nicht einmal die Hand gegeben.«

»Ich hielt es für richtiger —«

»Wie Sie wollen. — Es freut mich zu sehen, daß es Ihnen gut geht. Es geht Ihnen doch gut?«

»O ja, wir können zufrieden sein.«

»Und damals — sagen Sie mir, Julie, denken Sie nie mehr an damals?«

»Was wollen Sie von mir? Lassen wir doch die alten Geschichten ruhen! Es ist gekommen, wie es kommen mußte und wie es für uns alle gut war, meine ich. Sie haben schon damals nicht recht nach Ilgenberg hereingepaßt, mit allen Ihren Ideen, und es wäre nicht das Richtige gewesen —«

»Gewiß, Julie. Ich will nichts Geschehenes ungeschehen wünschen. Ich wollte nur irgendein Wort von damals hören, eine Erinnerung. Sie sollen nicht an mich denken, gewiß nicht, aber an alles andere, was dazumal schön und lieb war. Es ist doch unsere Jugendzeit gewesen, und die wollte ich noch einmal aufsuchen und ihr ins Auge sehen.«

»Bitte, reden Sie von anderem. Für Sie mag es anders sein, aber für mich liegt zu viel dazwischen.«

Ich sah sie an. Alle Schönheit von damals hatte sie verlassen, sie war nur noch Frau Herschel.

»Allerdings«, sagte ich grob und hatte nichts dagegen, als nun der Mann mit zwei

Flaschen Wein zurückkam. Die erste Flasche wurde aufgemacht und ich war nicht verletzt, als Julie das Mittrinken ablehnte.

Es war schwerer Burgunder, und Herschel, der sichtlich kein Weintrinker war, begann schon beim zweiten Glase anders zu werden. Er fing an, seine Frau mit mir zu necken. Als sie nicht darauf einging, lachte er und stieß sein Glas an meines.

»Zuerst wollte sie Sie gar nicht ins Haus haben«, vertraute er mir an.

Julie stand auf.

»Entschuldigen Sie, ich muß nach den Kindern sehen. Das Mädel ist noch immer nicht ganz wohl.«

Damit ging sie hinaus, und ich wußte, sie würde nicht zurückkommen. Ihr Mann machte zwinkernd die zweite Flasche auf.

»Sie hätten das vorher nicht sagen dürfen«, warf ich ihm vor.

Er lachte nur.

»Lieber Gott, so grätig ist sie schließlich nicht, daß sie das übelnimmt. Trinken Sie doch! Oder schmeckt Ihnen der Wein nicht?«

»Der Wein ist gut.«

»Nicht wahr? Ja, sagen Sie, wie war denn das nun damals mit Ihnen und meiner Frau? Kindereien, was?«

»Kindereien. Doch tun Sie besser, nicht davon zu reden.«

»Gewiß — freilich — ich will ja nicht indiskret sein. Zehn Jahre ist es her, nicht?«

»Verzeihen Sie, ich muß es vorziehen jetzt zu gehen.«

»Warum denn schon?«

»Es ist besser. Vielleicht sehen wir uns ja morgen noch.«

»Na, wenn Sie durchaus gehen wollen —. Warten Sie, ich leuchte Ihnen. Und wann kommen Sie morgen?«

»Nach Mittag, denke ich.«

»Also gut, zum schwarzen Kaffee. Ich begleite Sie ins Hotel. Nein, ich bestehe darauf. Wir können ja dort noch etwas zusammen nehmen.«

»Danke, ich will zu Bett, ich bin müde. Empfehlen Sie mich Ihrer Frau, bis morgen.«

Vor der Haustür schob ich ihn ab und ging allein davon, über den großen Marktplatz und durch die stillen, dunklen Straßen. Ich lief noch lange in der kleinen Stadt herum, und wenn von irgend einem alten Dach ein Ziegel gefallen wäre und hätte mich erschlagen, so wäre es mir auch recht gewesen. Ich Narr! Ich Narr!

Nebel

Am Morgen wachte ich zeitig auf und beschloß, sogleich weiterzuwandern. Es war kalt und ein Nebel lag so dicht, daß man kaum über die Straße sah. Frierend trank ich Kaffee, bezahlte Zeche und Nachtlager und ging mit langen Schritten in die dämmernde Morgenstille hinein.

Rasch erwarmend ließ ich Stadt und Gärten hinter mir und drang in die schwimmende Nebelwelt. Das ist immer wunderlich ergreifend zu sehen, wie der Nebel alles Benachbarte und scheinbar Zusammengehörige trennt, wie er jede Gestalt umhüllt und

Winternotizen aus Graubünden

Von Klosters aus stieg ich an einem sonnenklaren, kalten Morgen die verschneiten Gassen und Matten hinan. Die Gipfel sprangen, einer nach dem anderen, ins milde Goldlicht des aufsteigenden Tages und lachten rosig in der milchig sanften Himmelsbläue. Im Dorfe war wenig Leben, die Engländer schliefen noch im Grand Hotel, die Kinder waren in der Schule; man sah nur da und dort einen Bauern mit Schlitten und Kuhgespann bergaufwärts fahren, um aus den hochgelegenen braunen Holzschuppen Heu zu holen, oder einen anderen, der ins Holz ging und seinen schweren Handschlitten an den hohen Hörnern nachschleppte. Sonst kein Leben und kein Ton als das Knirschen meiner Sohlen auf dem gefrornen Schnee und weit unten im Tale das kaum mehr hörbare, entfernte Schnauben der Davos-Landquarter Eisenbahn.

Langsam kam ich empor, über das Dorf hinaus und der Sonnengrenze näher, die mir unmerklich entgegenkam und nach der ich allmählich sehnlich begehrte, da mir Ohren und Hände steif und rot gefroren waren und wehtaten. Der Weg war, obwohl nicht gepfadet, angenehm und wenig anstrengend, da der harte Schnee mich bequem trug und doch so viel nachgab, daß ich sicher und ohne Gleiten direkt aufwärts steigen konnte. Zwei Raubvögel, vermutlich Turmfalken, kreisten hoch und feierlich um einander, sonst war außer mir nichts Lebendiges mehr am Berge sichtbar.

Aufatmend erreichte ich die höheren, von der Sonne beschienenen Schneematten. Hier herrschte kein Frost mehr, während ich noch vor einer Stunde in einer Kälte von zwölf Grad gegangen war. Aber nach kurzer Zeit war die Blendung so stark, daß ich die Schneebrille aufsetzen mußte. Über die steil geneigten, von der leuchtenden Schneedecke weich abgerundeten Hänge flutete das Licht des jungen Tages diamanten und festlich, spielte in jähen Irisfarben, lachte eisig und unerträglich auf glatten Flächen, füllte Mulden und Hangränder mit zarten, schön blauen Schatten. Reif und Eis schmolzen mir vom Schnurrbart, die Luft begann leise zu erwarmen und ich hielt eine erste kurze Rast, um diese Herrlichkeit zu begrüßen und die beginnenden Freuden der Wintersonne vorauszukosten.

Denn es gibt in der weiten Welt nichts Wunderbareres, Edleres und Schöneres, als die Hochgebirgssonne im Winter. Vom Schnee und Eis und Stein zurückgeworfen, spielt Licht und Wärme schwelgerisch in den unbeschreiblich durchsichtigen, winterklaren Lüften — ein Licht und ein Strahlen feiner, zarter, trockener Wärme, von dem das Tiefland auch an den glänzendsten Tagen keine Ahnung hat.

Der lichte Himmel nahm allmählich tiefere Farben an, von Gipfel zu Gipfel gespannt, ruhte er tief und strahlend ohne jeden kleinsten Dunst, blau bis zur Farbe der Veilchen. Zugleich nahm die Wärme zu und ich rastete oft auf dem Schnee, um nicht in Schweiß zu kommen. Den Rock trug ich längst überm Arm und die Handschuhe in der Tasche.

Hinter den obersten einsamen Heuhütten begann Tannenwald und hinter dem Tannenwald stiegen unzugänglich senkrechte Steinwände in den Himmel, mit fast gewaltsam scharfen, grellen Umrissen. Rückwärts übersah ich nun das tiefe und weite Tal,

Fastnacht

Am Fastnachtsdienstag kamen wir in ein altes Städtchen am Oberrhein, mein damaliger Wanderkamerad und ich. Von der Vorfrühlingsluft ermüdet, suchten wir in einem stillgelegenen Wirtshause Rast und saßen ein paar Stunden trinkend und wenig redend auf der schweren, altmodischen Gastbank. Es war in der zweiten Märzwoche, der Föhn schrie in den noch völlig kahlen Wäldern und wühlte im hellgrünen Bodensee, dazwischen stob strichweise ein barscher Gegenwind mit plötzlichen Schauern von Schnee und Hagel. Die Allgäuer Höhen waren noch tief herunter weiß, und einige von den föhnblauen, schönen Hegaubergen hatten blanke Felder von Neuschnee.

Es war ein schönes, doch mühsames Wandern gewesen, und fröhlich waren wir beide nicht. Worüber auch? Mein Freund hatte ohnehin kein heiteres Wesen, und mir war nach einem langen, sorgenvollen Winter auf dieser ersten Fußreise des zögernd anhebenden Frühlings auch mehr nachdenklich als lustig zumute. Wenn die Märzstürme vom Gebirg her fahren, und im Moos und Waldgesträuch das erste, braune Knospen beginnt, treibt es mich jedes Jahr mit stummer Nötigung hinaus, zu laufen und zu atmen. Aber es gibt da noch kein Rasten auf warmen Steinen und trockenen Wiesen zwischen Wandern und Weiterwandern; man wird müde und zugleich wächst die Sehnsucht, nachwehende Winterängste bedrängen das Herz, und es kann keinen jungen Trieb am Weidenbusch und keine erste Bachblume sehen, ohne daß es zweifelnd fragt: Wird nun auch dir ein Frühling kommen? Und das Leben der Erde und der Pflanzen, das unsichtbare Quellen unter der Oberfläche erfüllt die Luft mit Ahnung von Kampf und gärender Gewalt. Es ist nicht, wie die Frühlingsdichter sagen, ein Lächeln und süßes Augenaufschlagen aus Wonneträumen, was jetzt die Ackerscholle und den Moosboden und die Waldränder bewegt und lebendig macht, sondern ein verzweifeltes Gebären unter stummen Schmerzen. Und es redet so deutlich zu uns, daß auch wir nur in Schmerzen und nur nach bitteren Werdenöten uns im Innern erneuern und junge Sprossen treiben können. — Darüber hatten wir gesprochen und waren bald wieder still geworden, und jeder hatte vor sich hin gedämmert und langsam seine Flasche herben Wein geleert.

Vom Fastnachtstreiben hatten wir anfänglich kaum etwas bemerkt, ab und zu war auf der Straße Lärm und Gelächter, Schellengerassel und Klappern von Clownsknarren erklungen, und wenige Male war ein Maskierter in unser Schanklokal getreten, um sogleich unbefriedigt wieder fortzugehen. Nur einer hatte uns angeredet und uns fade Trauerwedel gescholten, aber wir hatten unfreundlich geschwiegen und ihn abfahren lassen. Nun aber, da es schon gegen Abend ging, zogen öfters ganze Gruppen und Züge von Kostümierten durch die Kneipe, und wenn sie auch in der entlegenen Bude kaum Halt machten und bald enttäuscht davonliefen, brachten sie doch einen Klang von Lust und Tollheit mit, ihre Stimmen tönten erregt und heiß, ihre Bewegungen waren nicht mehr einstudiert und dem Kostüm künstlich angepaßt, sondern ausgelassen und stürmend. — Mich, der ich neben meinem wortkargen Begleiter im bespritzten Reisekleid dasaß und fremd in die vorüberziehenden Maskengesichter starrte, überkam allmählich jene unleidlich sentimentale Melancholie des ungebetenen Festzuschauers. Man fühlt sich dem kindischen Getriebe ohne Befriedigung überlegen und schämt sich doch seines Ernstes; denn man weiß wohl, daß nur ein gewisser momentaner Mut dazu gehört, sich hineinzustürzen um selber mitten drin zu sein, und diesen Mut hat man nicht. Allmählich wurde diese törichte und nutzlose Traurigkeit, da ich mich selber über sie ärgerte, zu einem schnell wachsenden Zorn, ich stieß das Glas auf den Tisch, daß es zerbrach, und war bereit, mit dem Nächsten, der mich anreden oder berühren würde, Raufhändel anzufangen. Am meisten ärgerte mich mein Kamerad, der immer finsterer schwieg und den längst schal gewordenen Rest seines Weines im Glase schaukelte.

»Zum Donnerwetter, lassen Sie jetzt dieses verfluchte Schlenkern bleiben!« schrie ich ihn an und nahm ihm das Glas weg.

Da stand er auf und sah mich komisch an.

»Sind sie auch so weit?« sagte er ruhig. »Dann bleibt uns nichts übrig, als daß wir einander verprügeln, oder —«

»Oder?«

»— daß wir uns maskieren und den ganzen Senf mitmachen, aber dann gründlich.«

»Gut, los denn!«

Die Sache war leicht zu machen, wir hatten beide Bekannte in der Stadt. Noch ehe es in den Straßen völlig dunkel geworden war, steckten wir schon im Domino und schwangen die Pritsche. In einem Gasthaus, wo es drunter und drüber ging, nahmen wir ungefragt am Abendessen eines Familientisches teil, dann an einem Ball im »Hirschen«, dann an einem Ball im »Sternen«, dann an einer kleinen Keilerei im Freien, bei der mir mein Kamerad abhanden kam.

Das war etwa um Mitternacht. Ich hatte gesungen, getanzt, geschrien, geflirtet und gehauen; ich hatte Weißwein, Bier, Rotwein, Tee, Grog, Champagner und Limonade getrunken, geschwitzt und gefroren. Ich war einem flüchtigen Luftballon nach an den Plafond eines Tanzsaales geklettert und heruntergefallen, hatte einer Zigeunerin ein Gedicht ins Tamburin gemacht, von einem Biertisch herunter eine Rede über die Kultur der Zukunft gehalten, zwei blonde Mädchen zu einer Reise nach Venedig eingeladen und bei einem Maler ihre Porträts in Tempera und Lebensgröße bestellt. Nun kam eine heitere Ruhe über mich, und leise singend wanderte ich durch die Gassen, in denen Schnee und Regen im Winde trieb, nach einem berühmten Weinkeller, um mich nun zu pflegen und bei einer guten Flasche auf neue Abenteuer zu warten. Auch hoffte ich, dort meinen Gefährten anzutreffen.

Im Sebastianskeller war ein prächtiges Leben. Alle Tische waren besetzt, zumeist von Masken. Es ging nicht so toll und schreiend her wie in den großen, modernen Biersälen, aber es waren die eigentlichen Genießer da. Denn nicht nur gab das vom Maskenleben erfüllte niedere Gewölbe des alten Kellers ein erfreuliches Bild, sondern es wurden dort auch nur gute, solide Weine ausgeschenkt. Und ich war nun der geschwefelten Faßweine und geschmierten Flaschenweine satt. — Ein Faunsgesicht mit Denkerfalten und Kinderaugen glänzte weinselig am hintern Tisch. Das war ein Bildhauer, ein herzenslieber Mensch, und ich nahm die Maske ab und setzte mich zu ihm. Wir schüttelten einander die Hände und spielten das Fingerstreckspiel um eine Flasche Bocksbeutel. Dann saßen wir bei dem kühlen, reinen, milden Wein, unter allerlei fröhlich buntscheckigem Volk, sangen viele von den ringsum angestimmten Liedern mit und trieben gedankenlos auf der breiten, flutenden Woge der allgemeinen Lustbarkeit dahin. Ich hatte seit Monaten nicht mehr gezecht und manchmal ein philisterhaft trübes Gefühl gehabt, als sei mir die rechte Freude am Trinken mit all den anderen Ju-

gend- und Junggesellenkünsten allmählich abhanden gekommen und fremd geworden. Nun fühlte ich mich im sanften Becherschwung wie ehemals vom Erdgeist kühl und gut umarmt, und aus hundert verschollenen Jugendnächten her klang mir Gesang und Gläsergeläute und heiliger Taumel herauf. Langsam entglitt mir das drückend stetige Gefühl der Gegenwart, und ich lebte nicht mehr im Heute, sondern im Ewigen und Niegewesenen, in allen Augenblicken meines Lebens. Ich saß mit Freunden am Tübinger Neckar unter den Linden der Allee, mit anderen Freunden in den liebgewordenen Kneipen von München, Zürich, Stuttgart, Basel, Bern. Ich lag auf der Wandbank einer Kellertrattoria in Florenz und in der winzigen Trinkzelle von Giacomuzzi in Venedig beim gelben Zyperwein.

Mein Nachbar, der Bildhauer, war freilich ein wundervoller Zechkamerad. Ihm schlug der Wein in die Knie, und er hätte längst nicht mehr zu gehen vermocht, aber er saß aufrecht und schlank, und sein rotblonder Kopf, halb Kind, halb Faun, lachte mit klaren Augen in die närrische Welt.

Männer nickten uns zu, und Frauen und Jünglinge; sie gingen im lauen Gewölk vorüber, waren froh und riefen uns fröhliche Dinge zu, die wir fröhlich erwiderten. Ein Gymnasiast trug uns ein Gedicht vor, und ich schenkte ihm ein Glas Wein dafür. Ein bleicher Mensch saß da und trank Mineralwasser, und wir hänselten ihn und lachten ihn aus. Dazwischen schwiegen wir lang und kosteten ohne Gedanken das wunderbare Gefühl, fern von der sorgenvollen Welt auf einer schwebenden Wolkeninsel dahinzufahren.

Und einmal, als ich aufblickte, sah ich am anderen Ende unseres Tisches eine junge Frau mit einem roten Hut sitzen. Ich weiß nicht, ob sie schon lange da war und ich sie übersehen hatte, oder ob sie erst so spät hier Platz gefunden, oder ob sie vorher anders ausgesehen und erst jetzt diese Züge angenommen hatte. Sie saß neben ihrem eleganten Mann, der heftig mit anderen redete, und sie schaute gleichmütig um sich in das Treiben der Masken, Redner, Sänger und Trinker. Und sie war einem Mädchen, um das ich in schönen, bangen Jugendjahren viel Leid gelitten hatte, ähnlich wie eine Schwester. Ein kleines Gesicht mit fast knabenhaften Formen, bräunlich bleich, und ein sehr schlanker Hals, schmale Schultern und lange, zarte Hände.

Als ihr Blick mich zufällig traf, nickte ich ihr zu und hob mein Glas, um ihr zuzutrinken. Sie lachte und stieß mit mir an. Ich schwieg aber und wollte kein Gespräch mit ihr anfangen, sie war ja nur ein Bild für mich. Und ich sah sie an, wie sie lachte und wie sie den kecken Bubenkopf so aufrecht und wehrhaft auf dem schmalen Halse trug, und hinter ihr stieg mir die Landschaft von Erlenhof auf: hohe Parkbäume in satten Wiesen, grüne Bergzüge und glühende Sommerhimmel. Und ich ward noch einmal Jüngling. Ich litt noch einmal köstliche Sehnsucht und wundervolle Leiden beim Anblick einer schönen, heiß begehrten, unerreichbaren Frau. Ich glaubte noch einmal an die Ewigkeit der Liebe und träumte noch einmal von jenem tiefen, seligen, völligen Hingeben und Einswerden und Zusammengehören, von dem jeder Jüngling träumt, und das noch niemand erlebt hat. Ich wußte nicht mehr, daß jenes Mädchen mit dem kecken, fast knabenhaften Gesicht nicht gut gewesen war, daß sie mich ohne Worte belogen und auf eine unedle Art mit mir gespielt hatte. Das alles war nicht gewesen; ich sah wieder in ihr kluges Gesicht und liebte sie wieder, und ich tat es mit derselben herzlichen, wortlosen, redlichen Liebe von damals.

Es ging schon gegen vier Uhr. Ich sah, daß die Frau mit ihrem eleganten, jetzt stumm und verdrießlich gewordenen Manne zum Aufbruch rüstete, und ich spürte, daß ich von diesem Fest nun das Innigste und Beste genossen habe und daß es Zeit sei, ein Ende zu machen. Schnell bezahlte ich meinen Wein, ohne über die hohe Zeche zu erschrecken, ließ den Domino zurück und trat noch vor der Fremden auf die Straße hinaus. Da blies ein kühler, lärmender Sturm und trieb dünne, schnell schmelzende Schneeschleier über die Stadt.

Meinen Wandergenossen hatte ich nicht wieder gesehen, und da ich nicht wußte, wo ich hätte schlafen sollen, knöpfte ich den Mantel zu und marschierte zum Markt-brunnen, Münsterplatz und Tor vorüber allein zur Stadt hinaus, in der die letzten, aus-gelassen lustigen Festklänge des Kehraus allmählich entschliefen. Bald konnte ich beim Zurückschauen nur noch den schwarzen Münsterturm sehen, und bald auch den nicht mehr; mit den Tönen des Windes vermischte sich das laute Strömen des nächtlichen Rheins, und schon nach einer Stunde raschen Wanderns schien es mir, als läge der gan-ze Lärm dieser verjubelten Nacht Tage und Wochen weit zurück. Nur das bräunlich blasse, junge Frauengesicht und das tiefe, leise Klingen eines alten Jugend- und Liebes-liedes verließen mich nicht und blieben bei mir, bis ich in der kühlen Morgenhelle, von frisch beschneiten Hügeln aus, durch die beweglichen Risse verstürmter Wolkenzüge die blassen Gipfel der Appenzeller Alpen schimmern sah.   *(1906)*

Wanderschaft

Im Walde blüht der Seidelbast,
Im Graben lieg noch Schnee;
Daß du mir heut geschrieben hast,
Das Brieflein tat mir weh.

Jetzt schneid ich einen Stab im Holz,
Ich weiß ein ander Land,
Da sind die Jungfern nicht so stolz
Der Liebe abgewandt.

Im Walde blüht der Seidelbast,
Kein Brieflein tut mir weh,
Und was du mir geschrieben hast,
Schwimmt draußen auf dem See,
Schwimmt draußen auf dem Bodensee,
Ja draußen auf dem See.

Mein Seidelbastgedicht ist in Gaienhofen geschrieben. Dort ist, gegen Radolfzell hin, nahe dem Dorf Iznang, wo [Franz] Mesmer geboren ist, ein Stück sumpfiger Wald am See, wo es oft schon im Februar voll von Schneeglöckchen war, und wo ich immer auch den ersten Seidelbast fand, ich rieche ihn noch, so scharfsüß und lila im kahlen Gehölz.

(Aus einem Brief vom 30. 4. 1932 an Otto Hartmann)

Seit langer Zeit hatte ich kein so reines Wanderglück mehr genossen, und als all-mählich unser Gespräch langsam wurde und schließlich aufhörte, besuchte mich unge-rufen eine Erinnerung aus frühen Kinderzeiten. Damals, als kleiner Knabe, besaß ich ein Bilderbuch, darin waren Berge und Ströme, Ährenfelder und Alpenwiesen abgebil-det und ihre Farben waren so frisch und satt und herrlich, daß ich daran zweifelte, ob irgendwo auf Erden wirklich so lachend schöne Gegenden zu finden wären. Und lange Zeit hielt ich mein Bilderbuch allen Ernstes für schöner als jede Wirklichkeit. Bis ein-mal an einem föhnblauen, warmen Frühlingstage mein Vater mich auf einem Ausflug mitnahm. An jenem Tage geschah es, daß mir die Augen aufgingen, ich sah Berge und Wald verklärter und prächtiger als auf den schönsten Bildern und faßte zum erstenmal eine erstaunte, zärtliche Liebe zur Erde, die mir erst in späteren Jahren wiederkehrte und mich seither oft und oft mit unwiderstehlichem Wanderheimweh ergriffen hat.

So ging es mir heute wieder. In manchen trüben Zeiten war mir das wahre Schauen abhanden gekommen, ich hatte sogar manchmal ein skeptisches Gefühl, als hätte ich in meinen eigenen Aufzeichnungen und Wandererinnerungen zu flott gemalt und allzu viel Wesens von der Schönheit der Erde gemacht. Und nun schritt ich wieder freudig ergriffen über Gras und Gestein und hatte wieder die Empfindung eines edleren, er-höhten Lebens und sah wieder jeden Tannenschatten und jede ferne Alp mit jener zärtlich-frohen Liebe an, die mir eine Zeitlang beinahe verloren gegangen war.

Indessen hatten wir die Höhe des Gäbris erreicht. Der nahe Säntis stand mit bläuli-chen Schatten uns gegenüber, weiter jenseits des Rheintales die Tiroler und Graubün-dener Berge und das Vorarlberg. Mit Befriedigung sahen wir die ganze Gegend um unseren Wohnort her in trübem Dunst verborgen, während wir, in die Bergklarheit entronnen, schleierlose Fernen sahen und Sonnenlüfte atmeten. Vom Bodensee sahen wir nur dann und wann einen schmalen Streifen durch Nebelwolken blinken, nach allen anderen Seiten aber war die Weite hell.

Obwohl es ein Werktag und schon spät im Herbst war, blieben wir auf unserem Berge keineswegs einsam. Die Appenzeller sind gute Fußgänger und haben Freude an ihrem Land, und wenn ein sonniger Herbsttag leuchtet, machen sie sich kein Gewissen daraus, ein paar Stunden an einen Ausflug zu wenden. Wir trafen Alte und Junge, darunter ein wohl siebzigjähriges Ehepaar und eine Menge von Kindern, denn es wa-ren Schulferien. Buben und Mädchen aus Gais, aus Heiden, aus Bühler und aus Appen-zell liefen barfuß und unermüdlich von einer Matte und einer Höhe zur anderen, eine kleine Schar schloß sich uns an und begleitete uns plaudernd wohl zwei Stunden weit, wobei sie uns Berge, Täler und Städte der Ferne mit Namen nannten und unter ande-rem ausführlich und lebhaft die Geschichte der Schlacht von Stooß erzählten.

Mit dem einbrechenden Abend schritten wir durch das wohlhabende, schön ge-baute Gais und erreichten noch vor Nacht die Stadt Appenzell, deren hübsche Gassen mit dem prächtigen alten Schloß und dem stattlichen Rathause mich wieder vertraut und wohlig anmuteten.

einmal entdecken und dann bald ihren Namen als Marke in den Warenhäusern antreffen. Überall spürte ich ihn und spürte den Hauch einer andern Zeit und Welt.

Aber genug von Jean Paul und Siebenkäs, das ist eigentlich viel zu gut, um jedermann davon zu erzählen. Ich vergaß ihn selbst denn auch bald wieder, da das anmutige Städtchen und der sonnig farbige Herbsttag mich mit lockender Gegenwart umgab. Aus dem Städtchen Vaduz aber führte unser Weg uns mitten in ein Märchen hinein.

Unsre Mittagsrast hielten wir in der Nähe des alten Schlosses im Wald, vielmehr am Rande des Waldes. Das alte Schloß ist kein Schloß mehr, und ein neues Herrenhaus steht oberhalb in den Wäldern. Wir dachten es uns schön, wenn so ein leerstehendes

Herrenhaus einmal für eine Weile ein paar Dichtern oder Musikern oder Malern eingeräumt würde, fanden es aber im Grunde doch richtiger, daß in den Schlössern die Herren oder ihre Beamten und Kastellane hausen, und daß die Dichter und Spielleute daran vorübergehen, mit Fransen an den Hosen, und den Anblick durch ihre Seele spielen lassen, statt selber drin zu sitzen und das Heimweh der Heimatlosen zu verlieren. Dennoch nahmen wir wenigstens für ein paar Stunden mit Vergnügen vom Park und Walde Besitz. Wir waren in den weiten Waldungen anscheinend ganz allein und lagen rastend in Hemdärmeln auf dem weichen Rasen, dem Wolkenflug in der Höhe und den Elstern zuschauend, den letzten Tag einer schönen Wanderung genießend. Im alten Schloß waren Arbeiter, es hallte von dort hie und da ein Hammerschlag herüber, es schien friedlich zuzugehen bei dieser Arbeit, es pressierte ja nicht, das Schloß würde noch weitere Jahrhunderte stehen. Sonst war alles sehr still, nur der Wald rauschte leise und ließ rote und gelbe Blätter langsam durch die blauen Lüfte schwimmen.

Weiter waldeinwärts fanden wir abseits der Straße unter hohen alten Tannen einen großen dunkelgrünen Weiher liegen, in einer golden geheimnisvollen Dämmerung. Wasserpflanzen und Tannennadeln schwammen behutsam auf der stillen, dunklen Fläche, drehten sich langsam und traumhaft und schienen doch regungslos. Wenn man eine Weile in das Wasser sah, wurde es ungewiß, wo Wirklichkeit, wo Spiegelbild beginne und ende, und rings um den beschatteten Waldsee lag eine Luft von Unwirklichkeit und Fremde. Und wenn einer der seltenen Hammerschläge vom Schloß her wieder verhallt war, lag die Stille hier so tief und vollkommen dicht über dem Wasser. Wir legten uns am Ufer nieder, dessen altes Mauerwerk sich moosig im Wasser spiegelte, und fanden den Ort verwunschen, schön und einsam genug, um eine Stunde da zu bleiben und auf ein Märchen zu warten. Und das Märchen kam bald. Es war schon da. Wir brauchten nur eine Weile zu ruhen, unsere Augen an diese verhüllte schattige Welt zu gewöhnen und dann zu schauen.

Es begann damit, daß ein paar winzige, junge Goldfischchen erschienen und an der Oberfläche des Weihers spielten. Mit Goldschrift schrieben sie schnell bewegte, schnell erlöschende Ornamente in das grüne Dunkel und verschwanden, um bald mit anderen wiederzukommen. Wir blieben regungslos, um sie nicht zu erschrecken, und es wurden bald mehr und mehrere, schließlich schwärmten und schwänzten die kleinen rotgoldenen Fische zu Hunderten an uns vorüber. Sie flitterten weg wie Sternschnuppen, wie verglühende Raketenreste eines Feuerwerks, aber immer kamen neue und neue aus der grünen, glasigen Tiefe herauf. Plötzlich schwammen sie alle einmütig davon und waren weg, der Spiegel blieb leer; nun aber erschien ein großer alter Goldfisch und noch einer, und fünf und zehn, und am Ende war es ein großer feierlicher Zug, der zwischen den Wasserpflanzen und den Spiegelbildern der überhängenden Tannenkronen langsam und glänzend hin und wider schwamm. Es waren schwere, alte, ehrwürdige Tiere, mit trägen, würdigen Bewegungen, mit bleichen Bärten, mit blassen, gespenstig fahlen Leibern, an denen nur da und dort noch ein Glimmerchen Gold verblieben war. Die bleiche, schwach goldglänzende Prozession ging durch das unbewegte Wasser wie ein Traum.

Wir haben es versäumt, die Sehenswürdigkeiten der Gegend aufzusuchen. Wir haben das Innere des alten Schlosses, die Aussicht von der Berghöhe, die Neubauten und Anlagen alle nicht gesehen. Wir brachten unsere Vaduzer Stunden damit zu, die großen Goldfische zu betrachten — vielleicht hatte schon der Bibliothekar Leibgeber sie gefüttert — und den König mit dem Krönlein zu entdecken und uns darüber zu besinnen, welcherlei Festlichkeit oder Trauerzug diese lautlose Prozession bedeute. *(1906)*

Hier war in letzter Zeit der See großenteils gefroren, und wir sind viel Schlittschuh gelaufen. Jetzt bläst wieder ein Föhn, es tropft vom Dach, und die Öfen wollen nicht ziehen.

Finckh hat neulich Hochzeit gehabt und ist noch im Schwarzwald. Zu seinen Tieren (zwei Esel, zwei Bernhardiner, Katze, Forellen) sollen jetzt noch Hühner, Enten und eine Geiß kommen.

Über das Blatt mit Olafs [1] Zeichnungen lachen wir viel.

Neulich, als es noch Eis gab, bauten wir ein Segel und fuhren damit in einem Davoser [2] auf dem See, mit Eisenbahngeschwindigkeit und vielen Katastrophen. In solchen Sachen ist unser Freund Bucherer [3] erfinderisch und gut zu brauchen. Jetzt sind wir mit einem großen Denkmal-Schneemann für Finckhs [4] Rückkehr beschäftigt.

(Aus einem Brief Hesses an Ludwig Thoma vom 30. 1. 1907)

1 Olaf Gulbransson (1873–1958) norwegischer Maler und Karikaturist, seit 1902 Mitarbeiter und Illustrator des »Simplicissimus«, München; mit Hesse befreundet.
2 Schlitten.
3 Max Bucherer (1885–1974) Maler, Radierer und Lithograph; seit 1903 mit Hesse befreundet. Von 1905–1906 in Gaienhofen als Kunsterzieher am dortigen Internat.
4 Ludwig Finckh (1876–1964) Arzt und Schriftsteller, Jugendfreund Hesses seit 1897. 1905 folgte er Hesse nach Gaienhofen, wo er bis ins hohe Alter gelebt hat.

Sie leben jetzt auf der schönen Insel im See.

Einst bin ich hundert Mal an ihr vorbeigefahren, von Gaienhofen nach Konstanz und zurück, doch habe ich diese Gegend seit Jahrzehnten nicht mehr gesehen. Einmal, vor wohl 50 Jahren, habe ich im Winter [1906/07] an einem frischen hellen Morgen als erster den frisch gefrorenen See beschritten und auf die blanke Spiegelfläche als erster die Spur meiner Schlittschuhe geschrieben. Das Eis war so hell, daß man unten jeden Fisch sehen konnte. *(Aus einem Brief Hesses an Ellen Delp vom März 1958)*

Die von E. R. Weiss ausgestatteten Erstausgaben einiger Bücher, die Hesse in Gaienhofen geschrieben hat

Lindenblüte

Jetzt blühen wahrhaftig schon die Linden wieder, und am Abend, wenn es zu dunkeln beginnt und wenn die schwere Arbeit getan ist, kommen die Frauen und die Mädchen daher, steigen an der Leiter in die Äste hinauf und pflücken sich ein Körblein voll Lindenblüten. Davon machen sie späterhin, wenn jemand krank wird und Nöte hat, einen heilsamen Tee. Sie haben recht; warum soll die Wärme, die Sonne, die Freude und der Duft dieser wundersamen Jahreszeit so ungenützt vergehen? Warum soll nicht in Blüten oder sonstwo etwas davon verdichtet und greifbar hängenbleiben, daß wir es holen, heimtragen und später einmal in kalten und bösen Zeiten einen Trost daran haben können?

Wenn man nur von allem Schönen so einen Beutel voll aufbewahren und für bedürftige Zeiten aufsparen könnte! Freilich, es wären doch nur künstliche Blumen mit künstlichem Duft. Alle Tage rauscht die Fülle der Welt an uns vorüber; alle Tage blühen Blumen, strahlt das Licht, lacht die Freude. Manchmal trinken wir uns daran dankbar satt, manchmal sind wir müde und verdrießlich und mögen nichts davon wissen; immer aber umgibt uns ein Überfluß des Schönen. Das ist das Herrliche an jeder Freude, daß sie unverdient kommt und niemals käuflich ist; sie ist frei und ein Gottesgeschenk für jedermann, wie der wehende Duft der Lindenblüte. Die Frauen, die emsig in den Ästen hocken und einsammeln, die haben hernach einen Tee für Atemnot und Fieber, aber das Beste und wahrhaft Feine davon haben sie nicht. Das haben nicht einmal die sommerabendlichen, lustwandelnden Liebespaare in ihrer süßen, dumpfen Trunkenheit; aber der Wanderer hat es, der vorübergeht und tiefer atmet. Der Wanderer hat das Beste und Zarteste von allen Genüssen, weil er neben dem Schmecken auch noch das Wissen von der Flüchtigkeit aller Freude hat. Ihn kümmert es wenig, daß er nicht an jedem Brunnen trinken kann, und der Überfluß ist ihm gewohnt; dafür schaut er auch dem Verlorenen nicht lange nach und begehrt nicht an jedem Orte, wo es einmal gut sein war, gleich Wurzeln zu schlagen. Es gibt solche Lustreisende, die gehen Jahr für Jahr an denselben Ort, und es gibt viele, die können von keinem schönen Anblick Abschied nehmen, ohne daß sie beschließen, recht bald wieder herzukommen. Das mögen gute Leute sein, aber gute Wanderer sind sie nicht. Sie haben etwas von der dumpfen Trunkenheit der Liebesleute und etwas von dem sorglichen Sammlersinn der Lindenblütenpflückerinnen. Aber den Wandersinn haben sie nicht, den stillen, ernst-fröhlichen, immer abschiednehmenden.

Hier ist gestern einer durchgewandert, ein reisender Handwerksbursche, der grüßte in seiner Bettlerfreiheit die Sammler und Bewohner auf eine spöttische Art. Er nahm an der großen Linde, die voller Weibsleute war, die Leiter weg und ging davon, und obwohl ich selber den Frauen die Leiter wieder hingetragen und ihr Schmähen besänftigt habe, hat der Streich mich doch gefreut.

Oh, ihr Wanderburschen, ihr fröhlichen Leichtfüße, jedem von euch, auch wenn ich ihm einen Fünfer geschenkt habe, sehe ich wie einem König nach, mit Hochachtung,

Taedium vitae

Erster Abend

Es ist Anfang Dezember. Der Winter zögert noch. Stürme heulen und seit Tagen fällt ein dünner, hastiger Regen, der sich manchmal, wenn es ihm selber zu langweilig wird, für eine Stunde in nassen Schnee verwandelt. Die Straßen sind ungangbar, der Tag dauert nur sechs Stunden.

Mein Haus steht allein im freien Felde, umgeben vom heulenden Westwind, von Regendämmerung und Geplätscher, von dem braunen, triefenden Garten und schwimmenden bodenlos gewordenen Feldwegen, die nirgendshin führen. Es kommt niemand, es geht niemand, die Welt ist irgendwo in der Ferne untergegangen. Es ist alles, wie ich mir's oft gewünscht habe — Einsamkeit, vollkommene Stille, keine Menschen, keine Tiere, nur ich allein in einem Studierzimmer, in dessen Kamin der Sturm jammert und an dessen Fensterscheiben Regen klatscht.

Die Tage vergehen so: Ich stehe spät auf, trinke Milch, besorge den Ofen. Dann sitze ich im Studierzimmer, zwischen dreitausend Büchern, von denen ich zwei abwechselnd lese. Das eine ist die »Geheimlehre« der Frau Blavatsky, ein schauerliches Werk. Das andere ist ein Roman von Balzac. Manchesmal stehe ich auf, um ein paar Zigarren aus der Schublade zu holen, zweimal um zu essen. Die »Geheimlehre« wird immer dicker, sie wird nie ein Ende nehmen und mich ins Grab begleiten. Der Balzac wird immer dünner, er schwindet täglich, obwohl ich nicht viel Zeit an ihn wende.

Wenn mir die Augen wehtun, setze ich mich in den Lehnstuhl und schaue zu, wie die dürftige Tageshelle an den bücherbedeckten Wänden hinstirbt und versiegt. Oder ich stelle mich vor die Wände und schaue die Bücherrücken an. Sie sind meine Freunde, sie sind mir geblieben, sie werden mich überleben; und wenn auch mein Interesse für sie im Schwinden begriffen ist, muß ich mich doch an sie halten, da ich nichts anderes habe. Ich schaue sie an, diese stummen, zwangsweise treu gebliebenen Freunde, und denke an ihre Geschichten. Da ist ein griechischer Prachtband, in Leyden gedruckt, irgendein Philosoph. Ich kann ihn nicht lesen, ich kann schon lang kein Griechisch mehr. Ich kaufte ihn in Venedig weil er billig war und weil der Antiquar ganz überzeugt war, ich lese Griechisch geläufig. So kaufte ich ihn, aus Verlegenheit, und schleppte ihn in der Welt herum, in Koffern und Kisten, sorgfältig eingepackt und ausgepackt, bis hierher, wo ich nun festsitze und wo auch er seinen Stand und seine Ruhe gefunden hat.

So vergeht der Tag, und der Abend vergeht bei Lampenlicht, Büchern, Zigarren, bis gegen zehn Uhr. Dann steige ich im kalten Nebenzimmer ins Bett, ohne zu wissen warum, denn ich kann wenig schlafen. Ich sehe das Fensterviereck, den weißen Waschtisch, ein weißes Bild überm Bett in der Nachtblässe schwimmen, ich höre den Sturm im Dach poltern und an den Fenstern zittern, höre das Stöhnen der Bäume, das Fallen des gepeitschten Regens, meinen Atem, meinen leisen Herzschlag. Ich mache die Augen auf, ich mache sie wieder zu; ich versuche an meine Lektüre zu denken, doch gelingt es mir nicht. Statt dessen denke ich an andere Nächte, an zehn, an zwanzig

Hermann Hesse in München, um 1907

ich auch von ihnen liebenswürdig geduldet, ja als zugereister Gast vom Lande freundlich ermuntert, so daß ich meine Schüchternheit ablegte und auch mit ihnen ganz brüderlich ins Reden kam. Daneben warf ich neugierige Blicke auf die jungen Damen.

Unter ihnen entdeckte ich nun eine ganz junge, vielleicht neunzehn Jahre alt, mit hellblonden, kinderhaften Haaren und einem blauäugigen, schmalen Märchengesicht. Sie trug ein helles Kleid mit blauen Besätzen und saß horchend und zufrieden auf ihrem Sessel. Ich sah sie kaum, da ging auch schon ihr Stern mir auf, daß ich ihre feine Gestalt und innige, unschuldige Schönheit im Herzen begriff und die Melodie erfühlte, in welche eingehüllt sie sich bewegte. Eine stille Freude und Rührung machte meinen Herzschlag leicht und schnell, und ich hätte sie gerne angeredet, doch wußte ich nichts Stichhaltiges zu sagen. Sie selber sprach wenig, lächelte nur, nickte und sang kurze Antworten mit einer leichten, hold schwebenden Stimme. Über ihr dünnes Handgelenk fiel eine Manschette aus Spitzen, daraus die Hand mit den zarten Fingern kindlich und beseelt hervorschaute. Ihr Fuß, den sie spielend schaukelte, war mit einem feinen, hohen Stiefel aus braunem Leder bekleidet, und seine Form und Größe stand, wie auch die ihrer Hände, in einem richtigen, wohlgefälligen Verhältnis zu der ganzen Gestalt.

»Ach du!« dachte ich mir und sah sie an, »du Kind, du schöner Vogel du! Wohl mir, daß ich dich in deinem Frühling sehen darf.«

Es waren noch andere Frauen da, glänzendere und verheißungsvolle in reifer Pracht, und kluge mit durchdringenden Augen, doch hatte keine einen solchen Duft und keine war so von sanfter Musik umflossen. Sie sprachen und lachten und führten Krieg mit Blicken aus Augen aller Farben. Sie zogen auch mich gütig und neckend ins Gespräch und erwiesen mir Freundlichkeit, doch gab ich nur wie im Schlummer Antwort und blieb mit dem Gemüt bei der Blonden, um ihr Bild in mich zu fassen und die Blüte ihres Wesens nicht aus der Seele zu verlieren.

Ohne daß ich darauf achtete, wurde es spät, und plötzlich waren alle aufgestanden und unruhig geworden, gingen hin und her und nahmen Abschied. Da erhob auch ich mich schnell und tat dasselbe. Draußen zogen wir Mäntel und Kragen an und ich hörte einen von den Malern zu der Schönen sagen: »Darf ich Sie begleiten?« Und sie sagte: »Ja, aber das ist ein großer Umweg für Sie. Ich kann ja auch einen Wagen nehmen.«

Da trat ich rasch hinzu und sagte: »Lassen Sie mich mitgehen, ich habe den gleichen Weg.«

Sie lächelte und sagte: »Gut, danke schön.« Und der Maler grüßte höflich, sah mich verwundert an und ging davon.

Nun schritt ich neben der lieben Gestalt die nächtliche Straße hinab. An einer Ecke stand eine späte Droschke und schaute uns aus müden Laternen an. Sie sagte: »Soll ich nicht lieber die Droschke nehmen? Es ist eine halbe Stunde weit.« Ich bat sie jedoch, es nicht zu tun. Nun fragte sie plötzlich: »Woher wissen Sie denn, wo ich wohne?«

»Oh, das ist ja gleichgültig. Übrigens weiß ich es gar nicht.«

»Sie sagten doch, Sie hätten den gleichen Weg?«

»Ja, den habe ich. Ich wäre ohnehin noch eine halbe Stunde spazieren gegangen.«

Wir schauten an den Himmel, der war klar geworden und stand voll von Sternen, und durch die weiten, stillen Straßen strich ein frischer, kühler Wind.

Anfangs war ich in Verlegenheit, da ich durchaus nichts mit ihr zu reden wußte. Sie schritt jedoch frei und unbefangen dahin, atmete die reine Nachtluft mit Behagen und tat nur hie und da, wie es ihr einfiel, einen Ausruf oder eine Frage, auf die ich pünktlich Antwort gab. Da wurde auch ich wieder frei und zufrieden und es ergab sich im Takt unserer Schritte ein ruhiges Plaudern, von dem ich heute kein Wort mehr weiß.

Wohl aber weiß ich noch, wie ihre Stimme klang; sie klang rein, vogelleicht und dennoch warm, und ihr Lachen ruhig und fest. Ihr Schritt nahm meinen gleichmäßig mit, ich bin nie so froh und schwebend gegangen, und die schlafende Stadt mit Palästen, Toren, Gärten und Denkmälern glitt still und schattenhaft an uns vorüber.

Es begegnete uns ein alter Mann in schlechten Kleidern, der nicht mehr gut zu Fuße war. Er wollte uns ausweichen, doch nahmen wir das nicht an, sondern machten ihm zu beiden Seiten Platz, und er drehte sich langsam um und blickte uns nach. »Ja, schau du nur!« sagte ich, und das blonde Mädchen lachte vergnügt.

Von hohen Türmen schollen Stundenschläge, flogen klar und frohlockend im frischen Winterwind über die Stadt und vermischten sich fern in den Lüften zu einem verhallenden Brausen. Ein Wagen fuhr über einen Platz, die Hufschläge tönten klappernd auf dem Pflaster, die Räder aber hörte man nicht, sie liefen auf Gummireifen.

Neben mir schritt heiter und frisch die schöne junge Gestalt, die Musik ihres Wesens umschloß auch mich, mein Herz schlug denselben Takt wie ihres, meine Augen sahen alles, was ihre Augen sahen. Sie kannte mich nicht und ich wußte ihren Namen nicht, aber wir waren beide sorgenlos und jung, wir waren Kameraden wie zwei Sterne und wie zwei Wolken, die denselben Weg ziehen, dieselbe Luft atmen und sich ohne Worte wunschlos wohl fühlen. Mein Herz war wieder neunzehn Jahre alt und unversehrt.

Mir schien, wir beide müßten ohne Ziel und unermüdet weiter wandern. Mir schien, wir gingen schon unausdenklich lange nebeneinander, und es könnte nie ein Ende nehmen. Die Zeit war ausgelöscht, ob auch die Uhren schlugen.

Da aber blieb sie unvermutet stehen, lächelte, gab mir die Hand und verschwand in einem Haustor.

Zweiter Abend

Ich habe den halben Tag gelesen und meine Augen schmerzen, ohne daß ich weiß, warum ich sie eigentlich so anstrenge. Aber auf irgendeine Art muß ich die Zeit doch hinbringen. Jetzt ist es wieder Abend, und indem ich überlese, was ich gestern schrieb, richtet sich jene vergangene Zeit wieder auf, blaß und entrückt, aber doch erkennbar. Ich sehe Tage und Wochen, Ereignisse und Wünsche, Gedachtes und Erlebtes schön verknüpft und in sinnvoller Folge aneinander gereiht, ein richtiges Leben mit Kontinuität und Rhythmus, mit Interessen und Zielen, und mit der wunderbaren Berechtigung und Selbstverständlichkeit eines gewöhnlichen, gesunden Lebens, was alles mir seither so völlig abhanden gekommen ist.

Also ich war, am Tag nach jenem schönen Abendgang mit dem fremden Mädchen, abgereist und in meine Heimat gefahren. Ich saß fast ganz allein im Wagen und freute mich über den guten Schnellzug und über die fernen Alpen, die eine Zeitlang klar und glänzend zu sehen waren. In Kempten aß ich am Büfett eine Wurst und unterhielt mich mit dem Schaffner, dem ich eine Zigarre kaufte. Später wurde das Wetter trüb, und den Bodensee sah ich grau und groß wie ein Meer im Nebel und leisem Schneegeriesel liegen.

Zu Hause in demselben Zimmer, in dem ich auch jetzt sitze, machte ich mir ein gutes Feuer in den Ofen und ging mit Eifer an meine Arbeit. Es kamen Briefe und Bücherpakete und gaben mir zu tun, und einmal in der Woche fuhr ich ins Städtchen hinüber, machte meine paar Einkäufe, trank ein Glas Wein und spielte eine Partie Billard.

Dabei merkte ich doch allmählich, daß die freudige Munterkeit und zufriedene Lebenslust, mit der ich noch kürzlich in München umhergegangen war, sich anschickte zur Neige zu gehen und durch irgendeinen kleinen, dummen Riß zu entrinnen, so daß ich langsam in einen minder hellen, träumerischen Zustand hineingeriet. Im Anfang dachte ich, es werde ein kleines Unwohlsein sich ausbrüten, darum fuhr ich in die Stadt und nahm ein Dampfbad, das jedoch nichts helfen wollte. Ich sah auch bald ein, daß dieses Übel nicht in den Knochen und im Blut steckte. Denn ich begann jetzt, ganz wider oder doch ohne meinen Willen, zu allen Stunden des Tages mit einer gewissen hartnäckigen Begierde an München zu denken, als ob ich in dieser angenehmen Stadt etwas Wesentliches verloren hätte. Und ganz allmählich nahm dieses Wesentliche für mein Bewußtsein Gestalt an, und es war die liebliche schlanke Gestalt der neunzehnjährigen Blonden. Ich merkte, daß ihr Bildnis und jener dankbar frohe abendliche Gang an ihrer Seite in mir nicht zur stillen Erinnerung, sondern zu einem Teil meiner selbst geworden war, der jetzt zu schmerzen und zu leiden anfing.

Es ging schon leis in den Frühling hinein, da war die Sache reif und brennend geworden und ließ sich auf keine Weise mehr unterschlagen. Ich wußte jetzt, daß ich das liebe Mädchen wiedersehen müsse, ehe an anderes zu denken war. Wenn alles stimmte, so durfte ich den Gedanken nicht scheuen, meinem stillen Leben Fahrwohl zu sagen und mein harmloses Schicksal mitten in den Strom zu lenken. War es auch bisher meine Absicht gewesen, meinen Weg allein als ein unbeteiligter Zuschauer zu gehen, so schien doch jetzt ein ernsthaftes Bedürfnis es anders zu wollen.

Darum überlegte ich mir alles Notwendige gewissenhaft und kam zu dem Schlusse, es sei mir durchaus möglich und erlaubt, mich einem jungen Mädchen anzutragen, falls es dazu kommen sollte. Ich war wenig über dreißig Jahre alt, auch gesund und gutartig, und besaß so viel Vermögen, daß eine Frau, wenn sie nicht zu sehr verwöhnt war, sich mir ohne Sorge anvertrauen konnte. Gegen Ende März fuhr ich denn wieder nach München, und diesmal hatte ich auf der langen Eisenbahnfahrt recht viel zu denken. Ich nahm mir vor, zunächst die nähere Bekanntschaft des Mädchens zu machen und hielt es nicht für völlig unmöglich, daß dann vielleicht mein Bedürfnis sich als minder heftig und überwindbar erweisen könnte. Vielleicht, meinte ich, werde das bloße Wiedersehen meinem Heimweh Genüge tun und das Gleichgewicht in mir sich dann von selber wieder herstellen.

Das war nun allerdings die törichte Annahme eines Unerfahrenen. Ich erinnere mich nun wieder wohl daran, mit wieviel Vergnügen und Schlauheit ich diese Reisegedanken spann, während ich im Herzen schon fröhlich war, da ich mich München und der Blonden nahe wußte.

Kaum hatte ich das vertraute Pflaster wieder betreten, so stellte sich auch ein Behagen ein, das ich wochenlang vermißt hatte. Es war nicht frei von Sehnsucht und verhüllter Unruhe, aber doch war mir längere Zeit nicht mehr so wohl gewesen. Wieder freute mich alles, was ich sah, und hatte einen wunderlichen Glanz, die bekannten

Dritter Abend

Es soll nun einmal erzählt sein, also weiter!

Ich hatte nun in München eine schöne Zeit. Meine Wohnung lag nicht weit vom Englischen Garten, den suchte ich jeden Morgen auf. Auch in die Bildersäle ging ich häufig, und wenn ich etwas besonders Herrliches sah, war es immer wie ein Zusammentreffen der äußeren Welt mit dem seligen Bilde, das ich in mir bewahrte.

Eines Abends trat ich in ein kleines Antiquariat, um mir etwas zum Lesen zu kaufen. Ich stöberte in staubigen Regalen und fand eine schöne, zierlich eingebundene Ausgabe des Herodot, die ich erwarb. Darüber kam ich mit dem Gehilfen, der mich bediente, in ein Gespräch. Es war ein auffallend freundlicher, still höflicher Mann mit einem bescheidenen, doch heimlich durchleuchteten Gesicht, und in seinem ganzen Wesen lag eine sanfte, friedliche Güte, die man sofort spürte und auch aus seinen Zügen und Gebärden lesen konnte. Er zeigte sich belesen, und da er mir so gut gefiel, kam ich mehrmals wieder, um etwas zu kaufen und mich eine Viertelstunde mit ihm zu unterhalten. Ohne daß er dergleichen gesagt hätte, hatte ich von ihm den Eindruck eines Mannes, der die Finsternis und Stürme des Lebens vergessen oder überwunden habe und ein friedvolles und gutes Leben führe.

Nachdem ich den Tag in der Stadt bei Freunden oder in Sammlungen hingebracht, saß ich abends vor dem Schlafengehen stets noch eine Stunde in meinem Mietzimmer, in die Wolldecke gehüllt, las im Herodot oder ließ meine Gedanken hinter dem schönen Mädchen her gehen, dessen Namen Maria ich nun auch erfahren hatte.

Beim nächsten Zusammentreffen mit ihr gelang es mir, sie etwas besser zu unterhalten, wir plauderten ganz vertraulich, und ich erfuhr manches über ihr Leben. Auch durfte ich sie nach Hause begleiten, und es war mir wie im Traum, daß ich wieder mit ihr denselben Weg durch die ruhigen Straßen ging. Ich sagte ihr, ich habe oft an jenen Heimweg gedacht und mir gewünscht, ihn noch einmal gehen zu dürfen. Sie lachte vergnügt und fragte mich ein wenig aus. Und schließlich, da ich noch am Bekennen war, sah ich sie an und sagte: »Ich bin nur Ihretwegen nach München gekommen, Fräulein Maria.«

Ich fürchtete sogleich, das möchte zu dreist gewesen sein, und wurde verlegen. Aber sie sagte nichts darauf und sah mich nur ruhig und ein wenig neugierig an. Nach einer Weile sagte sie dann: »Am Donnerstag gibt ein Kamerad von mir ein Atelierfest. Wollen Sie auch kommen? – Dann holen Sie mich um acht Uhr hier ab.«

Wir standen vor Ihrer Wohnung. Da dankte ich und nahm Abschied.

So war ich denn von Maria zu einem Fest eingeladen worden. Eine große Freudigkeit kam über mich. Ohne daß ich mir von diesem Feste allzuviel versprach, war es mir doch ein wunderlich süßer Gedanke, von ihr dazu aufgefordert zu sein und ihr etwas zu verdanken. Ich besann mich, wie ich ihr dafür danken könne, und beschloß, ihr am Donnerstag einen schönen Blumenstrauß mitzubringen.

In den drei Tagen, die ich noch warten mußte, fand ich die heiter zufriedene Stimmung nicht wieder, in der ich die letzte Zeit gewesen war. Seit ich ihr das gesagt hatte, daß ich ihretwegen hierher gereist sei, war meine Unbefangenheit und Ruhe verloren. Es war doch so gut wie ein Geständnis gewesen, und nun mußte ich immer denken, sie wisse um meinen Zustand und überlege sich vielleicht, was sie mir antworten solle. Ich brachte diese Tage meist auf Ausflügen außerhalb der Stadt zu, in den großen Parkanlagen von Nymphenburg und von Schleißheim oder im Isartal in den Wäldern.

Als der Donnerstag gekommen war und es Abend wurde, zog ich mich an, kaufte im Laden einen großen Strauß rote Rosen und fuhr damit in einer Droschke bei Maria vor. Sie kam sogleich herab, ich half ihr in den Wagen und gab ihr die Blumen, aber sie war aufgeregt und befangen, was ich trotz meiner eigenen Verlegenheit wohl bemerkte. Ich ließ sie denn auch in Ruhe, und es gefiel mir, sie so mädchenhaft vor einer Festlichkeit in Aufregung und Freudenfieber zu sehen. Bei der Fahrt im offenen Wagen durch die Stadt überkam auch mich allmählich eine große Freude, indem es mir scheinen wollte, als bekenne damit Maria, sei es auch nur für eine Stunde, sich zu einer Art von Freundschaft und Einverständnis mit mir. Es war mir ein festtägliches Ehrenamt, sie für diesen Abend unter meinem Schutz und meiner Begleitung zu haben, da es ihr hierzu doch gewiß nicht an anderen erbötigen Freunden gefehlt hätte.

Der Wagen hielt vor einem großen kahlen Miethause, dessen Flur und Hof wir durchschreiten mußten. Dann ging es im Hinterhause unendliche Treppen hinauf, bis uns im obersten Korridor ein Schwall von Licht und Stimmen entgegenbrach. Wir legten in einer Nebenstube ab, wo ein eisernes Bett und ein paar Kisten schon mit Mänteln und Hüten bedeckt waren, und traten dann in das Atelier, das hell erleuchtet und voll von Menschen war. Drei oder vier waren mir flüchtig bekannt, die andern samt dem Hausherrn aber alle fremd.

Diesem stellte mich Maria vor und sagte dazu: »Ein Freund von mir. Ich durfte ihn doch mitbringen?«

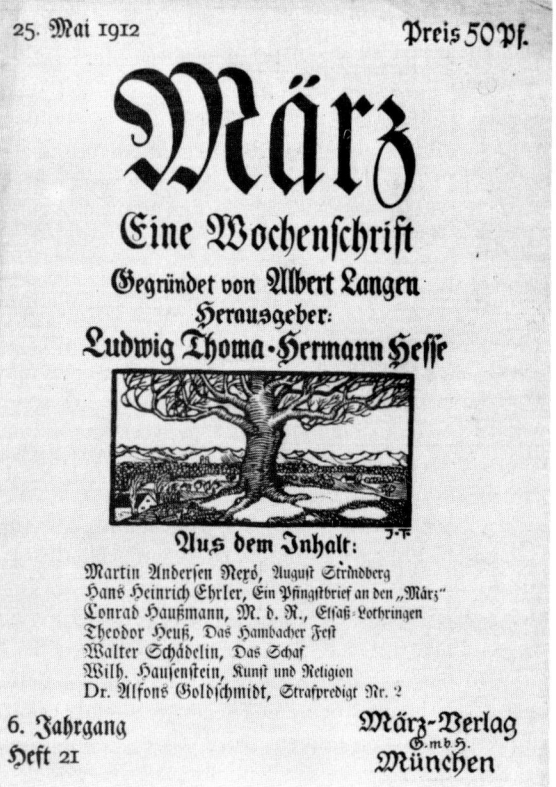

Das erschreckte mich ein wenig, da ich glaubte, sie habe mich angemeldet. Aber der Maler gab mir unbeirrt die Hand und sagte gleichmütig: »Ist schon recht.«

Es ging in dem Atelier recht lebhaft und freimütig zu. Jeder setzte sich, wo er Platz fand, und man saß nebeneinander, ohne sich zu kennen. Auch nahm sich jedermann nach Belieben von den kalten Speisen, die da und dort herumstanden, und vom Wein oder Bier, und während die einen erst ankamen oder ihr Abendbrot aßen, hatten andere schon die Zigarren angezündet, deren Rauch sich allerdings anfänglich in dem sehr hohen Raume leicht verlor.

Da niemand nach uns sah, versorgte ich Maria und dann auch mich mit einigem Essen, das wir ungestört an einem kleinen niederen Zeichentisch verzehrten, zusammen mit einem fröhlichen, rotbärtigen Manne, den wir beide nicht kannten, der uns aber munter und anfeuernd zunickte. Hie und da griff jemand von den später Gekommenen, für die es an Tischen fehlte, über unsre Schultern hinweg nach einem Schinkenbrot, und als die Vorräte zu Ende waren, klagten viele noch über Hunger, und zwei von den Gästen gingen aus, um noch etwas einzukaufen, wozu der eine von seinen Kameraden kleine Geldbeiträge erbat und erhielt.

Der Gastgeber sah diesem munteren und etwas lärmigen Wesen gleichmütig zu, aß stehend ein Butterbrot und ging mit diesem und einem Weinglas in den Händen plaudernd bei den Gästen hin und wider. Auch ich nahm an dem ungebundenen Treiben keinen Anstoß, doch wollte es mir im stillen leid tun, daß Maria sich hier anscheinend wohl und heimisch fühlte. Ich wußte ja, daß die jungen Künstler ihre Kollegen und zum Teil sehr achtenswerte Leute waren, und hatte keinerlei Recht, etwas anders zu wünschen. Dennoch war es mir ein leiser Schmerz und fast eine kleine Enttäuschung, zu sehen, wie sie diese immerhin robuste Geselligkeit befriedigt hinnahm. Ich blieb bald allein, da sie nach der kurzen Mahlzeit sich erhob und ihre Freunde begrüßte. Den beiden ersten stellte sie mich vor und suchte mich mit in ihre Unterhaltung zu ziehen, wobei ich freilich versagte. Dann stand sie bald da bald dort bei Bekannten, und da sie mich nicht zu vermissen schien, zog ich mich in einen Winkel zurück, lehnte mich an die Wand und schaute mir die lebhafte Gesellschaft in Ruhe an. Ich hatte nicht erwartet, daß Maria sich den ganzen Abend in meiner Nähe halten würde, und war damit zufrieden, sie zu sehen, etwa einmal mit ihr zu plaudern und sie dann wieder nach Hause zu begleiten. Trotzdem kam allmählich ein Mißbehagen über mich, und je munterer die anderen wurden, desto unnützer und fremder stand ich da, nur selten von jemand flüchtig angeredet.

Unter den Gästen bemerkte ich auch jenen Porträtmaler Zündel sowie jene schöne Frau mit den braunen Augen, die mir als gefährlich und etwas übel berufen bezeichnet worden war. Sie schien in diesem Kreise wohlbekannt und ward von den meisten mit einer gewissen lächelnden Vertrautheit, doch ihrer Schönheit wegen auch mit freimütiger Bewunderung betrachtet. Zündel war ebenfalls ein hübscher Mensch, groß und kräftig, mit scharfen dunklen Augen und von einer sicheren, stolzen und überlegenen Haltung wie ein verwöhnter und seines Eindrucks gewisser Mann. Ich betrachtete ihn mit Aufmerksamkeit, da ich von Natur für solche Männer ein merkwürdiges, mit Humor und auch mit etwas Neid vermischtes Interesse habe. Er versuchte, den Gastgeber wegen der mangelhaften Bewirtung aufzuziehen.

»Du hast ja nicht einmal genug Stühle«, meinte er geringschätzig. Aber der Hausherr blieb unangefochten. Er zuckte die Achseln und sagte: »Wenn ich mich einmal zum Porträtmalen hergeb', wird's bei mir schon auch fein werden.« Dann tadelte Zündel die Gläser: »Aus den Kübeln kann man doch keinen Wein trinken. Hast du nie gehört, daß zum Wein feine Gläser gehören?« Und der Gastgeber antwortete unverzagt: »Vielleicht verstehst du was von Gläsern, aber vom Wein verstehst du nichts. Mir ist alleweil ein feiner Wein lieber als ein feines Glas.«

Die schöne Frau hörte lächelnd zu, und ihr Gesicht sah merkwürdig zufrieden und selig aus, was kaum von diesen Witzen herrühren konnte. Ich sah denn auch bald, daß sie unterm Tischblatt ihre Hand tief in den linken Rockärmel des Malers gesteckt hielt, während sein Fuß leicht und nachlässig mit ihrem spielte. Doch schien er mehr höflich als zärtlich zu sein, sie aber hing mit einer unangenehmen Inbrunst an ihm, und ihr Anblick wurde mir bald unerträglich.

Übrigens machte sich nun auch Zündel von ihr los und stand auf. Es war jetzt ein starker Rauch im Atelier, auch Frauen und Mädchen rauchten Zigaretten, Gelächter und laute Gespräche klangen durcheinander, alles ging auf und ab, setzte sich auf Stühle, auf Kisten, auf den Kohlenbehälter, auf den Boden. Eine Pikkoloflöte wurde geblasen, und mitten in dem Getöse las ein leicht angetrunkener Jüngling einer lachenden Gruppe ein ernsthaftes Gedicht vor.

Ich beobachtete Zündel, der gemessen hin und wider ging und völlig ruhig und nüchtern blieb. Dazwischen sah ich immer wieder zu Maria hinüber, die mit zwei andern Mädchen auf einem Diwan saß und von jungen Herren unterhalten wurde, die mit Weingläsern in den Händen dabeistanden. Je länger die Lustbarkeit dauerte und je lauter sie wurde, desto mehr kam eine Trauer und Beklemmung über mich. Es schien mir, ich sei mit meinem Märchenkind an einen unreinen Ort geraten, und ich begann, darauf zu warten, daß sie mir winkte und fortzugehen begehre.

Der Maler Zündel stand jetzt abseits und hatte sich eine Zigarre angezündet. Er beschaute sich die Gesichter und blickte auch aufmerksam zu dem Diwan hin. Da hob Maria den Blick, ich sah es genau, und sah ihm eine kleine Weile in die Augen. Er lächelte, sie aber blickte ihn fest und gespannt an, und dann sah ich ihn ein Auge schließen und den Kopf fragend heben, sie aber leise nicken.

Da wurde mir schwül und dunkel im Herzen. Ich wußte ja nichts, und es konnte ein Scherz, ein Zufall, eine kaum gewollte Gebärde sein. Allein ich tröstete mich damit nicht. Ich hatte gesehen, es gab ein Einverständnis zwischen den beiden, die den ganzen Abend kein Wort miteinander gesprochen und sich fast auffallend voneinander fern gehalten hatten.

In jenem Augenblick fiel mein Glück und meine kindische Hoffnung zusammen, es blieb kein Hauch und kein Glanz davon übrig. Es blieb nicht einmal eine reine, herzliche Trauer, die ich gern getragen hätte, sondern nur eine Scham und Enttäuschung, ein widerwärtiger Geschmack und Ekel. Wenn ich Maria mit einem frohen Bräutigam oder Liebhaber gesehen hätte, so hätte ich ihn beneidet und mich doch gefreut. Nun aber war es ein Verführer und Weiberheld, dessen Fuß noch vor einer halben Stunde mit dem der braunäugigen Frau gespielt hatte.

Trotzdem raffte ich mich zusammen. Es konnte immer noch eine Täuschung sein, und ich mußte Maria Gelegenheit geben, meinen bösen Verdacht zu widerlegen.

Ich ging zu ihr und sah ihr betrübt in das frühlinghafte, liebe Gesicht. Und ich fragte: »Es wird spät, Fräulein Maria, darf ich Sie nicht heimbegleiten?«

Ach, da sah ich sie zum erstenmal unfrei und verstellt. Ihr Gesicht verlor den feinen Gotteshauch, und auch ihre Stimme klang verhüllt und unwahr. Sie lachte und sagte laut: »O verzeihen Sie, daran hatte ich gar nicht gedacht. Ich werde abgeholt. Wollen Sie schon gehen?«

Ich sagte: »Ja, ich will gehen. Adieu, Fräulein Maria.«

Ich nahm von niemand Abschied und wurde von niemand aufgehalten. Langsam ging ich die Treppen hinunter, über den Hof und durch das Vorderhaus. Draußen besann ich mich, was nun zu tun sei, und kehrte wieder um und verbarg mich im Hof hinter einem leeren Wagen. Dort wartete ich lang, beinahe eine Stunde. Dann kam der Zündel, warf einen Zigarrenrest weg und knöpfte seinen Mantel zu, ging durch die Einfahrt hinaus, kam aber bald wieder und blieb am Ausgang stehen.

Es dauerte fünf, zehn Minuten, und immerfort verlangte es mich, hervorzutreten, ihn anzurufen, ihn einen Hund zu heißen und an der Kehle zu packen. Aber ich tat es nicht, ich blieb still in meinem Versteck und wartete. Und es dauerte nicht lang, da hörte ich wieder Schritte auf der Treppe, und die Türe ging, und Maria kam heraus, schaute sich um, schritt zum Ausgang und legte still ihren Arm in den des Malers. Rasch gingen sie miteinander fort, ich sah ihnen nach und machte mich dann auf den Heimweg.

Zu Hause legte ich mich ins Bett, konnte aber keine Ruhe finden, so daß ich wieder aufstand und in den Englischen Garten ging. Dort lief ich die halbe Nacht herum, kam dann wieder in mein Zimmer und schlief nun fest bis in den Tag hinein.

Ich hatte mir nachts vorgenommen, gleich am Morgen fortzureisen. Dafür war ich nun aber zu spät erwacht und hatte also noch einen Tag hinzubringen. Ich packte und zahlte, nahm von meinen Freunden schriftlich Abschied, aß in der Stadt und setzte mich in ein Kaffeehaus. Die Zeit wollte mir lang werden, und ich sann nach, womit ich den Nachmittag verbringen könne. Dabei fing ich an, mein Elend zu fühlen. Seit Jahren war ich nicht mehr in dem scheußlichen und unwürdigen Zustand gewesen, daß ich die Zeit fürchtete und verlegen war, wie ich sie umbringe. Spazierengehen, Gemälde sehen, Musik hören, ausfahren, eine Partie Billard spielen, lesen, alles lockte mich nicht, alles war dumm, fad, sinnlos. Und wenn ich auf der Straße um mich blickte, sah ich Häuser, Bäume, Menschen, Pferde, Hunde, Wagen, alles unendlich langweilig, reizlos und gleichgültig. Nichts sprach zu mir, nichts machte mir Freude, erweckte mir Teilnahme oder Neugierde.

Während ich eine Tasse Kaffee trank, um die Zeit hinter mich zu bringen und eine Art von Pflicht zu erfüllen, fiel mir ein, ich müsse mich umbringen. Ich war froh, diese Lösung gefunden zu haben und überlegte sachlich das Notwendige. Allein meine Gedanken waren zu unstet und haltlos, als daß sie länger als für Minuten bei mir geblieben wären. Zerstreut zündete ich mir eine Zigarre an, warf sie wieder weg, bestellte die zweite oder dritte Tasse Kaffee, blätterte in einer Zeitschrift und schlenderte schließlich weiter. Es kam mir wieder in den Sinn, daß ich hatte abreisen wollen, und ich nahm mir vor, es morgen gewiß zu tun. Plötzlich machte mich der Gedanke an meine Heimat warm, und für Augenblicke fühlte ich statt des elenden Ekels eine rechte, reinliche Trauer. Ich erinnerte mich daran, wie schön es in der Heimat war, wie dort die grünen und blauen Berge weich aus dem See emporsteigen, wie der Wind in den Pappeln tönte und wie die Möwen kühn und launisch flogen. Und mir schien, ich müsse nur aus dieser verfluchten Stadt hinaus und wieder in die Heimat kommen, damit der böse Zauber breche und ich die Welt wieder in ihrem Glanze sehen, verstehen und liebhaben könne.

Im Hinschlendern und Denken verlor ich mich in den Gassen der Altstadt, ohne genau zu wissen, wo ich war, bis ich unversehens vor dem Laden meines Antiquars stand. Im Fenster hing ein Kupferstich ausgestellt, das Bildnis eines Gelehrten aus dem siebzehnten Jahrhundert, und ringsum standen alte Bücher in Leder, Pergament und Holz gebunden. Das weckte in meinem ermüdeten Kopf eine neue, flüchtige Reihe von Vorstellungen, in denen ich eifrig Trost und Ablenkung suchte. Es waren angenehme, etwas träge Vorstellungen von Studien und mönchischem Leben, von einem stillen, resignierten und etwas staubigen Winkelglück bei Leselampe und Büchergeruch. Um den flüchtigen Trost noch eine Weile festzuhalten, trat ich in den Laden und wurde sogleich von jenem freundlichen Gehilfen empfangen. Er führte mich eine enge Wendeltreppe hinauf in das obere Stockwerk, wo mehrere große Räume ganz mit wandhohen Bücherschäften gefüllt waren. Die Weisen und Dichter vieler Zeiten schauten mich traurig aus blinden Bücheraugen an, der schweigsame Antiquar stand wartend da und sah mich bescheiden an.

Da geriet ich auf den Einfall, diesen stillen Mann um Trost zu fragen. Ich sah in sein gutes, offenes Gesicht und sagte: »Bitte nennen Sie mir etwas, was ich lesen soll. Sie müssen doch wissen, wo etwas Tröstliches und Heilsames zu finden ist; Sie sehen gut und getröstet aus.«

»Sind Sie krank?« fragte er leise.

»Ein wenig«, sagte ich.

Und er: »Ist es schlimm?«

»Ich weiß nicht. Es ist *taedium vitae*.«

Da nahm sein einfaches Gesicht einen großen Ernst an. Er sagte ernst und eindringlich: »Ich weiß einen guten Weg für Sie.«

Und als ich ihn mit den Augen fragte, fing er an zu reden und erzählte mir von der Gemeinde der Theosophen, zu der er gehörte. Manches davon war mir nicht unbekannt, doch war ich nicht fähig, ihm mit rechter Aufmerksamkeit zuzuhören. Ich vernahm nur ein mildes, wohlgemeintes, herzliches Sprechen, Sätze von Karma, Sätze von der Wiedergeburt, und als er innehielt und beinahe verlegen schwieg, wußte ich gar keine Antwort. Schließlich fragte ich, ob er mir Bücher zu nennen wisse, in denen ich diese Sache studieren könne. Sofort brachte er mir einen kleinen Katalog theosophischer Bücher.

»Welches soll ich lesen?« fragte ich unsicher.

»Das grundlegende Buch über die Lehre ist von Madame Blavatsky«, sagte er entschieden.

»Geben Sie mir das!«

Wieder wurde er verlegen. »Es ist nicht hier, ich müßte es für Sie kommen lassen. Aber allerdings — — das Werk hat zwei starke Bände, es braucht Geduld zum Lesen. Und leider ist es sehr teuer, es kostet über fünfzig Mark. Soll ich versuchen, es Ihnen leihweise zu verschaffen?«

»Nein danke, bestellen Sie es mir!«

Ich schrieb ihm meine Adresse auf, bat ihn, das Buch gegen Nachnahme dahin zu schicken, nahm Abschied von ihm und ging.

Ich wußte schon damals, daß die »Geheimlehre« mir nicht helfen würde. Ich wollte nur dem Antiquar eine kleine Freude machen. Und warum sollte ich nicht ein paar Monate hinter den Blavatskybänden sitzen?

Ich ahnte auch, daß meine anderen Hoffnungen nicht haltbarer sein würden. Ich ahnte, daß auch in meiner Heimat alle Dinge grau und glanzlos geworden seien, und daß es überall so sein würde, wohin ich ginge.

Diese Ahnung hat mich nicht getäuscht. Es ist etwas verlorengegangen, was früher in der Welt war, ein gewisser unschuldiger Duft und Liebreiz, und ich weiß nicht, ob das wiederkommen kann.

(1908)

Hermann Hesse, um 1907

»Wer seinen Dienst am Dienstag nie
auf Donnerstag vertagt,
der tut mir leid, er ahnt nicht wie
der Mittwoch dann behagt.«
(Scherzgedicht)

Schönes Heute

Morgen – was wird morgen sein?
Trauer, Sorge, wenig Freude,
Schweres Haupt, vergoßner Wein –
Du sollst leben, schönes Heute!

Ob die Zeit im schnellen Flug
Wandelt ihren ewigen Reigen,
Dieses Bechers voller Zug
Ist unwandelbar mein eigen.

Meiner losen Jugend Brand
Lodert hoch in diesen Tagen.
Tod, da hast du meine Hand;
Willst du mich zu zwingen wagen?

Kind im Frühling

So weiß im reichen Maienblust
Die schmucken Bäume stehen,
Es muß die ganze Blütenlust
Im nächsten Wind verwehen.

Auch deine jungen Tage, Kind,
Und deine Lustgebärden,
Sie müssen bald, so hold sie sind,
Verblühn und dunkel werden.

In Schmerzen nur und Dunkelheit
Wird süße Frucht geboren.
Doch ist sie reif, so war kein Leid
Und war kein Weh verloren.

Falls Sie hier vorsprächen, sähen Sie folgendes: ein neues kleines Häuslein mit Garten, eine Viertelstunde überm See, sehr sonnig und gegenüber im Thurgau einen schönen, sanften Hügelzug mit Wäldern, am Ufer Bauerndörfer mit Netzen und über die
Hügel weg bei hellem Wetter die Ostschweizer Berge, Säntis und Glärnisch. Und vorgestern kam zu dem allem noch ein merkwürdiges Wunder: das große Luftschiff von
Zeppelin, das über uns weg flog und rauschte wie ein Raubvogel.

(Aus einem Brief Hesses an Franz Vetter vom 3. 7. 1908)

Reiselust

Es ist mitten im Winter, der Schnee wechselt mit Föhn und das Eis mit Schmutz, die Feldwege sind ungangbar, man ist von der nächsten Nachbarschaft abgeschnitten. Der See kocht an kalten Morgen weißen Dampf und setzt glasig brüchige Eisränder an, jedoch beim nächsten warmen Winde wogt er wieder schwarz und lebendig und verblaut gegen Osten wie an den schönsten Tagen im Frühjahr.

Und ich sitze in der wohlgeheizten Studierstube, lese unnötige Bücher, schreibe unnötige Artikel und habe unnötige Gedanken. Irgend jemand muß doch am Ende alle die Sachen lesen, die jahraus jahrein geschrieben und verlegt werden, und da sonst es niemand tut, tue ich es eben, teils aus Interesse und Kollegialität, teils um mich dann als kritischen Schirm und Prellbock zwischen das Publikum und die Bücherlawine zu stellen. Viele von den Büchern sind auch tatsächlich schön und klug und des Lesens wert. Dennoch scheint mir zuweilen mein Tun überaus überflüssig und mein Wollen auf ganz falsche Ziele gerichtet.

Manchmal, wenn es draußen schneit und stiebt, nehme ich träumerisch den Schweizer Baedeker zur Hand und betrachte mir das Kapitel Graubünden, sehe die Karten an, stelle mir aufatmend den Schneeglanz und die Sonnenbläue lachender Wintertage da droben in der Albulagegend vor und lege das Buch erst nach einem wehmütigem Blick auf die Sankt Moritzer Hotelpreise wieder weg. Hingegen, wenn es wärmt und überm See ein feuchter Föhnhimmel zwischen zartgrauen und bräunlichen Westwindwolken hervorgrüßt, dann trete ich häufig für einige Augenblicke ins Schlafzimmer, wo an der Wand die große Karte von Italien hängt, und streife mit begehrlichem Auge über den Po und Apennin hinweg, durch grüne toskanische Täler, an blau und gelben Strandbuchten der Riviera hin, schiele auch etwa nach Sizilien hinab und verirre mich dabei gegen Korfu und Griechenland hin. Lieber Gott, wie ist das alles nah beieinander! Und wie schnell kann man überall sein. Und pfeifend kehre ich in die Studierstube zurück, lese entbehrliche Bücher, schreibe entbehrliche Artikel und denke entbehrliche Gedanken.

Im vergangenen Jahre war ich sechs Monate auf Reisen, im vorhergehenden fünf Monate, und eigentlich ist das für einen Familienvater, Landmann und Gärtner ziemlich reichlich, und als ich neulich das letztemal heimkehrte, nachdem ich unterwegs in der Fremde krank geworden, operiert worden und eine gute Weile gelegen war, da schien es mir an der Zeit, nun für lange hinaus, wenn nicht für ewig, Frieden zu schließen und heimisch und häuslich zu werden. Allein kaum war die ärgste Abmagerung und Müdigkeit zur Not überwunden und ersetzt, kaum hatte ich mich wieder ein paar Wochen mit Büchern befaßt und Schreibpapier verbraucht, da schien eines Tages die Sonne wieder so unheimlich gelb und jung auf die alte Landstraße, und über den See lief ein schwarzer Nachen mit einem großen, schneeweißen Segel, und ich bedachte die Kürze des Menschenlebens, und plötzlich war von allen Vorsätzen und Wünschen und Erkenntnissen nichts mehr da als eine ganz echte, unheilbare, tolle Reiselust.

Gewiß, ich hielt mich im Zaume, ich reiste nicht. Ich blieb bei Frau und Kindern, Haus und Arbeit, ich ließ die Sonne scheinen, so gelb sie wollte, ich ließ das Segel schweben und die stahlgraue Seeferne locken. Wohl griff ich zuweilen nach dem Atlas oder Baedeker, stand eine Viertelstunde vor der großen Karte von Italien oder verweilte ein wenig auf dem Speicher, wo Stöcke und Riemen und Koffer und solche Dinge liegen; aber ich nahm kein Kursbuch in die Hand. So geht es nun seit Wochen, obwohl mich keine ernsthafte Arbeit hält. Es scheint wirklich, als sei mein Reisetrieb nun nicht mehr stärker als ich.

Vielleicht ist es so, vielleicht fange ich an, alt und gescheit und müde zu werden. Vielleicht lerne ich allmählich die Kunst, mir in Büchern so viel von der Welt und ihrer Weite zusammenzulesen, daß es der Sehnsucht genügt.

Allein das stimmt doch nicht. Im Gegenteil, ich las neulich mehrere Bücher, die meinen Wanderdrang wieder bis zur Qual gesteigert haben. Ich las unter anderem die »Eroberer« von Ludwig Brinkmann, ein schönes Buch über Amerika, und las die »Wälder« vom jüngeren Nordenskiöld, der mit ein paar Freunden sich ein Jahr lang zwischen Argentinien und Bolivia herumgetrieben hat. Und dabei dachte ich tausendmal: O verflucht! Wie haben's die Kerle gut! Und litt Neid und Pein der Entbehrung und war kaum minder erregt denn einst in Bubenzeiten beim Lesen des göttlichen Fenimore Cooper.

Allerdings, jene Bücher handeln nicht von Sankt Moritz und nicht von der Riviera, sie locken weiter und regen die alte Sehnsucht auf, die jeder ordentliche Kerl schon als kleiner Junge muß gekannt haben: nach fernsten Gebirgen und Seen, nach Weiten ohne Menschen und Eisenbahnen, nach wilden Pässen und halsbrechenden Reitsteigen über unwegsame Berge und Hochebenen unerforschter Länder, nach Herbergen unter Indianern, Portugiesen, Kreolen, Mulatten. Und das ist eine gefährliche Sehnsucht! Das ist eine Pein, die zur Qual und Krankheit wird.

Denn was schadet es schließlich, wenn einen die Reiselust nach dem Rhein oder nach Norwegen oder nach Toskana zu quälen beginnt? Man widersteht, so lange es geht, und wenn es nicht mehr gehen will, so reist man eben. Man reist erster Klasse und im Schlafwagen, wenn man Geld hat, und wenn man keines hat, reist man vierter Klasse, geht zu Fuß, prellt die Staaten um Billette, pumpt Trambahnschaffner an. Hingegen wider die Sehnsucht zu jenen großen, wilden Reisen ist kein Kraut gewachsen, wenn man einmal in Europa herangewachsen und mit hundert feinen, beim Wegreißen tief schmerzenden Fäden angebunden ist. Das sind Reisen, bei denen man nicht an die Zeit der Heimkehr und überhaupt nicht an die Heimkehr denkt! Das sind Reisen, die man antritt wie ein Jüngling seine erste, mit Aussichten ins Unendliche und ohne alle Absichten.

Ach, diese tiefste, wildeste Reiselust ist nicht anders und nicht besser als jene gefährliche Lust, unerschrocken zu denken, sich die Welt auf den Kopf zu stellen und von allen Dingen, Menschen und Ereignissen Antworten haben zu wollen. Die wird nicht mit Plänen und nicht aus Büchern gestillt, die fordert mehr und kostet mehr, man muß schon Herz und Blut daran rücken.

Vor meinen Fenstern wühlt der weiche, laute Westwind im schwarzen See, ohne Zweck, ohne Ziel, in seiner Leidenschaft rasend und sich verzehrend, wild und unersättlich. So wild und unersättlich ist die wahre Reiselust, der Erkenntnis- und Erlebensdrang, den kein Erkennen stillt und kein Erleben sättigt. Der ist stärker als wir und als alle Ketten, und über wen er herrscht, von dem will er immer wieder Opfer haben. Gibt es nicht Menschen, die toll und wild bis zum äußersten Wagnis und bis

Ein Wandertag vor hundert Jahren
Eine Idylle

I

Auf der Höhe eines lichten, nach Süden hin mit Rebgärten bedeckten Hügels tauchten, in schlanken Sprüngen laufend wie mutwillige Schulknaben, rasch hintereinander zwei Jünglinge auf, in Reisekleidern und jeder sein Wandergepäck am Riemen über der Schulter tragend.

»Hallo, ich bin der erste!« rief Jonas Finckh lachend und triumphierend als Sieger in dem scherzhaften Wettlauf um den Hügelgrat und den ersten Anblick des Bodensees.

Sein Freund, nach dem Jonas sich rufend umschaute, war schon dicht hinter ihm und trat nun, vom Laufen gerötet und tief aufatmend, neben ihm hervor, vom Anblick der vor ihm zurückweichenden ungeheuren Weite betroffen.

»Der Bodensee!« sagte er leise zu sich selber, glücklich und ungläubig sich bestätigend, daß er nun dieses berühmte Wasser, von dem er von Kind auf viel gehört hatte, wahrhaftig vor Augen und nahezu erreicht habe.

»Jawohl, der Bodensee«, fiel Jonas ein. »Diesmal war also unser Rennen nicht vergebens wie heut schon zweimal. Dafür gönnen wir uns aber jetzt eine Viertelstunde Rast und sehen die Herrlichkeit in allem Behagen an.«

Sie warfen ihre Ranzen ab und setzten sich am erhöhten Straßenrand auf das moosige Gemäuer. Sie beide waren auf der ersten größeren Reise ihres jungen Lebens begriffen, voll ungeduldiger Empfänglichkeit für die Schönheit der Welt und voll ahnungsvoller Erwartung ihrer Wunder, zu lauter Hingabe und Bewunderung bereit, und zugleich voll Eroberungslust und Siegergefühl. Seit vier Tagen nun war ihnen Stund um Stunde ein neues Stück Welt aufgegangen, davon sie zuvor noch nichts oder nur vom Hörensagen und aus ungeliebter Schulweisheit gewußt hatten; sie waren durch Täler und über Flüsse gekommen, deren Namen sie seit Jahren wohl gekannt, ohne sich bei ihrem fremden Klang etwas gedacht zu haben, und hatten Tag für Tag sich begierig darauf gefreut, nun bald die Grenze und den großen See zu erreichen und in neue, fremde Länder zu kommen. Denn ihre Absicht war, auf dem Wege über einige Alpenstraßen Italien aufzusuchen, wohin ihre Sehnsucht längst das Paradies verlegt hatte.

Soviel sie indessen auf ihren bisherigen Wegen davon geredet hatten, und so begehrlich sie ihr Italien und Sehnsuchtsland in der Seele hegten, auf dieser freien Hügelhöhe vergaßen sie es doch für eine Weile völlig und verloren sich im Taumel ersten Erlebens in die Größe und unendliche Mannigfaltigkeit der Aussicht, die zu ihren Füßen und weithin nach drei Himmelsgegenden sich farbig prangend erstreckte. Vor ihnen fiel in sanften Hügelstufen mit Reben und Obstgärten das Land gegen den See hin abwärts, dessen blaue und manchmal blendend spiegelnde Fläche nahezu regungslos in großer Ausdehnung leuchtete und das ganze Land unermeßlich weit, licht und klar machte. Kleinere Hügel mit weichen Waldrücken umschlossen zur Rechten das riesige Seebecken, auf ihren Höhen leuchteten Burgen, Klöster und Gehöfte, zu ihren Füßen schmiegte sich das blaue Wasser zärtlich in runde, weich verfließende Buchten. An diesen Buchten da und dort lagen klein, still und säuberlich die Dörfer im Obstgartendunkel und die Städtchen mit Kirchenturm und Schloß, einzelne träumerische Landhäuser, winzig und merkwürdig klar zu schauen, und auf der Seeseite, sparsam verteilt, schwammen die Fahrzeuge der Schiffer und Fischer.

»O, ein Segel!« rief Gustav Weizsäcker mit Entzücken, da er, zum erstenmal in seinem Leben, in einem Sonnenblitze das schwebende weiße Dreieck eines schlanken Segels scharf aufglänzen sah.

Da berührte ihn sein Freund Finckh leise am Arm und deutete in die Ferne und Höhe, gegen Süden, und Gustav folgte mit froh erschrockenem Blick und sah schweigend, den Arm um seines Kameraden Schulter gelegt, das längst erwartete, besprochene und ersehnte Gebirge, das ihnen beiden nun doch vollkommen überraschend und neu entgegentrat. Dort jenseits lagen wolkige Nebel grau und weiß dampfend um den

Fuß und die halbe Höhe der Alpen, und nur die Gipfel ragten zartklar und gläsern in ihrer schweigenden, ehrwürdigen Reihe in die Bläue des sommerlichen Himmels, unirdisch, an Form und Farben mehr dem Luftreich als der Erde verwandt und trotzdem gewaltig und wie drohend.

Unwillkürlich waren sie aufgesprungen und standen lange, beglückt und gebannt, in der tief erregenden, leise und rätselhaft schmerzenden Erweiterung des Herzens, mit der die Jugend auf mächtige und überraschende Anblicke und Erlebnisse antwortet.

Sie waren voneinander weggetreten und schauten eine lange Zeit, von der Größe des Anblicks benommen, schweigend hinab und über den See und die Buchten entlang, und immer wieder hinüber gegen die Alpen, deren dunkle Felstürme und weiße Schneefelder, Grate, Scharten und Gipfel im Spiegel des Sonnenlichtes ihre tausendfältigen Formen und Geheimnisse der Ahnung darboten.

Eine Scham hielt die Freunde ab, einander anzublicken, zu umarmen und ihre Ergriffenheit zu äußern, bis Jonas Finckh, nicht länger fähig, sich zurückzuhalten, unter Tanzen und Hutschwenken laut jubelnd und jodelnd seiner übermäßigen Lust den Lauf ließ. Er warf Hut und Stab in die Lüfte, fing sie laufend wieder auf, drückte den Freund heftig an seine Brust, ließ ihn sofort wieder los und sank atemlos und lachend auf die Wegmauer hin. Der knabenhafte Ausbruch, hinter dem er seine Ergriffenheit verbarg, kam auch dem andern zugute, der sich nun gefaßt und freudig mit glänzenden Augen zu ihm wandte.

Zum Gebirge hinüberdeutend, rief er begeistert: »Das muß der Säntis sein, der hohe, spitzige da vorn, und dort links hinüber geht unser Weg, morgen oder übermorgen sind wir mitten in den Alpen drin! Du, es ist alles gerade so, wie ich es mir immer gedacht habe, und noch schöner!«

Sie nahmen ihre Ranzen wieder auf und wanderten langsam weiter, bergabwärts gegen den klar heraufblauenden See, und so durstig sie immer wieder die Ferne maßen und dieser ganzen Schönheit froh und Herr zu werden verlangten, fanden sie doch keine innere Rast und kein beschauliches Stehenbleiben mehr, sondern mußten, vom Wanderrausch getrieben, rasch und rascher gehen, um selber mitten darinnen zu sein. Bald schwand ihnen Schneegebirg und Länderferne hinter Obstbaumkronen dahin, die sich immer enger und dunkelgrüner über ihnen anhäuften, bis der abstürzende Weg sich gemach verflachte und sie langsamer gegen den warmen Seerand hin führte. Hier nahm Tor und Gasse einer kleinen hübschen Stadt die Wanderer freundlich grüßend auf, mit Blumenbrettern vor blitzenden Fenstern, kleinem Handwerksgeräusch und einladenden Wirtsschildern.

Allein so hübsch die sonnige Gasse lachte und so vertraulich der »Hecht« und »Anker«, die »Linde« und der »Adler« grüßten, die jungen Menschen gingen in einmütiger Ungeduld vorüber, dem See entgegen. Der blitzte ihnen unversehens am Ende einer Nachbargasse ins Gesicht; eilig nahmen sie den Weg dahin und ins Freie und machten, geblendet, vor dem strahlenden Wasser halt. Da umgab sie neu und köstlich fremd der wunderliche Seegeruch und das nie gesehene Strandleben: barfüßige Buben mit langen Angelstöcken, aufgespannte, funkelnde Fischernetze, leichte Rudergondeln, an Pflöcke gebunden und milde schaukelnd, weiter draußen verankert Barken und Segelboote; andere, ans Trockene gezogen, lagen groß und dunkel am schrägen Strand.

Und weithin lag in hundert Perlmutterfarben der mächtige See, über den sie fahren sollten. War es auch noch nicht der Hafen von Genua und noch kein südliches Meer, so gaben doch Wasserweite, Seeduft, Silhouetten der Boote und Segel einen kräftigen

Vorgeschmack, und ohne es zu sagen oder dessen nur recht bewußt zu sein, dachten die Jünglinge im stillen an Homer und an den Seefahrer Odysseus.

Nun gingen sie den Schiffsmann zu erfragen, der sie über das große Wasser fergen sollte. Sie fanden ihn, einen graubärtigen kleinen Mann, an seiner Fährbarke beschäftigt, und fragten ihn, ob er sie hinüberfahren wolle und wie lange er dazu wohl brauche.

»Ein paar Stunden schon«, sagte er langsam. »Aber die jungen Herren müssen noch warten; dafür gibt es nachher Gesellschaft. Es ist schon eine fremde Herrschaft da, ein Herr und eine Jungfer; die haben ihren Wagen gestern vorausgeschickt und wollen heute zu Wasser weiter. Und in einer halben Stunde kommt die Post an; die bringt wohl auch noch Fahrgäste mit.«

Gustav Weizsäcker zeigte sich über den Bescheid ein wenig enttäuscht. »Ich hatte es mir so schön gedacht«, sagte er betrübt, »diese Fahrt nur zu zweien in einem kleinen Boot zu machen.«

»Das können Sie ja haben«, meinte der Alte freundlich, »wenn Sie darauf bestehen und einige Geduld haben wollen. Nur kostet es halt vier Gulden, und auf der großen Fähre, die ohnehin geht, zahlt ein jeder bloß zwanzig Kreuzer und hat die Gesellschaft umsonst. Und es ist auch im kleinen Boot schon manchem ungut geworden, wenn eine Oberluft kam und er kein Seeheld war.«

»Ach was!« rief Jonas, »natürlich fahren wir mit den andern. Die Gulden haben wir sowieso nicht im Überfluß, und Seehelden sind wir auch nicht. Ich wenigstens bin keiner.«

Der Freund stimmte bei; sie bestellten Plätze und ließen ihre Bündel und Mäntel gleich auf der stattlichen Barke liegen. Dann gingen sie behutsam in das Städtchen zurück, besahen den Marktplatz und die sauberen Gassen, lächelten den vom Spiel weg nach ihnen umschauenden Kindern zu, kauften beim Bäcker Brot, beim Metzger eine Wurst und ließen in der »Linde« ihre neuen Reiseflaschen mit einheimischem Rotwein füllen. Danach fanden sie noch Zeit, den Kirchturm zu ersteigen und von seiner Höhe Ausschau zu halten, bis schwerer Pferdetrab, Schellengeläute und Räderknirschen auf dem Pflaster die Anfahrt des Postwagens verkündeten. Da eilten sie vom Turm und den nächsten Weg zum Strande und Hafen hinab, um ja die Fähre nicht zu versäumen.

Damit hatte es indessen gute Weile. Die vornehme fremde Herrschaft zwar, die der schönen Wasserfahrt zuliebe ihren Wagen leer hatte weiterfahren lassen, stand schon reisebereit im Hinterteil des Bootes bei ihrem ledernen Koffer; zwei andere Mitreisende aber gingen noch ruhig am Strande hin und wider, während über den Ländesteg allerlei Frachtgüter auf das Fährboot gebracht wurden. Es wurden mehrere Kisten, Ballen und Körbe herübergeschleppt und verstaut, sodann ein großer Wasserbottich voll lebender Fische und schließlich noch einige Fässer, und die jungen Reisenden sahen dieser einfachen Hantierung mit dem Eifer und Vergnügen zu, mit dem alle Landbewohner das Schiffahrtsgewerbe betrachten, wenn sie es noch nie oder selten gesehen haben. Sie sahen es beide zum erstenmal, und es schien ihnen diese Art des Reisens schöner und verlockender als jede andere.

Sorgfältig stiegen sie ins Schiff hinüber, sobald der Steg frei ward. Die säumigen Mitfahrer wurden nun zur Eile ermahnt und stiegen ein wie Leute, die das nicht zum ersten Male tun; sie riefen den am Lande Stehenden Grüße, Aufträge und Scherzworte zu, und die schwere Barke ward von zwei Ruderknechten mit einer Stange vom Ufer abgestoßen. Dann wurden die großen, breitschaufeligen Stehruder taktmäßig bewegt und die Fahrt begann.

II

Der fremde Herr hatte inzwischen mit seiner Tochter in der Mitte des Schiffes den Ehrenplatz eingenommen. Für ihn und sie waren da eigens zwei bequeme, niedere Polstersessel aufgestellt worden, indes die gewöhnlichen Fahrgäste zwei hölzerne Bänklein benützen konnten. Der Fremde war ein bequem, doch fein gekleideter Mann von wohl sechzig Jahren, die Tochter ein junges, sehr wohlgewachsenes Mädchen, dessen Gesicht jedoch zur Hälfte von einem bläulichen Schleier verhüllt war. Sie saßen beide mit den lässigen Gebärden reicher Leute in ihren Ehrenstühlen, der Vater mit einem lederumkleideten Fernrohr versehen, betrachteten den See und die Ferne und sprachen zuweilen halblaut miteinander. Jonas war geneigt gewesen, sie für Engländer zu halten, und hatte für den noblen Alten schon den Ehrennamen »der Lord« erfunden. Es erwies sich jedoch später, daß sie Deutsche waren und aus Bremen stammten, worauf Jonas den Lord mit einigem Bedauern in einen Senator verwandelte.

Nach einigem Umherstöbern hatten auch die Freunde sich gesetzt, im stillen Dahinfahren sank ihre vorige Erregung und Ungeduld wieder, und sie gewöhnten sich daran, auf dem blauen Wasser und mitten im schönen Bilde zu sein.

Von den übrigen Fahrtgenossen hielt sich der eine bei den Ruderern und Waren auf und sank später, bei zunehmender Wärme, über einem Bündel leerer Säcke in Schlaf. Der andere nahm bei den Wanderern Platz; bald gesellte sich der alte Schiffsmann dazu, und indem die jungen Leute sich um die Namen mancher Ortschaften und Berge, um Wetter und Entfernungen erkundigten, entstand ein lässiges Gespräch und schuf Vertrauen. Da nun Jonas Finckh seine Wurst zerschnitten, dem Freunde und sich vorgelegt und gespeist, den Becher mit Wein aber auch dem Schiffer und dem andern Manne angeboten hatte, sagte der kleine Schiffsmann zutraulich: »So, ihr jungen Herren, nun haben wir von Ihrem Wein getrunken und wollen die Gastfreundschaft beim nächsten Anlaß gern erwidern. Wir beide sind in der Seegegend daheim; ich habe mein Schiff und Gewerbe hier, und der dort ist Gastwirt in Appenzell. Sie aber kommen von weiter her, und man kennt Sie nicht. Wenn Sie also Lust dazu haben, an der Zeit wird es nicht fehlen, so erzählen Sie uns ein wenig, wer Sie sind und woher und was Sie da auf Reisen suchen.«

»Das kann geschehen und ist bald gesagt«, gab Finckh Antwort. »Was mich betrifft, ich habe vier Jahre lang (es kommt mir aber viel länger vor) Philologie studiert und soll später den Schulbuben daheim das Latein beibringen. Studiert habe ich in Heidelberg und Tübingen; meine Heimat aber ist in Reutlingen, obwohl man das, hoffe ich, meiner Sprache nicht anhört. Und meine Reise geht mit einem kleinen Umweg nach Rom, wo der Papst regiert und wo früher das beste Latein gesprochen wurde. Ich habe mir mit Stundengeben und Abschreiben ein Reisegeld verdient, und weil das bis nach Rom nicht gereicht hätte, hat ein alter Onkel, dem meine Reiselust besser gefällt als mein Schulmeisterberuf, das Fehlende dazugelegt und mir diesen guten Stock hier mit dem Hirschhorngriff geschenkt, mit dem er selber vor Zeiten als junger Goldschmied sich in der Welt herumgetrieben und das Handwerk begrüßt hat. — Jetzt kommst du dran, Gustav!«

Der angerufene Freund lächelte und wurde rot, er war weder Philologe noch sonst so redegewandt wie Jonas. Auch hatte er bemerkt, daß die beiden vornehmen Fremden mit Behagen und leiser Belustigung von ihrer Unterhaltung Kenntnis nahmen. Doch überwand er schnell das Husten und brachte seinen Spruch nicht übel heraus. Seine Heimat sei im untern Neckartal, und wenn sein Vater noch am Leben wäre, so hätte wohl auch er ein ordentliches Fach studieren und ein Amt erlernen müssen. So aber sei sein Vater früh gestorben, und er habe beim besten Willen an der Schule und am Lernen keine Freude haben können. Und da seine Mutter ihn schon immer verwöhnt, habe sie mit Seufzen ihm schließlich erlaubt, das zu werden, was er von Kind auf habe werden wollen, nämlich ein Maler. Nun habe er die Kunstschule hinter sich, auch ein kleines Stipendium erhalten und sei auf dem Wege nach Italien, dem Paradies der Maler, wohin sein lieber Jugendfreund und halber Vetter ihn begleite. Noch sei er gegen diesen im Vorteil, denn Finckh müsse nach zwei, drei Monaten wieder heimkehren und Schullehrer werden, während er selbst in voller Freiheit dahinziehe und im schönen Italien nach Herzenslust werde wandern und malen dürfen.

Wieder hatten die Fremden zugehört, gelächelt und einander zugenickt, und nun trat der »Lord« zu der kleinen Gesellschaft herüber und sagte: »Da wir bei so naher Nachbarschaft unsere Unterhaltungen doch nicht wohl isolieren können, bitte ich um die Erlaubnis, an der Ihren teilzunehmen.« Der Appenzeller zog den Hut, die Freunde standen auf und verbeugten sich, und mit ihrer Hilfe wurden die beiden Prunksessel herbeigezogen und die Lager vereinigt.

»Wer die Herren sind, weiß ich nun schon«, sagte der Fremde höflich in seiner nordischen Sprache. »Von uns beiden ist nicht viel zu sagen. Ich komme aus Bremen und bin weder ein Gelehrter noch gar ein Künstler, sondern nur ein Kaufmann. Ich habe Geschäfte in Mailand, und da meine Tochter viel von Italien gehört und große Lust zur Reise hatte, nahm ich sie mit und wählte diesen schönen Weg. Im Vorübergehen kann ich mir dann auch die Stadt Chur besehen, wo ein alter Freund von mir, ein

Mit seinem Jugendfreund
Ludwig Finckh im Speisewagen

Graubündner, sein Geschäft und seinen Wohnsitz hat. Mit dem bin ich vor vielen Jahren in Ostindien gewesen.«

»Wohl, da sind Sie schon ein gutes Stück umeinand gefahren«, anerkannte der Schiffsmann, und man sprach darüber, wie wunderlich Menschen sich treffen, verlieren und wieder begegnen können, wozu jeder irgendein Beispiel zu erzählen wußte.

Der Philologe kam mit seinem Senator in ein lebhaftes Gespräch, dem auch die andern zuhörten und worin die Lebenserfahrung des alten Kaufmanns der Fragelust und Belesenheit des Kandidaten lustig die Waage hielt. Der Maler hielt sich ganz ruhig und schaute in die glänzende Weite, an der Bremerin vorüber, und wenn er den Blick nur ein wenig neigte, konnte er ihren im Blauen ruhenden Kopf und ihr seitwärts abgewendetes Gesicht betrachten, von dem sie den Schleier weggenommen hatte und das mit bräunlicher Blässe unter dunkelblonden Haaren gleichmütig vor seinem entzückten Auge stand. Er sah die vornehme Haltung des schmalen Nackens, die starke Braue über dem ernsten Auge, die feine schlanke Nase und den dünn geschnittenen, kräftig roten Mund. Dies alles war ganz anders, als er sich eine Schönheit von der Nordsee vorgestellt hätte, aber es war im ganzen und einzelnen überaus reizend. Er bewunderte ihre freie Haltung und die Noblesse ihrer Bewegungen, er bewunderte den stillen Gleichmut, mit dem sie an den Gesprächen vorbei den klugen Kopf in die Landschaft wendete, er bewunderte die Ruhe, Kühle und wohlabgemessene Form einer reichen, wohlerzogenen, reise- und weltgewohnten Dame. Und dennoch rührte ihn etwas an ihr, als müsse er zärtliches Mitleid mit ihr haben, die ihm so weit überlegen war und gewiß in ihm nichts anderes sehen konnte als einen jungen, unfein gekleideten, schüchternen und tappigen Menschen, der seine erste Reise macht. Was ihn so rührte, war vielleicht der leise Widerspruch zwischen ihrer damenhaft vollendeten, kühl beherrschten Erscheinung und ihrer großen Jugend. Er selber, der neben ihr so schülerhaft und schlechthin nichtig sei, war gewiß wohl drei, vier Jahre älter als sie.

Am jenseitigen Ufer leuchteten Städte im Grünen, in den Bergen brodelte Wolkendunst. Möwen strichen über das Schiff hinweg und stießen zuweilen kurze, scharfe, etwas krächzende Schreie aus.

Während die Unterhaltung eine Weile ruhte, hörte man fern vom Lande, aus den Bergen her, mehrmals einen vollen, melodisch reinen Jodler tönen und über dem stillen Wasser verklingen.

»Hast du gehört?« rief der Kandidat begierig. »Das war gejodelt, von der Schweiz her! Nicht wahr, Schiffsmann?«

»Jawohl«, lächelte der alte Mann. »Haben Sie das noch nie gehört?«

»Nein, wir hören es zum erstenmal. Wie das klingt!«

»Nun, wenn Sie dergleichen so gerne hören, dann wenden Sie sich nur an meinen Freund Tobler da! Der ist ein Appenzeller und versteht die Sache.«

Nun wurde der Appenzeller, der sich während der Gespräche bisher in bescheidenem, doch aufmerksamem Schweigen verhalten hatte, von den drei Reisenden lebhaft gebeten, seine Kunst hören zu lassen.

»Na ja«, lachte er munter, »wenn es nicht zu grob ist und das Fräulein nicht verdrießt.«

»Was sagst du dazu, Christa?« fragte der Bremer, und nun bat auch sie den Schweizer, und der stand auf, trat ein wenig zur Seite und begann einen Jodler. Er ließ den Ton anschwellen, sich überschlagen, langsam hinklingen und eilig sprudeln, klagen und wild frohlocken, daß das ganze unendliche Seetal davon erfüllt schien. Alle lauschten verwundert und eigentümlich ergriffen; der sonderbare Gesang war so urtümlich und dabei so abgemessen kunstvoll, so vom Sinn eines fröhlichen, doch trotzigen Hirtenvolkes erfüllt, als käme er aus alten Jahrhunderten herüber und paßte doch in den Tag und in die Landschaft wie Seeblau, Sonne und Wolkenspiel.

Noch einmal hob der Appenzeller an: eine verschlungene, vielfältige, rasche Tonfolge, die zuweilen ein völlig wilder, raubvogelhafter Schrei durchriß und die melodisch in langen, schwellenden Klagetönen endete. Darauf setzte er sich an seinen vorigen Platz zurück und gab auf die lebhaften Lobreden seiner Zuhörer nur durch ein stilles, bauernschlaues Lächeln Antwort.

Das Fräulein schien ein besonderes Gefallen an den Tönen zu haben. Ihr Vater nickte ihr fröhlich zu und meinte: »Nirgends tönt doch Gesang besser und würdiger als auf dem Wasser! Schade, daß wir nicht alle Sänger sind!«

Hier zwinkerte Jonas Finckh dem Maler bedeutsam zu. Der winkte errötend und abwehrend zurück, jedoch zu spät, denn schon wandte sein Freund sich gegen die Fremden und bat um Gehör für ein einfaches, altes Lied. Kunstmäßige Sänger seien sie freilich nicht, er und sein Freund, und es könne keiner von ihnen Triller schlagen, aber an schönen einfachen Volksweisen hätten sie immer ihre Lust gehabt und sie oft miteinander gesungen.

»Welches denn?« fragte Gustav schüchtern. Als aber Jonas ein derbes altes Scholarenlied vorschlug, das am besten auf sie beide und ihren Zustand passen werde, wehrte der Maler entrüstet ab und fing, um allen Widerspruch zu vereiteln, nun selber unversehens an zu singen:

> »Innsbruck, ich muß dich lassen,
> ich fahr dahin mein Straßen,
> in fremde Land dahin . . .«

Es zeigte sich, daß der schweigsame junge Mensch nicht auf den Mund gefallen sei, wenn es ans Singen ging. Vor sich niederschauend, sang er mit einem festen, schönen Tenor die alte herrliche Weise sicher und kraftvoll durch; der Philolog nahm die zweite Stimme auf sich; sie machten dem wunderbaren Liede alle Ehre.

Der Maler hätte dem Liede noch zwanzig Verse statt der bloßen drei gewünscht; er blühte im Singen auf und hatte dabei ein köstlich zartes Gefühl des Glückes, als sei sein Gesang einzig an die schöne Bremerin gerichtet und ein Gruß und Bekenntnis an sie. Und als er am Schlusse sang: »Bis daß ich wiederum kumm«, da wollte ihm das Wort im Halse bleiben und im Herzen weh tun. Denn wie lange noch, so mußte dies Schiff an den Strand stoßen, so fuhr der Schiffer heimwärts, die schöne Liebe in ihrem Wagen davon, er selber zu Fuß einen anderen Weg, und alles ging in alle Winde auseinander und war, als wäre es nie gewesen!

Vorerst war jedoch der holde Augenblick noch Gegenwart, und ihm ward das Glück, ein Echo seines Liedes auf dem Gesicht des Mädchens wahrnehmen zu dürfen. Den mündlichen Dank zwar überließ sie ihrem Vater, der sogleich um ein neues Lied bat, doch war die Fremdheit und Kälte einigermaßen von ihrem Gesicht gewichen, und sie blickte zu ihm, den sie bisher durch ihre strenge Vornehmheit in einer eisigen Ferne gehalten hatte, ganz warm, anerkennend und dankbar herüber. Der Maler fühlte zwar wohl, daß sie auch so noch ihn keineswegs für ihresgleichen ansehe, doch war immerhin die Starrheit gebrochen und eine Art von menschlichem Verstehen, von wohlwollendem Geltenlassen, ja von Bewunderung an ihre Stelle gerückt.

Nun hätte er noch manche zarte, schöne Lieder gewußt, die er ihr gar zu gerne alle gesungen hätte, allein Jonas Finckh bestand diesmal darauf; es sei genug der Rüh-

rung, und es müsse nun auch etwas Lustiges an die Reihe kommen. Damit waren auch der Schiffer und der Schweizer einverstanden, und so sangen die beiden denn ein kräftiges Studentenlied von Bier und Schlägerklappern und Schulden, das dem Maler nicht sehr von Herzen kam. Und diesmal lachte die Schöne und klatschte in die Hände und wurde sehr vergnügt. Ihm aber, so gern er ihren Beifall hörte und ihr eine Freude machte, ihm war ihr voriger nachdenklicher Blick doch weit lieber gewesen. Jetzt war plötzlich die Schranke wieder da, und er nahm es dummerweise so, als lache sie nicht bloß über das Lied, sondern ebenso über die Sänger, die sie für windige Studentlein halte.

Jener letzte Passagier, der vorne auf den Säcken geschlafen hatte, kam jetzt ermuntert hinzu und zog den Appenzeller in eine geschäftliche Unterhaltung. Die Bremer rückten mit ihrem herrschaftlichen Gestühle wieder ein wenig beiseite, wenn auch nicht in die frühere Unnahbarkeit zurück.

III

»Es ist ein sonderbares Gefühl«, sagte Finckh zum Bremer, »so auf Reisen eine kleine Weile mit ganz fremden Menschen beisammenzusein, die man vermutlich niemals wieder sehen wird.« Der Kaufherr lächelte und nickte: »Ja, das ist auf Reisen nicht anders. Da muß man lernen, sich ineinander zu schicken und womöglich sich aneinander zu freuen und darf aus keiner Begegnung mehr als den augenblicklichen Nutzen ziehen wollen.«

Dies war freundlich und vollkommen absichtslos gesagt. Nur der junge Maler, in der mißtrauischen Empfindlichkeit der Verliebten, wollte darin eine Mahnung und Warnung des Alten wittern, als fürchte dieser, sie möchten die Gunst dieser Reisebekanntschaft etwa mißbrauchen und ungebührlich zu verlängern trachten.

»Mir scheint«, sagte er langsam, »da ich ein Maler bin, der gegenwärtige Augenblick wie ein sehr schönes Gemälde. Der herrliche See, die fernen Alpen — und um sich und uns ein Vergnügen zu machen, hat nun heute der Herrgott nicht bloß einen extraschönen Tag geschaffen, sondern hat auch noch auf diesem Schiff ein paar Menschen zusammengeführt, die das Schöne lieben und zu genießen wissen. So sind denn diese paar Stunden unserer Seefahrt, die ich nie vergessen will, wie ein schönes, in sich vollkommenes Bild, das man wohl im Gedächtnis behalten mag, das aber — wie jedes Bild — eben nur einen einzelnen losgelösten Augenblick darstellt. Es ist reine Gegenwart, durch keine vergangenen Beziehungen und durch keine Absicht oder auch nur Hoffnung auf künftige gestört.«

Etwas verwundert hörte der freundliche Herr diese unerwartete Rede des bisher so schweigsamen Jünglings an. Dann gab er mit einer höflichen Gebärde die Antwort: »Sehr gut, Herr Künstler. Ich habe Sie, wie ich hoffe, so ziemlich verstanden und will Ihnen gerne recht geben. Übrigens können Sie mit unsrer heutigen Fahrt guten Gewissens zufrieden sein, da Sie nicht nur genossen haben, sondern auch Gebender waren. Ich dagegen kann mir nicht verhehlen, daß ich in diesen Stunden zwar viel Schönes genossen, meinerseits aber nicht das mindeste geleistet habe.«

Die Jünglinge unterbrachen ihn mit einigen abwehrenden Höflichkeiten, und namentlich der Maler war keineswegs der Meinung, auf dieser Seereise weniger empfangen als gegeben zu haben. Doch wagte er diese Überzeugung, die in einen Lobpreis des schönen Mädchens hätte austönen müssen, nicht kundzugeben.

»Nun«, fuhr der alte Herr fort, »jedenfalls möchte ich die einzige Gelegenheit, Ihnen meine Dankbarkeit und gute Gesinnung zu zeigen, ja nicht versäumen und bitte die Herren, uns nach der Ankunft am Lande noch bei einer fröhlichen Mahlzeit Gesellschaft zu leisten.«

Weizsäcker war, so sehr ihn die Aussicht auf eine weitere Stunde in des Fräuleins Nähe verlocken wollte, durch seine Abschiedsgedanken schon allzu tief in Selbstquälerei versunken, als daß er freimütig hätte annehmen und sich freuen können. Hatten sie durch ihren Gesang den Herrschaften eine Freude machen und sich ihrer Gesellschaft würdig erweisen können, so sollte ihnen dies Vergnügen jetzt nicht durch ein Mittag- oder Abendessen abgekauft werden. Es schien ihm, dadurch gäbe er der schönen Fremden gar vollends das Recht, ihn mit Geringschätzung als einen armen Schlucker und fahrenden Schüler anzusehen. Darum gab er durch seine Antwort von neuem Anlaß zur Verwunderung.

»Verehrter Herr«, sagte er nämlich ernsthaft, »Ihre gütige Einladung ist mehr, als wir je verdient haben. Wir haben ja doch zu unserem eigenen Vergnügen gesungen. Es würde mir leid tun, von Ihnen etwas annehmen zu sollen, was ich weder verdient noch beabsichtigt habe.«

»Aber, lieber Herr«, rief der Kaufmann mit Erstaunen, »dies wird doch nicht Ihr Ernst sein!«

Aber Jonas Finckh fiel sofort entschieden ein: »Natürlich ist es nicht sein Ernst! Er muß nur immer so feierlich tun. Lieber Gustel, warum sollten wir denn nicht mit den Herrschaften speisen? Komm, sei nicht komisch, gleich sind wir am Land.«

Dabei blieb es, während nun jedermann nach vorne drängte und sich die Landungsstelle beschaute, wo unter hohen Ulmenbäumen, den Weg zum nahen Städtchen verbergend, ein behagliches Gasthaus mit schimmernden Fenstern lag.

Es war im halben Nachmittag, als das fröhliche Boot am Lande anlegte und seine Gäste entließ. Der Schiffsmann trug selbst das wenige Gepäck der Herrschaft nach dem Gasthaus hinüber und kehrte wohlzufrieden mit der Belohnung in sein Fahrzeug zurück, wo er sogleich die beiden kostbaren Stühle beiseite tat und sorgsam mit einer schützenden Leinwand zudeckte.

Der Appenzeller und der andre Mann verließen grüßend die Gesellschaft und gingen davon. Die beiden Freunde bezahlten dem Schiffer das Notwendige, nahmen Abschied von ihm und gaben den Ruderknechten, wie sie den Senator hatten tun sehen, ein Trinkgeld. Dann trugen sie ihre Ranzen zum Wirtshaus hin, in dem das Fräulein schon verschwunden war. Ihr Vater verhandelte im Hausflur mit dem Wirte. Dann trat er umschauend hervor, nahm die Wartenden wahr und rief ihnen zu: »Leider muß ich die Herren um ein wenig Geduld bitten, wir können erst in einer Stunde essen. Aber ich rechne auf Sie! Lassen Sie sich die Zeit nicht zu lange werden, während ich inzwischen ein wenig ruhen will.«

Sie nahmen flüchtig Abschied, und Finckh erklärte, große Lust zu einer Ruderpartie zu haben. Leicht beredete ihn Weizsäcker, daß er sich allein in die Gondel des Wirtes setze, wo er zum Vergnügen zweier zuschauender Knaben sich so heftig und ungeschickt mit dem ungewohnten Ruderzeug zu schaffen machte, daß das Wasser um ihn spritzte. Der Maler ging indessen am Strande hin bis zum äußersten Vorsprung der kleinen Bucht, von wo das breit daliegende Gasthaus samt den Ulmenbäumen, dem kleinen Bootshafen und einem Stück See als ein friedevoll abgeschlossenes Bildchen zu sehen war. Er hatte aus seinem Bündel einiges Malzeug und ein Blatt vom feinsten, teuersten Papier mitgenommen, dessen Faser und zartes Korn er besonders schätzte.

Nun setzte er sich, im Herzen unruhig bewegt, auf den hell schimmernden Stumpf eines wohl erst kürzlich abgesägten Baumes und fing behutsam an, die kleine hübsche Landschaft mit dem Hause, darin er das Fräulein ruhen wußte, zu zeichnen.

Er hatte eine ordentliche Schule genossen und war namentlich im genauen Zeichnen und zarten Kolorieren von Landschaften wohl geübt. Seine Art war es nicht, die Ansicht einer Landschaft oder Architektur mit heftiger Kohle zu umreißen, kühne Schatten darein zu werfen und in Schnelligkeit und Sturm etwas Geniemäßiges hinzuzaubern. Vielmehr liebte er und übte es, mit feinem Stift in Treue jeden Umriß und jede erfreuliche Artigkeit einer Gegend sorgfältig nachzuzeichnen, auch auf dem Zweig den singenden Vogel nicht zu versäumen und überall nach Kräften die freudige Ehrfurcht auszudrücken, die er vor jeder Schöpfung Gottes, auch der kleinsten, empfand.

Diese Tätigkeit, dies fromme und gewissenhafte Tun übte auch jetzt seinen sänftigenden Zauber, und während sein unerfahrenes und noch kindliches Herz sich gegen den Pfeil einer hoffnungslosen Verliebtheit wehrte, kam ihm von allen Seiten, vom friedlichen Wasser, von den vollen weichen Baumkronen und Gebüschen, vom Gestein und Kies des Ufers der leise Trost entgegen, der keinem reinen Herzen verwehrt bleibt, solange es Gott in seinen Werken zu ehren versteht. Liebevoll umschrieb sein Bleistift die anmutigen Formen der Seebucht und die strengen des ruhenden Fährbootes, liebevoll auch jedes Fenster und Gesims des Hauses. Da er sah, es werde ihm die Zeit nicht hinreichen, das Blatt zu kolorieren, wandte er doppelte Sorgfalt an die Zeichnung und Schattierung, gab dem Ulmenlaub und dem Kastanienlaub sein Recht und ließ keinen von den vielen Pfählen des Gartenhages seinen Schatten entbehren.

Die Frucht seines Fleißes, wenn sie hinreichend schön gelänge, hatte er als Andenken und Abschiedsgeschenk dem Fräulein aus Bremen zugedacht, indem er damit auch die angebotene Mahlzeit ihres vielleicht doch etwas almosenhaften Charakters zu entkleiden meinte. Es schien ihm wünschenswert, daß die junge Dame irgend etwas von ihm in Händen habe, damit doch ein schwaches Zeugnis des Gewesenen und ein leiser Antrieb zur Erinnerung vorhanden sei. Dies stimmte keineswegs zu den klugen Worten, die er kürzlich über den Wert der Gegenwart gesprochen hatte, wohl aber stimmte es durchaus zu seinem jetzigen Gefühl und auch zu dem Lied, das ihm vom Schiff her noch nachtönte und das er nun, während er die letzten sauberen Striche an seiner Kunstarbeit tat, nochmals ganz leise, und doch vielleicht bis zum Hause hin hörbar, anstimmte und zu Ende sang:

»Innsbruck, ich muß dich lassen,
ich fahr dahin mein Straßen,
in fremde Land dahin;
mein Freud ist mir genommen,
die ich nit weiß bekommen,
wo ich im Elend bin.

Groß Leid muß ich jetzt tragen,
das ich allein tu klagen
dem liebsten Buhlen mein;
ach Lieb, nun laß mich Armen
im Herzen dein erbarmen,
daß ich muß dannen sein!

Mein Trost ob allen Weibern,
dein tu ich ewig bleiben,
stet, treu, der Ehren fromm;
nun muß dich Gott bewahren,
in aller Tugend sparen,
bis daß ich wieder komm!«

Mit dem Gesang zugleich war auch die Zeichnung zur Vollendung gediehen und schien dem Künstler zwar lange nicht gut und wertvoll genug, doch immerhin nicht ganz unwürdig, ihn bei dem Mädchen zu vertreten und sie als ein Zeichen uneingestandener Neigung und als Andenken an schöne Reisestunden so lange und weit zu begleiten, als es ihr gefallen würde.

Indem er noch, das Blatt betrachtend, grübelte und manchen begehrlichen Gedanken mit dem Unmöglichen spielen ließ, kam der Kandidat Finckh um die Bucht gerudert, sicherer schon als vor einer Stunde, doch auch ermüdet und sehr auf die Mahlzeit wartend.

»Noch fleißig?« rief er zu dem Freunde hinüber, der scheu aus seiner Verlorenheit emporschrak.

Rasch wollte der Maler vom Sitz aufspringen, fiel jedoch mit einem abscheulichen Gefühl unerklärlicher Lähmung zurück, und da er erschrocken und verwirrt unter den Blicken des lachenden Kameraden nochmals sich aufzurichten versuchte, hielt dasselbe unheimliche Hindernis ihn wieder fest.

Entsetzt begriff Gustav Weizsäcker urplötzlich seine Lage ganz und gar. Ach, er war weder gelähmt noch angenagelt, sondern sein Beinkleid hing fest verwachsen an dem noch harzigen Baumstumpf, auf dem er saß. Noch einmal versuchte er vorsichtig loszukommen. Es gelang nicht, und jetzt rief er kläglich den Freund zu Hilfe. Halb erschrocken suchte dieser in Eile eine nahe Landestelle, fuhr auf den Sand und kam fragend gelaufen.

Da er sah und hörte, wie es um den Maler stand, mußte er anfangs nicht wenig lachen. Bald aber wurde auch ihm das Verhängnisvolle der Lage klar.

»Ich weiß nichts anderes«, sagte er da entschlossen, »als daß du aus der Hose schlüpfst. Die werden wir dann mit einiger Vorsicht wohl unbeschädigt losbringen. Wenn du dich losreißt, geht sie in Fetzen.«

Dazu war indessen Gustav nicht zu bewegen. Zwar schien kein Mensch in der Nähe zu sein, doch war sein Sitz vom Hause her aus allen Fenstern sichtbar. Und lieber hätte er sich selber umgebracht, als es etwa erleben zu müssen, daß die Bremerin in ein Fenster träte und ihn, schmachvoll rückwärts kriechend, sein angewachsenes Beinkleid verlassen sähe. Nein, es mußte ein edlerer Weg gewählt werden.

Er beschwor den Freund, allein zu dem Mahl zu gehen. Er möge den Leuten sagen, er sei krank, sei fortgelaufen, sei ersoffen. Aber Jonas war anderer Meinung. Und er setzte sie durch.

Er zählte auf drei, und mit seiner Hilfe zerrte Gustav sich mit verzweifeltem Ruck gewaltsam von dem tückischen Sitze los. Das Wunder geschah, daß das neue Beinkleid aus derbem Lodenstoff dem Ansturm siegreich widerstand. Es war unverletzt und hatte bloß einige Flecken, um welche man sich jetzt nicht bekümmern konnte.

Aufatmend schritt der Erlöste mit seinem Freund gegen das Wirtshaus, nach kurzem Warten wurden sie von der Wirtsfrau abgeholt und nach einem heiteren, kleinen Saal im oberen Geschoß geleitet.

Hier fanden sie inmitten des freundlichen Raumes eine Tafel für viere schön und reichlich gedeckt, mit schimmernden Fußgläsern und Silberzeug auf frischem Damast, mehrere Teller übereinander und Flaschen mit rotem und weißem Wein handgerecht stehend. Das war nun freilich eine andere Art zu reisen und zu speisen, als es die sparsamen Fußwanderer gewohnt waren. Der Maler hatte seine Zeichnung unter daliegendem Leinenzeug auf einem Tisch des Vorzimmers vorläufig verborgen, hatte auch Zeit gefunden, auf der dunklen Treppe sein Gesäß mit Taschentuch und Sackmesser etwas abzuschaben. Er machte jetzt den vorsichtigen Versuch, sich auf einem Stuhl niederzulassen, und fand zu seiner großen Freude die Klebkraft des Harzes so weit gebrochen, daß er bei einiger Sorgfalt wohl hoffen durfte, jederzeit mit Ehren sich wieder erheben zu können.

An einem Fenster stehend, warteten die beiden in leichter Befangenheit des weiteren. Der See, der noch in voller Sonne lag, warf ein schon abendliches, warmes Licht zurück und an die Wände des Raumes, die mit einer neuen, figurenreichen Tapete voll mythologischer Darstellungen bezogen waren.

Die Wirtin in sauberer Schürze trug die Suppe auf, und gleichzeitig traten die Gastgeber herein, der Alte nur gebürstet, rasiert und geglättet, die Tochter aber umgekleidet, in einem dunkelblauen schweren Abendkleid und sorgfältig frisiert, so daß alsbald, trotz einiger Scheu der Gäste, ein Flug von Festlichkeit und Glanz mit hereinzog. Man begrüßte sich eifrig und vergnügt und nahm ungesäumt an der schönen Tafel Platz. Die Frau trug das Essen auf, der Wirt selbst im Tuchrock sorgte für das Einschenken; auf die kräftige Suppe folgte eine Schüssel vorzüglicher Fische aus dem See, über deren eigentliche, zoologisch richtige Namen man aber nicht einig wurde.

Als an die Stelle der Fischplatte ein zarter Kalbsbraten gesetzt wurde, hatten die Gäste ihre weltungewandte Befangenheit schon so ziemlich abgelegt, namentlich der Reutlinger gab sich Mühe um ein großzügiges, nicht eben gelehrtes, doch würdiges Tischgespräch. Der Maler, der zuzeiten ungesehen die Adhäsionskraft seines Beinkleides prüfte und nötigenfalls verstohlen mit der flachen Linken zwischen sich und seiner Sitzgelegenheit auf Sonderung drang, hatte das Glück, die schöne Fremde im besten Licht gegenübersitzen zu sehen. Er hatte die zierliche Fertigkeit bewundert, mit der sie das weiße Fleisch der Fische von den Gräten löste (die die Wirtin entschuldigend »Dornen« nannte), und fühlte bei ihrem Anblick, so sehr sie ihm in jedem Betracht überlegen schien, doch wieder jene unerklärliche Rührung, als bedürfe dieses schmukke Geschöpf eines besonderen Schutzes und einer besonders zärtlichen Liebe. Sie gab ihm indessen zu irgendwelcher Beschützung und Hilfe keinerlei Anlaß, bediente vielmehr wiederholt seinen Teller mit guten Bissen, wenn er selbst sich zu sparsam bedacht hatte. Sie fragte nach den Absichten seiner Reise, und wie er denn alsdann in dem fernen wilden Land so allein zu leben gedenke. Da tat er ihr erzählend ein Fensterlein in sein bescheidenes Malerleben auf, und sie erfuhr belustigt, wie er seinen kleinen Haushalt zu führen und sogar ein wenig zu kochen verstehe.

Ihr schienen diese kleinen Angelegenheiten spaßhaft und unterhaltend, und sooft er ablenkend von anderem zu reden begann, von den Bildern, die er zu malen hoffte, und dergleichen, was ihm groß und ernst und wichtig war, brachte sie ihn immer wieder auf jene hausfraulichen Kleinigkeiten zurück und erfuhr von ihm und seinem Leben in aller Geschwindigkeit unendlich viel mehr als er von dem ihren. Doch bemerkte er selbst das nicht, denn Geben und Nehmen ist ja für Verliebte einerlei.

Unten stand schon die hübsche Reisekutsche des Bremers bereit, und auch die jungen Freunde wollten vor Nacht noch eine Strecke wandern. Der Herr bemerkte im

Gespräch, es wäre ja wohl möglich, daß man sich nochmals begegne, vielleicht in Mailand, doch vermochte der aufmerksam horchende Maler in seinen Worten keinerlei Aufforderung zu erkennen, auch war von einer mailändischen Adresse keine Rede. Es war nicht anders, der Abschied stand bevor, und auf ein Wiedersehen war nicht zu hoffen.

Als man denn mit guten Wünschen für eine weitere fröhliche Reise mit dem letzten Glase anstieß und sich von der behaglichen Tafel erhob, enteilte Weizsäcker in das Vorzimmer, holte seine Zeichnung hervor und überreichte sie dem Fräulein. Sie betrachtete das Blatt mit Überraschung, wollte nicht glauben, daß es ein Geschenk für sie sein solle, reichte es dem Alten hin und meinte, das dürfe sie nicht annehmen. Auch der Vater machte einige Einwände, gab sich jedoch bald zufrieden und meinte freundlich: »Sie wollen uns zeigen, daß ein Künstler immer der Reichere und Geber ist, wenn er mit gewöhnlichen Bürgern zusammenkommt. Damit haben Sie recht. Ich bin kein Kunstverständiger, lieber Herr, und kann Ihnen keine Elogen über Ihr Talent machen, es wäre anmaßend. Aber wenn ich Sie beide jungen Leute ansehe, wie Sie da Ihre erste Reise in die Fremde tun, so muß ich meine Lust daran haben und muß Ihnen beiden wünschen: bleiben Sie so gute Freunde und so muntere Reisende noch lange Zeit!«

Damit schieden sie voneinander, und nach wenigen Augenblicken marschierten Jonas und Gustav zum Hof und Garten hinaus der abendfarbenen Weite entgegen, der eine vom guten Weine froh erregt und munter pfeifend, der andre schweigsam und ergeben. Er dachte sich ein Bild, das er später malen würde: ein leuchtender Sommerhimmel, in dem ferne hohe Gebirge ragen, und unten eine warme, schillernde Seebreite und im Vordergrund die Brüstung eines Schiffes, an der ein schönes, bräunlich-blasses Mädchen ausschauend steht, die halbe Stirn vom blauen Schleier bedeckt.

Sie waren noch keine halbe Stunde gewandert, da klang hinter ihnen auf der harten Straße Pferdetrab und leichtes Räderrollen; sie traten wartend an den Straßenrand, und kurz bevor das rasche, gute Fahrzeug sie erreichte, stimmten sie kräftig an:

»Ach Gott, wie weh tut Scheiden,
hat mir mein Herz verwundt;
so trab ich über die Heiden...«

Aus der braunen Kutsche grüßten nickend und lächelnd im Vorüberfahren das graubärtige Gesicht des Kaufherrn und das junge seiner Tochter; beide winkten lebhaft heraus, und da sie schon weit waren, wehte noch einmal auf der Seite des Mädchens ein blauer Schleier aus dem dahinfahrenden und bald entschwindenden Wagen.

»Hätt' mir ein Gärtlein bauen...«, stimmte Jonas Finckh den zweiten Vers des begonnenen Liedes an, denn sie waren beide als rechte Sänger gewohnt, nichts Halbes von sich zu geben. Allein der Maler tat nicht mit, er ging gesenkten Kopfes dahin, und da ihn sein Freund anrief und zum Weitersingen mahnte, schüttelte er den Kopf, zog sein Taschentuch hervor und begann sich heftig zu schneuzen.　　　　　　(1910)

Windiger Tag im Juni

Der See starrt wie Glas,
Am steilen Hügelhang
Weht silbern das dünne Gras.

Jammernd und todesbang
Schreit ein Kiebitz in der Luft,
Taumelt in zuckenden Bogen.

Vom anderen Ufer herübergeflogen
Kommt Sensengeläut und sehnlicher Wiesenduft.

Ski-Rast

Am hohen Hang zur Fahrt bereit,
Halt ich am Stab für Augenblicke Rast
Und seh geblendet weit und breit
Die Welt in blau und weißem Glast,
Seh oben schweigend Grat an Grat
Die Berge einsam und erfroren;
Hinabwärts ganz in Glanz verloren
Durch Tal um Tal stürzt der geahnte Pfad.

Betroffen halt ich eine Weile,
Von Einsamkeit und Stille übermannt,
Und gleite abwärts an der schrägen Wand
Den Tälern zu in atemloser Eile.

Winterbrief

Lieber Freund! Küblis im Prättigau, Anfang März [1911]

Bei Euch drunten tropft jetzt vermutlich das letzte Schneewasser von der Nordseite der Dächer, Du gehst mit der langen Pfeife im Garten einher und überlegst Dir den Gemüseplan für den kommenden Sommer, die Amseln lärmen im Gebüsch und die Hasen im Stall werden ungebärdig. Und da fragst Du mich, was ich von diesem Frühling halte, der so früh beginnen will, ob ich keinen Wildschaden am Obst habe und welcherlei Blumenkohl ich dies Jahr ziehen werde.

Auf das alles kann ich Dir heute keine Antwort geben. Die Samenhändlerkataloge liegen noch unausgepackt bei mir daheim, und wie groß die Fliederknospen schon sind, weiß ich nicht, denn ich bin nicht am See, sondern in Graubünden und interessiere mich nicht für Blumenkohl und Raupenleim, sondern für Frost und Schneefall, denn ich bin Skiläufer geworden und habe im Augenblick für nichts zu sorgen als dafür, daß ich womöglich jeden Abend ohne Schaden an Leib und Skibrettern wieder ins Dorf zurückkomme.

Das wundert Dich, gelt? Ich wäre auch von mir aus vielleicht nicht darauf gekommen. Aber meine Frau, die immer gern in die Berge geht, hat mir zu Weihnachten ein Paar Ski geschenkt und mich dadurch zur Reise genötigt. Es war natürlich ein Danaergeschenk; denn meine naive Meinung, zum Skilaufen gehöre nichts als ein Paar solcher Hölzer, hat mich elend betrogen. Man braucht nicht nur die Bretter und das Billett nach Graubünden, sondern man braucht Skistiefel, Skihosen, Skimützen, Skibrillen, Ziegenhaarsocken und alles mögliche, was zusammen eine Menge Geld kostet, und da meine Frau das alles auch brauchte, hat sie mit ihrem Geschenk nicht übel abgeschnitten. Ich war denn auch anfangs etwas mißvergnügt, und als wir daheim ein paarmal im weichen Schnee einen Hügel hinabfuhren und uns die Knöchel wund machten, schien mir dieser Sport wenig sympathisch. Aber jetzt habe ich doch Freude daran, wenn auch der eigentliche Sport dabei mir noch so fremd ist wie am ersten Tag. Ich kann noch gar nichts und habe noch nicht einmal gute Läufer gesehen, ich kann keine Bogen fahren und weiß nicht, wie die norwegischen Schwünge aussehen. Für den eigentlichen Sport haben wir wenig Talent, dazu muß man jünger und freier sein und mehr Zeit haben. Darum sind wir auch nicht nach Sankt Moritz oder Davos gegangen, sondern machen unsere Versuche ohne Gesellschaft und ganz unsportmäßig in der Gegend von Küblis, Pany und Sankt Antönien.

Ich will nicht verächtlich von einem Sport reden, der mir imponiert und sehr schön ist. Aber da es mir das ganze Jahr hindurch an Arbeit, auch an körperlicher, nicht fehlt, hätte der Sport allein mich wenig gelockt. Dagegen habe ich den Bergwinter immer geliebt und bin schon vor zwölf Jahren, als es in der Schweiz meines Wissens noch keinen Skilauf gab, zuweilen mitten im Winter ein wenig in die Berge gegangen. Da war freilich wenig zu machen als ein bißchen Spazierengehen und Rodeln, und es tat mir oft leid, die schönen weißen Berge in ihrem meterhohen Schnee unzugänglich stehen zu sehen; denn darin haben die Wintersportler recht: das Hochgebirg ist im Winter beinahe schöner als im Sommer, und das Wetter ist viel beständiger.

Wir haben denn auch, als wir hierher kamen, nur zwei Tage an schrägen Halden geübt und uns an die Brettchen zu gewöhnen versucht, und sobald wir einen ordentlichen Hügel hinunter fahren konnten, ohne zu fallen, und sobald wir heraus hatten, wie man etwa in Notfällen bremsen kann, ließen wir den Sport liegen und gingen unserem eigentlichen Ziele nach. Auf unsrer ersten Tour kamen wir schon auf zweitausend Meter und waren sieben Stunden unterwegs, und seither freut uns die Sache, und wir suchen die Gegend nach erreichbaren schönen Höhen ab.

Dazu haben wir natürlich einen Führer mit und üben alle Vorsicht, und viele Touren können wir mit unserer Anfängerkunst eben noch nicht machen, aber wir haben doch schon eine Anzahl von schönen Wegen gemacht und Höhen erreicht, wohin man im Winter ohne Schneeschuhe nicht kommen kann. Und das lohnt sich. Auf einer hohen Alp neben den bis ans Dach eingeschneiten Hütten zu stehen, wo acht Monate des Jahres kein Mensch hinkommt und wo viele Stunden weit nur Schneewildnis und weiße Einsamkeit ist, das ist unglaublich schön. Und dann ist es auch für Nichtsportleute eine merkwürdige Lust, weite Wege bergab bei gutem Schnee in erstaunlich kurzen Zeiten hinunter zu pfeifen, über verwehte Bäche und gefrorene Sümpfe wegzugleiten wie über glatte Straßen und zwischen den Stämmen eines stillen, verschneiten Fichtenwaldes hin sich einen Weg zu suchen. Das Beste ist natürlich, wie bei allen Touren, das Erreichen eines schönen Zieles und die Rast. Wir haben in ganz eskimohaften Lagen unsere Suppe und unsern Tee gekocht, wobei ich es allerdings ohne die wunderbaren Ziegenhaarsocken nicht ausgehalten hätte.

Im Anfang ist es nicht ohne Mühen. Berganwärts über eisige Steinpfade außer dem Rucksack auch noch die zwei recht schweren Bretter auf dem Rücken mitzutragen und sie dann stundenlang an den Füßen zu haben, macht Beschwerde, bis man daran gewöhnt ist. Und wenn der Schnee zu weich oder zu eisig ist, macht das Ersteigen von steilen Hängen viel Arbeit. Im metertiefen Schnee hat man nach einem ungeschickten Fall oft fast eine Viertelstunde zu schaffen, bis man wieder sichtbar ist und aufrecht steht. Unser Führer ist ein guter Berggänger, aber kein Skikünstler, und läßt uns gewiß manchen ganz unsportmäßigen Griff passieren, aber er läßt uns auch lernen und alles selber auskosten und hat uns nur selten beim Wiederaufstehen geholfen, so daß wir bald überaus vorsichtig und wirklich selbständiger geworden sind.

Also von den Frühjahrsarbeiten und vom Blumenkohl schreibe ich ein andermal. In ein paar Tagen fahren wir wieder heim, dann will ich daran denken. Man spürt nämlich den Frühling auch hier schon ganz wohl, trotz der kalten Nächte und des Schnees. Es ist ein Föhn in der Luft, der noch nicht recht herauskommt, aber seit vorgestern in der Höhe herumdrückt und die sonderbarsten Spielereien treibt. Gestern vormittag habe ich auf einem Skiausflug dem eine Weile zugesehen und meine Freude daran gehabt wie ein Goldschmied an schönen Edelsteinen. Der Föhn ist doch das Schönste in den Bergen, wenn er auch Schnee und Wetter verdirbt! Ich bin viel unterwegs gewesen und habe viel Schönes und Tolles gesehen, aber die Lichter und Wolken von gestern haben mich überrascht, wie wenn ich zum erstenmal im Leben aus dem Hause und unter die Sehenswürdigkeiten der Natur käme.

Wir hatten einen etwas beschwerlichen Aufstieg, doch ohne Gepäck, und fanden dann, etwa zweihundert Meter höher als Pany, eine wunderbare Aussicht gegen die Scesaplana hinüber und auf der anderen Seite ins Prättigau und die Silvrettaberge, vor

mer gehen; mich gehen sie nichts an, und ich hatte meinen Spaß an dem Touristen, der
zu den Leuten gehörte, die aus Mangel an einer eigenen Meinung sich der Gründlich-
keit hingeben. Er wußte jede Kleinigkeit zu nennen, die für Harden sprach, und jede,
die dem Grafen zugute kam, und so ging seine Belehrung mit »einerseits« und »and-
rerseits«, mit »trotzdem« und »hingegen« weiter wie die Kritik eines fleißigen Rezen-
senten, der nicht Geschmack und Persönlichkeit genug hat, um ein Buch mit Klarheit
zu loben oder zu tadeln, und statt dessen mit Vorsicht und viel Kenntnissen zwischen
Ja und Nein hin und wider schwimmt.

Am Schlusse bekannte sich indessen der Fremde wenigstens ehrlich und eindeutig
zu dem sehnlichen Wunsche, einmal in einem solchen Luftschiffe fahren zu dürfen,
und seufzte resigniert darüber, daß dies einstweilen nur hohen Herrschaften oder reichen Leuten möglich sei. Da war es nun an mir, mich überlegen und bedeutend zu
fühlen, und ich tat es auch, doch ohne dem Manne zu sagen, daß ich selber morgen im
»Zeppelin« werde fahren dürfen. Ich wollte ihn nicht ohne Not neidisch machen, und
auch dem Geschick nicht vorgreifen, denn im Stillen war ich immer noch mißtrauisch
und darauf gefaßt, daß möglicherweise Wetter und andre Umstände mich doch noch
um die Fahrt betrügen könnten. Als ich indessen am nächsten Sonntagmorgen, nach
Möglichkeit gebürstet und geglättet, auf der in aller Frühe schon heißen Fahrstraße
zur Ballonhalle hinauswanderte, schnurrte über mir schon prächtig das Riesenspielzeug
dahin, von seiner ersten Frühfahrt zurückkehrend, und es war ein merkwürdig erre-
gender Anblick, auf dem weiten, mit sonntäglichen Gästen erfüllten Felde das Ungeheuer niedersinken und endlich gefesselt zu sehen.

Es dauerte nicht lange, so konnten wir einsteigen, eine bequeme kleine Holztreppe
hinan, und merkwürdigerweise war dabei gar kein neues und fremdes Gefühl, weder

Erregung noch Bangen, sondern es war die einfachste und vergnüglichste Sache von der Welt, da einzusteigen und in der eleganten, luftigen Kabine auf den behaglichen Rohrstühlen Platz zu nehmen, wo man saß wie in einem sehr bequemen Speise- oder Aussichtswagen. Die Arbeiter waren emsig an den Seilen beschäftigt, die vielen Zuschauer drängten sich neugierig um das Schiff, Touristen mit Gemsbärten am Hut und sonntägliche Radfahrer betrachteten sich das Ereignis, und wir Passagiere saßen stolz und kühn in unserer Kabine. Die Sonne brannte freudig auf den dürren Rasen und flimmerte auf den weiten See, gerade vor mir standen zwei Offiziere, die die letzte Fahrt mitgemacht hatten, und ihre Epauletten blitzten in der Sonne.

Aber plötzlich stieg das Schiff empor, und die beiden Offiziere wurden klein und begannen merkwürdig auszusehen, am Ende sah ich von ihnen nichts mehr als die runde Oberfläche der Mützen, die blanken Achselstücke und darunter die Spitzen der Schuhe, und als ich rasch aufstehend mich über die Brüstung beugte, entwich unter uns die Erde und ich hatte vom ersten Augenblick an nicht mehr das Gefühl, etwas mit ihr zu tun zu haben und zu ihr zu gehören. Die Menschenmenge wurde klein und komisch, die Stadt Friedrichshafen wurde erstaunlich übersichtlich und niedlich, auch die riesige Ballonhalle sank zu einem belanglosen Fleck zusammen. Dafür aber ging uns das Reich der Lüfte auf, und die Welt wurde erstaunlich groß und weit, wir sahen nahe und ferne Städte still um den See stehen, der auch an Größe verlor, und die großen Zusammenhänge der Landschaft, die Formen der Ufer, das Niedersinken der Berge von den Arlberger und Graubündner Alpen über die Vorberge und Uferhügel hinweg wurden klar, der Rhein war keine Vedute mehr, sondern in seiner Größe, Bedeutung und Geschichte zu übersehen, weit hinauf, und bis zur Mauer der hohen Gebirge

hin ordnete sich und klärte sich die mir seit Jahren wohlvertraute Gegend so überraschend und einfach, wie manchmal einem Studierenden nach langer Kleinarbeit ganz plötzlich Gefüge und Zusammenhang der Dinge sichtbar wird.

Wir flogen mit einer Schnelligkeit, die wir nur am eilig dahinrasenden Schatten des Luftschiffes annähernd schätzen konnten, über den See gegen Bregenz hin, über Wasserburg, Bad Schachen und Lindau weg, und waren plötzlich schon in Bregenz. In der Kabine war trotz der weiten, nicht verglasten Fenster kaum eine Spur von Luftzug zu bemerken, sobald man indessen Kopf oder Hände aus dem Fenster steckte, brauste die Luft wie ein Sturmwind vorüber. Unter uns wich nun der See, mit seichtem, wildem Binsenufer und sumpfigen Öden, und wir fuhren über Land, sahen Dächer und Höfe, Menschen und Tiere in wunderlicher Verkürzung, an die sich doch das Auge seltsam rasch gewöhnte, und hörten und sahen die Begrüßungen, mit denen überall das sonntägliche Volk seine Neugierde, Freude und Verwunderung kundgab. Mir fiel auf (obwohl bei einer solchen ersten Fahrt kaum eine Beobachtung aufkommt, nur wohliges Dahinschweben und rechenschaftslose Reiselust), mir fiel auf, wie alle Tiere ohne Ausnahme auf das Luftschiff reagierten, und alle mit Schrecken und Furcht. Ein Feldhase rannte in wahnsinniger Angst davon, einerlei wohin, und beschrieb die seltsamsten Kurven und Ovale, bis er sich in einem Bohnengarten verkroch. Die Vögel, auch die Habichte, flohen ebenfalls geängstigt davon, die Hunde bellten wütend oder zogen die Schwänze ein, und die Hühner waren ganz außer sich. Wir in der Kabine fanden uns vom Lärm der Maschine gar nicht belästigt, hie und da bei seitlichem Wind ein flüchtiger Benzingasgeruch war alles, von Vibration kaum eine leise Spur.

Und während unsre Propeller schnurrten, fuhren wir durch das sonnige Rheintal hinauf, der Kamor und der Hohe Kasten und viele andre vertraute Berge standen mächtig im strahlenden Licht. Während unten im fruchtbaren Stromtal die Sonne glühend auf die Reben brannte, flogen wir kühl und gelassen in der Höhe dahin, blickten senkrecht in den Rhein, in Dörfer, Klöster, Städtchen hinab, schauten seitwärts in kühle grüne Waldtäler und steile, enge Felstäler hinein und fuhren in kaum einer Stunde bis über Feldkirch hinaus. In Feldkirch standen die alten Häuser mit den Lauben seltsam verkürzt, den schönen, alten Festungsturm sah ich so direkt von oben, daß nur das runde, braune Dach wie ein Teller zu sehen war, und eine kleine Kapelle auf einem Hügel im Felde war so in der Perspektive verkürzt, daß ich ihre Form nur an dem großen Schatten erkennen konnte, der lang und spitz wie der Zeigerschatten einer Sonnenuhr neben ihr lag.

Wenn der Deutsche sich sehr erhoben fühlt, so trinkt er Sekt, und Sekt war auch im Luftschiff zu haben und wurde hübsch und nett serviert, und er war auch sehr gut, aber ich fand diese Beigabe doch als das einzige Stillose und Entbehrliche an der Fahrt.

Die Rückfahrt ging noch rascher, mit drei Motoren, und es war mir und uns allen viel zu früh, als wir nach zwei Stunden wieder über die Halle schwebten und vom Ameisengewimmel der Arbeiter empfangen wurden, die die ausgeworfenen Seile fingen und festhielten. Dabei flogen wir dicht über den Wipfeln eines Föhrenwäldchens hin und scheuchten noch einen Bussard auf.

Ich verstehe nichts von der Technik, und ich weiß nicht, wie weit es Graf Zeppelin noch bringen wird. Ich schließe die Augen und fühle wieder das schwebend leichte, weiche Reisen durch die Luft, ich genieße wieder den Anblick der weit erschlossenen Landschaft und das Gefühl des Draußenseins aus allen irdischen Kleinigkeiten; und ich weiß gewiß: sobald ich wieder Gelegenheit finden werde, zu fliegen, werde ich es mit tausend Freuden tun.

(1911)

Globetrotter

Wieder mit geraffter Schleppe
Eine fremde blasse Frau
Auf der steilen Landungstreppe,
Und dahinter kühl und blau
Fremder Himmel, Meeresweite,
Möwenflug und frischer Wind,
Felsgebirge steil zur Seite,
Das im Licht verrinnt.

Wartend stehn wir am Geländer,
Niemand, der uns Abschied winkt,
Fahnen wehn und Farbenbänder,
Grelle Blechmusik erklingt.

Taue fallen – sieh, wir fahren!
Und das lichte Land entweicht,
Frische Seeluft in den Haaren
Und im Schleier streicht.

Unten klingen Heimatlieder,
Hundert helle Tücher wehn;
Ohne Lächeln sehn wir wieder,
Was wir oft gesehn.

Kellner eilen, Sprachen schwirren,
Flüche drohen, Schlösser klirren;
Dort verstauen die Matrosen
Das Gepäck der Heimatlosen.

Sommerbriefe

I.

Sehr geehrter Herr Hesse!

Ich schreibe Ihnen diesmal aus dem Gebirge, elfhundert Meter hoch, und Sie müssen es mir recht hoch anrechnen, daß ich mich bei dieser maßlosen Hitze zum Korrespondieren entschließe. Aber ich möchte Ihnen doch wenigstens für Ihren letzten Brief Dank sagen. Einig werden wir wohl niemals werden, ja ich fürchte, Ihre Idiosynkrasie gegen uns arme Schullehrer gehe so weit, daß Sie eine solche Einigkeit zwischen uns gar nicht für wünschenswert halten.

Genug von diesen Dingen! Es ist jetzt Sommer und Ferienzeit, da sollen alle diese Fragen ruhen. In einem aber fühle ich mich mit Ihnen und mit jedermann von Herzen einig, nämlich im Erstaunen über die wahrhaft höllische Hitze dieses Sommers. Sogar hier in den Bergen lähmt dieser Sonnenbrand alle Kraft und Unternehmungslust, und noch schlimmer ist es für die armen Landleute, für die ja auch Sie immer ein Herz hatten. Ein Vetter von mir, der für die »F.er Neuesten Nachrichten« arbeitet, hat vorgestern ausgerechnet, daß allein in Schwaben und Franken die diesjährige Trockenheit einen Schaden von annähernd vier Millionen verursacht hat, beziehungsweise zu verursachen im Begriffe ist, denn noch könnte ein ausgiebiger Regen vieles retten. Doch scheint man darauf leider nicht zu rechnen, und so wollen wir uns eben in Geduld darein finden. Ich tröste mich mit Ihnen, der Sie es an Ihrem Bodensee ja noch weit heißer haben. Freilich haben Sie dafür auch die schöne Badegelegenheit!

Es ist ein wahrer Jammer, bei jedem kleinen Ausflug die Klagen der so schwer geschädigten Bauern mitanzuhören. Unsereiner, der sich so lang aus der Stadthitze heraus aufs Land gesehnt hat, ist immer geneigt, die Landleute zu beneiden; aber dies Jahr tun sie einem tatsächlich leid. Gestern zeigte mein Hauswirt mir zwei schöne junge Pflaumenbäume, die am Absterben sind, und mit dem Futter steht es natürlich ganz traurig. Die Natur ist eben, trotz aller anthropozentrischen Vorstellungen, grausam und hat andere Zwecke als menschliche.

Ich würde mich freuen, gelegentlich wieder von Ihnen zu hören, und verbleibe mit den besten Grüßen ihr alter, Ihnen trotz allem gewogener Gegner   Julius Knayer.

II.

Sehr geehrter Herr Oberlehrer!

Danke schön für Ihren lieben Brief. Schade um die zwei jungen Pflaumenbäumchen! Doch wird Ihr Hauswirt den Schaden wohl verschmerzen können, da er bei dem Prachtwetter gewiß das Haus voll von Sommerfrischlern hat.

Leider muß ich nun gestehen, daß Ihr freundlicher Brief mich, wie fast alle Ihre werten Äußerungen, wieder lediglich zur Kritik und direktem Widerspruch reizt. Daß die Natur grausam sei, habe ich auch schon sagen hören, doch ist gerade das doch wohl eine typisch anthropozentrische Auffassung, und daß die Natur irgend welche Zwecke habe, glaube ich auch nicht. Sie existiert, sie ist da und ist tätig, und wir gehören dazu und sind immer dann ganz sicher auf dem Holzwege, wenn wir uns über »die Natur« Gedanken machen und sie als etwas Fremdes und Feindliches empfinden.

Lieber Herr Oberlehrer, ich weiß, wieviel Sie von Ihrem Herrn Vetter halten, und ich zweifle nicht, daß er Verdienste hat. Aber seine Schadenberechnungen imponieren mir keineswegs. Voriges Jahr hat er, der Nässe wegen, noch viel größere Schadenssummen ausgerechnet, also müßte doch dieses Jahr ein kleiner Überschuß da sein? Aber Ihr Vetter rechnet eben nach Normaljahren, die es nirgends gibt als in seinem Kopf oder Notizbuch, und das halte ich für ganz willkürlich und irreführend. Daß der Hitze wegen manche Bäume und Felder nichts tragen, die sonst vielleicht auch nichts getragen hätten, ist ja nicht gar so schrecklich. An meinem Hause ist heute ein Automobil vorbeigefahren, aus dem ganz gut ein reicher Amerikaner hätte aussteigen, mich als entfernten Vetter begrüßen und mir ein Geschenk von zweihundert Talern hätte machen können. Da niemand ausstieg, habe ich also heute einen Schaden von zweihundert Talern erlitten, den Staub im Garten gar nicht gerechnet.

Sehen Sie, wir werden trotz Ihrer freundlichen Bemühungen immer »Gegner« bleiben. Nicht weil Sie Lehrer sind; denn ich kenne recht viele Lehrer, die ich hochschätze und mit denen ich sehr gut befreundet bin. Sondern aus ganz anderen Gründen. Zum Beispiel vor allem aus dem Grunde, weil Sie immer und immer etwas zu klagen und anzukreiden haben. Sie haben sich seit Monaten mit Inbrunst schönes Wetter für Ihre Sommerferien gewünscht, und nun, wo dieser Wunsch so glänzend in Erfüllung gegangen ist, wissen Sie nur zu klagen. Wenn Sie ausgehen, sehen Sie nur verbrannte Wiesen und eingehende arme Obstbäume oder Kartoffelstauden. Sehen sie nicht auch Berge und Gletscher, Bachtäler und Felswände? Und sehen Sie die nicht klarer und leuchtender und farbiger, als irgend jemand sie seit Jahren gesehen hat? Aber davon sagen Sie nichts. Und Sie treffen immer Leute an, die zu klagen haben und

Heuernte vor dem Hesse-Haus in Gaienhofen. Im Vordergrund die Söhne Bruno und Heiner Hesse

unzufrieden sind! Mag der Bauer mit seinen Pflaumen und seinen Futterwiesen recht haben! Aber sehen Sie nicht auch Kranke, die der Sonne herzlich froh sind, Kinder, die sich der glänzenden Ferienzeit mit Jubel freuen, Käfer und Schmetterlinge, Eidechsen und andere Sonnenfreunde, die dies Jahr glänzender und schöner sind und ihres kurzen Lebens froher als je?

Ich muß sagen, mir macht dieser warme Sommer eine mächtige Freude, obwohl ich nicht in den Bergen sitze, sondern hier unten, und obwohl ich jeden lieben Tag ein paar Stunden lang im Garten Wasser tragen muß, was bei der Wärme nicht leicht fällt. Dafür hat man doch einmal warm und hell, wie es zum Sommer gehört! Ich gestehe, mir ist schon ein wenig bang auf den Herbst, und da ich nun einmal so schön durchgesonnt bin und mich an Licht und Wärme gewöhnt und verwöhnt habe, fällt mir der Abschied davon schon im voraus so schwer, daß ich beschlossen habe, mich darum zu drücken und im September durchs Rote Meer nach Ceylon und Sumatra zu fahren.

Sie werden nun wieder finden, das sei lauter Widerspruchsgeist bei mir. Aber es ist doch nicht so, wenn schon ich eine gewisse Freude daran habe, Sie immer und immer wieder auf der Seite der Opposition zu sehen und so in einer Art von Antipodenverhältnis zu Ihnen zu stehen. Sehen Sie, Sie stehen immer da, wo getadelt und geklagt wird. Sie sehen nicht den strahlenden Gletscher, sondern den verdorrenden Kartoffelacker, und Sie geben nicht den frohen Kindern, Touristen und Schmetterlingen recht, sondern dem wehklagenden Bauer und Ihrem gescheiten, gefährlichen Vetter! Und meine Meinung vom Leben ist nun einmal die, daß es besser ist, da zu stehen, wo die Kinder und Schmetterlinge stehen, daß es besser ist, das Leben und die Natur überall im Recht zu sehen und überall zu billigen, auch wo es mir einmal über die Finger geht. Ich habe auch Nerven, und ich seufze manche Nacht gewaltig, wenn Hitze und Schnaken mich nicht zu Schlaf kommen lassen; aber ich suche nicht, aus meiner Schwäche ein System zu machen und aus meinen Beschwerden Stoff zu Anklagen gegen die Natur. Ich tue das nicht aus Moral oder aus irgendeiner Theorie, sondern weil das Gegenteil keinen Wert hat, weil wir die Natur doch nirgends beeinflussen können. Das einzige, was der Mensch vielleicht ein wenig beeinflussen und regieren kann, ist sein Wille, obwohl auch das ja bezweifelt werden kann. Aber jedenfalls suche ich mein bißchen etwaiger Freiheit dazu anzuwenden, den Willen der Natur zu meinem zu machen und mir einzubilden, es geschehe mit meinem Willen, wenn es schneit oder heiß ist. Ich kämpfe nicht gegen das, was über meinen Kopf hinweg die Natur tut und läßt, sondern gegen das, was in mir selber dieser ewigen Natur widersprechen und mir dadurch das Leben erschweren will. Und das ist der Punkt, auf dem wir auch in Schul- und Erziehungsfragen nie einig werden können. Ich gestehe dem Menschen jedes erdenkliche Recht wider die Natur zu, er darf sie benützen, überlisten, auf seine Mühlen lenken, aber ich finde es schade und töricht, wenn er sein bißchen Geist und Freiheit dazu benützt, sie anzuklagen oder anzuzweifeln oder sich sonst irgendwie theoretisch zu ihr zu stellen. Ich habe vor pessimistischen Philosophien, wenn sie schön und großzügig sind, denselben Respekt wie vor andern, als vor schönen und imponierenden Leistungen des Geistes, aber ich habe für praktischen Pessimismus gar keine Achtung. Sie leiden an diesem Pessimismus, und Sie sind darum nie zufrieden, weil Ihr schöner großer Beruf eigentlich als Voraussetzung gerade das Gegenteil brauchte.

Von Sumatra aus schicke ich Ihnen wieder einmal einen Gruß. Ich weiß nicht, wie es mir dort gehen wird; aber ich habe den Willen, auch dort möglichst zu allem ja zu sagen und möglichst überall zu bleiben Ihr ergebener, doch konsequenter Gegner.

(1911)

Sommerwanderung

Weites, goldnes Ährenmeer
Wogt im Wind auf reifen Stengeln.
Hufbeschlag und Sensendengeln
Klingen fern vom Dorfe her.

Warme, düfteschwere Zeit!
Zitternd in der Sonne Gluten
Wiegen sich die goldnen Fluten
Reif und schon zum Schnitt bereit.

Fremdling, der ich ohne Pfad
Suchend pilgere auf Erden,
Werd ich reif befunden werden,
Wenn auch mir der Schnitter naht?

Wieder im Studierzimmer

Vor ein paar Tagen bin ich von Genua über den verschneiten Gotthard hergefahren, vor einer Woche saß ich noch in einem kühlen, ungeheizten Theater in Neapel und hörte Verdis »Forza del destino«, und in der Nacht sah ich still und bedrückt ein paar tausend arme schöne Burschen aus Oberitalien als Soldaten für Tripolis einschiffen. Ein paar Tage weiter zurück, da sah ich noch die Sonne hinter den kahlen Sandhügeln des Suezkanals glühend untergehen und morgens über dem Sinaigebirge hervorkommen, und wieder eine gute Woche weiter zurück, da stieg ich noch im weißen Leinenkleid und Tropenhelm in den Bergen von Ceylon herum und fing große Schmetterlinge und brach schöne, duftende Veilchen ab in einer Höhe von zweitausend Metern. Und nun sitze ich, als müßte es so sein, wieder in meinem Studierzimmer am Bodensee, der grüne Kachelofen brennt mächtig, im Erdgeschoß lärmen die Buben und vor den Fenstern tränt die neblige Landschaft, und ich muß sagen, es gefällt mir nicht. Das Wohnen in unsern Breitegraden, wo es zu Zeiten morgens acht Uhr noch Nacht ist und abends bald nach vier Uhr wieder Nacht wird, scheint mir eine üble Entgleisung der menschlich-natürlichen Instinkte, und das Sitzen am Ofen, am Schreibtisch und an der Schreibmaschine scheint mir eine entartete und notdürftige Beschäftigung für entartete Menschen.

Während ich draußen in der sonnigen indischen Welt herumlief und mir wenig Sorgen machte, stieg in meinem verlassenen Studierzimmer ein Berg von Drucksachen und Bücherpaketen an, und als ich heimkam, fiel er eben um und warf sich mir wie eine graue Lawine entgegen. Ehe ich nun wieder mit einigem Behagen hier sein und sitzen und arbeiten kann, muß ich diesen Berg abtragen und wegschaffen, und die Hälfte von der Masse war denn auch schon nach zwei Tagen verschwunden und erledigt, denn die Drucker drucken vielerlei, woran man sich nicht die Augen und das Gemüt zu verderben braucht. Hingegen drucken sie auch andres, und einiges davon hat mir trotz des Heimkehrkatzenjammers alsbald in die Augen gestochen und Freude gemacht, so daß ich meinen Freunden davon erzählen möchte. Denn es ist nicht anders, in dieser betrübten Nebel- und Winterszeit bleibt uns entarteten Nordländern kaum ein besserer Trost als das Lesen schöner Bücher.

Vielleicht am meisten hat mich eine neue Ausgabe des alten, herrlichen Johann Peter Hebel gefreut, die der Tempelverlag in Leipzig gemacht hat und die von Emil Strauß besorgt sein soll. Ich konnte nun das, so gut ich Strauß kenne und so herzlich ich ihn hochschätze, nicht gleich erkennen, bis ich am Schluß des schönen Bandes, der außerdem sehr billig ist, die Notizen zu Hebels Leben fand, in denen einige Sätze stehen, die nur von Strauß sein können. So ist denn der größte alemannische Dichter von ehemals vom größten heutigen geehrt und betreut worden, und in dem Buch treffen zwei Köpfe zusammen, auf die man zwischen Basel und Pforzheim stolz sein darf. Daß Hebel ein großer Dichter und vor allem einer der allergrößten deutschen Geschichtenerzähler gewesen ist, steht zwar da und dort in Literaturgeschichten, die niemand liest, angedeutet, ist aber meines Wissens gar nicht allgemein bekannt. Wir können neben ihm fast alle berühmten Geschichtenbücher von heute einpacken und uns schämen, daß wir alle das neue Zeug lieber und eifriger lesen als diese bewährten und unvergänglichen Sachen.

Sodann sind zwei neue Bände von Brehms Tierleben herausgekommen, in der neuen, großen, ganz und gar umgearbeiteten Ausgabe, mit wundervollen Bildern. Da finde ich mit Vergnügen meine Nashornvögel, Adler und Eisvögel von Sumatra wieder, und es fällt mir dabei der große alte Adler ein, den wir neulich am Ufer des Oganflusses erlegen wollten. Er saß ganz nahe, frei auf dem äußersten Ast eines Kapokbaumes, und war kinderleicht mit der Kugel zu holen; wir hatten aber nur ein altes holländisches Militärgewehr aus den fünfziger Jahren mit, das noch keiner von uns probiert hatte. Da schoß ich als erster eine von den lächerlich dicken Kugeln auf den stillen Adler und schoß vorbei; der Vogel flog träge auf, schaute um sich und nahm ein paar Meter weiter links wieder Platz. Hier belästigte ihn mein Freund mit einer zweiten Kugel, und wieder rückte er gutmütig nur um ein paar Ellen weiter auf seinem Baum. Wir schossen noch einmal, und erst jetzt, beim dritten Schuß, wurde es dem großen Vogel doch zu lärmig, er flog auf und verschwand schön und feierlich über dem Urwalde. Diese und tausend Erinnerungen, von den ersten Käfern und Schmetterlingen der frühen Knabenzeit an, vom ersten Angeln im Bach bis zu den Reisen von gestern, ruft der Brehm in mir wach, und nebenbei belehrt er mich leicht und freundlich und hilft mir weiter auf dem schönen, schweren Weg der Erkenntnis und des Verständnisses für alles Lebende.

Das dritte Buch, das mir wie ein Goldfund aus dem Haufen entgegenlachte und das ich allen ernsten Menschen als Festgabe wünsche, ist die Biographie des Berner Malers Stauffer von Brahm, die bisher merkwürdig wenig bekannt war und die der Verlag Meyer und Jessen in Berlin schön und gut wieder gedruckt hat. Das Buch, dessen schönster Teil Stauffers Briefe sind, stellt das große, tragische Schicksal eines reinen, glühenden Künstlers dar und gibt über das Wesen der Kunst und das Wesen des Genies klareren Bericht als alle Ästhetiken und Psychologien der Welt. *(1911)*

Lied auf der Landstraße

Bei einem Meister stand ein Bursch
In Arbeit zu Parise,
Der Meister der hieß Bastian,
Sein Töchterlein Elise.

„Elise", sprach der Bursch, „wohlauf,
Heut ist's ein schöner Tag,
Komm in den Wald, ich zeige dir
Den Nachtigallenschlag."

Der fremde Bursche wandert fort,
Es war ihm wohl geraten,
Der Meister schimpfte hinterdrein
Auf seine Heldentaten.

Und als das Mädel schwanger war,
Da ward ihr ach so weh,
Und sie gebar ein Töchterlein,
Das hieß man Salome.

Sie sprach zu ihr: „Mein Töchterlein,
Merk auf, was ich dir sag',
Geh nie am Sonntag in den Wald
Zum Nachtigallenschlag!"

Untersee

Beinahe acht Jahre habe ich nun am Untersee zwischen Konstanz und Stein gewohnt, und wenn ich nun ans Abschiednehmen denke und zum letztenmal meinen Garten bestelle, so tue ich's nicht aus Müdigkeit, weil mir die Gegend verleidet wäre, sondern aus Bedürfnis nach Menschennähe. Die Landschaft des Untersees wird mir zeitlebens fehlen, es sprechen an wenigen Orten so stark wie hier zu jedem Fenster herein See und Wald, Himmel und Wiese zu mir. Ich weiß nicht, ob ich jemals wieder ein Studierzimmer finden werde, zu dem von allen Seiten eine so weite, lichte, unverdorbene Landschaft hereinschaut, und ich meine schon im voraus zu fühlen, wie der Anblick des weiten Wassers, über dem alle Lufterscheinungen so rein und farbig wirken, mir später überall fehlen wird. Auch denke ich beim Spaten und Rechen mit betrübten Zweifeln daran, daß ich kaum irgendwo wieder ein so rein ländliches Gärtnerleben werde führen können, wie ich es hier den größten Teil des Jahres hindurch getan habe.

Aber alles Schöne zumal kann man eben nirgends haben, und ich glaube zu wissen, was ich tue, wenn ich das alles zum Opfer bringe, um irgendwo in einer guten, nicht zu großen Stadt Freunde und Nachbarn, Gespräch und Musik zu finden. Und es kann nichts schaden, wenn man ein Stück Besitz und Lebensführung aufgibt, sich noch einmal alles vor Augen zu halten, was man daran gehabt hat.

Nun, ich habe hier viel gehabt. Ich finde heute noch wie vor Jahren unsern Untersee schöner als irgend einen anderen Teil des Bodensees, und besonders unser badisches Ufer, der »Höri«, wo kilometerweit fast ohne jede künstliche Unterbrechung das stille, flache Ufer unzerstört wie in Urzeiten mit Schilf und Gebüsch, mit jungem Fischgewimmel und mit Enten- und Kiebitznestern sich erstreckt. Unser Seeufer wird durch keine Bahn, durch keine Straße, durch keine Kaimauer, noch andere Anlagen geschädigt, es spiegelt sich mit Pappeln, Weiden, Erlen, Wiesen und Schilf im seichten Wasser, kaum daß da und dort, weit voneinander entfernt, kleine Badehütten stehen. Gegenüber im Osten liegt die Reichenau mit Kloster und Dörfern, südlich drüben das Schweizer Ufer mit lauter schönen, alten, wohnlich freundlichen Dörfern und Städten, da und dort auf den Höhen zwischen Baumwipfeln ein alter Herrensitz, wie der Arenenberg und der Salenstein, an allen Hügeln trotz der Nordlage noch reichliche Reste des ehemals blühenden Weinbaues. In unserem Rücken liegt waldig und wenig bewohnt der langgestreckte Schienberg, der uns von der Welt abschneidet und in dessen weiten Wäldern wir im ersten Frühjahr Seidelbast und Schneeglöckchen, im Frühsommer Erdbeeren und Haselnußstecken für die Buben, im Herbst gute Pilze und schöne Ebereschenzweige holen. Im Winter ist der Schienberg auch ein ganz gutes Skigelände, doch haben wir wenig Schnee. Nahe bei Öhningen liegt ein alter Steinbruch, der wegen seiner Versteinerungen berühmt ist, in Stein am Rhein steht Haus an Haus in mittelalterlichem Reiz. Hierher kommen denn auch im Sommer Gäste genug, die Sonntagsschiffe sind immer voll, und wir können dort die Welt begrüßen, von der wir ab-

geschnitten sind. Denn zu uns, nach Gaienhofen und Horn, nach Iznang und Gund-
holzen, kommt fast kein Mensch, wir haben keine Eisenbahn und wissen nicht, ob wir
je eine haben werden, obwohl eben jetzt wieder Aussichten dafür sich zeigen.

Vom Kulturleben des Bodensees, das ohnehin nicht eben heftig rauscht, dringen
nur schwache Töne zu uns herüber. Wir sehen manchmal den Grafen Zeppelin schon
in aller Morgenfrühe seine Luftschiffe spazieren führen, und es gibt nichts Schöneres,
als das einmal selber zu probieren und ein paar Stunden in der Höhe zu reisen. Doch

gibt man sich hier damit noch wenig ab, und ich glaube, noch der einzige Bewohner des badischen Untersee-Ufers zu sein, der das gekostet hat, und auch ich bin in allen den Jahren nur zweimal in Friedrichshafen gewesen. Denn das Wasser verbindet die Leute nicht; es trennt sie voneinander, zumal in den langen Wintermonaten, wo wenig Schiffe gehen und wo auch die wenigen durch Nebel und Sturm sich oft verspäten oder des Eises wegen gar nicht fahren können.

In Konstanz gibt es im Sommer Gelegenheit, ein Stück Welt auf Reisen zu sehen, und im Winter bekommt man je und je recht gute Musik dort zu hören. Während der warmen Jahreszeit kommen auch manche Maler an den See, auf unsere Höri aber sehr wenige. Den Untersee haben die Basler Maler Meyer und Völlmer oft und gut gemalt, am besten aber hat ihn Bruno Goldschmidt verstanden, dessen frech und sorglos mit Wassertempera gemalte Bilder unsere typischen Luftstimmungen oft erstaunlich frisch und suggestiv wiedergeben.

Mitten in unserer schönen, von der Kulturwelt her so wenig besuchten und besiedelten Landschaft aber blüht doch ein Stück Kultur, und wie mir scheint, ein sehr wichtiges und schönes. Es sind in den letzten zehn Jahren zwei Landerziehungsheime am Untersee entstanden, vorzügliche moderne Erziehungsschulen nach Lietzschem System, in Glarisegg drüben eine für Knaben und hier in meinem Gaienhofen eine für Mädchen. Diese vortrefflichen Schulen, zusammen mit ihren Schwesteranstalten in Norddeutschland und Bayern, stellen nach meiner Meinung den aussichtsvollsten und wertvollsten Versuch einer grundsätzlichen Erneuerung des Schul- und Erziehungswesens dar, hier gedeiht ein gesundes Leben, dem die Zukunft gehören wird. Oft sehe ich den Mädchen drunten, die in ihrem schönen alten Schloß wohnen und ihre Schuljahre in dieser herrlichen Landschaft verleben dürfen, mit einem gewissen Neide zu; es wird ihnen viel erspart, und es wird ihnen vieles gelehrt, was wir entbehren mußten; sie sind denn auch alle anhänglich und denken gern an ihre hiesigen Jahre zurück, sie besuchen den Untersee häufig wieder, und ein heimlicher Kern dieser jungen Gesellschaft arbeitet da und dort schon wieder im Sinne ihrer Erziehung weiter. Die badische Schulbehörde ist mit Einsicht der neuen Unternehmung entgegengekommen, die Sache gedeiht, und wir sehen, zumal im Sommer, häufig Eltern aus allen Ländern hier ihre Kinder besuchen und deren Leben verwundert und dankbar mit den wachgerufenen Erinnerungen der eigenen Schülerjahre vergleichen.

Das Schönste, was der Winter uns hier bringen kann, ist eine »Seegfrörne«. Es kommt nicht jedes Jahr dazu, aber wenn es einmal glückt, gibt es nichts Herrlicheres, als den weiten Seespiegel mit frischem Eise vor sich zu haben und meilenweit darauf losfahren zu können. Dann vermißt niemand mehr die Dampfschiffe, die freilich vom ersten Beginn der Eisbildung an ausbleiben.

Noch schöner ist eine Rheinfahrt im Sommer von hier nach Schaffhausen. Man kann sie im Dampfboot machen, und auch so ist sie wundervoll; schöner aber ist sie im kleinen Ruderboot, zu dreien oder vieren, mit einem Topf Himbeeren und einer Flasche Wein unterm Rudersitz. Da fährt man ein paar Stunden lang auf dem See und dann auf dem raschen, kräftig treibenden Rhein abwärts durch eine lichte, edle Landschaft, unter alten Brücken durch und an alten Städten und Kirchen vorüber, durch Waldufer und Binsen. Das möchte ich diesen Sommer noch einmal haben, an einem schönen, warmen Tage, wo man mehr im Wasser als in den Kleidern ist, und dann will ich Abschied nehmen von meinem kleinen, grünen Ruderboot, von See und Rhein und von vielen Erinnerungen, deren beste ich doch mit mir nehmen werde und nie verlieren will.

(1912)

Sommers Ende

Gleichtönig, leis und klagend rinnt
Den lauen Abend lang der Regen,
Hinweinend wie ein müdes Kind
Der nahen Mitternacht entgegen.

Der Sommer, seiner Feste müd,
Hält seinen Kranz in welken Händen
Und wirft ihn weg – er ist verblüht –
Und neigt sich bang und will verenden.

Auch unsre Liebe war ein Kranz
Auflodernd heißer Sommerfeste,
Nun löst sich sacht der letzte Tanz,
Der Regen stürzt, es fliehn die Gäste.

Und eh wir der verwelkten Pracht
Und der erloschenen Glut uns schämen,
Laß uns in dieser ernsten Nacht
Von unsrer Liebe Abschied nehmen.

Umzug

Es gibt nichts Häßlicheres als das Verlassen eines Hauses, in dem man jahrlang gewohnt und gearbeitet hat. Da, wo dein schwerer Schreibtisch von den Arbeitern weggerückt wurde, gähnt ein leerer weißer Fleck auf dem Fußboden, aus allen Wänden ziehst du mühsam und unwillig die Nägel wieder heraus, an denen deine Bilder hingen, und die du vor Jahren bedachtsam und vergnügt eingeschlagen hast. In den heiligsten Räumen liegen Schmutz und Stroh, Holzwolle und Papierschnitzel auf dem Boden. Verdrossen gehst du durch die Stuben, die so scheußlich leer stehen und in denen deine Schritte ungewohnt widerhallen, und hast immerfort das Gefühl, du seiest nun zum letztenmal hier drinnen und es müsse irgendein schöner und feierlicher Abschied stattfinden; aber nichts klingt in dir, nichts als Überdruß und der sehnliche Wunsch, du möchtest schon weit fort und alles vorüber sein.

So ging es auch mir, als ich mein Häuschen am Bodensee ausräumte. Ich floh schließlich in den Garten. Auf dem zertretenen Sandhaufen der Kinder standen Kisten und eingenähte Möbel, jenseits der beschädigten Buchenhecke wartete grau und drohend der Möbelwagen. Ich ging die Hecke entlang, die ich vor fünf Jahren gepflanzt hatte, zum Holzschuppen. Da lag wenigstens noch ein Vorrat Holz, den ich gesägt und gespalten hatte, aber Beil und Axt, Säge und Schaufel, Spaten und Rechen waren alle schon weggeräumt, und vorn auf dem Sandweg, den ich in der letzten Zeit vernachlässigt hatte, wuchs Gras. Daneben aber standen in zwei langen, stolzen Reihen meine roten Malven, eine mächtige Allee, die ich alle aus Samen gezogen hatte und aus deren Samen ich mir eine ähnliche Pflanzung am neuen Wohnort zu ziehen gedachte. An den schweren Sonnenblumen hingen die Meisen und pickten Körner, an den Stauden hingen späte, blutrote Himbeeren, die Jungfernreben an der nördlichen Hauswand begannen auch schon purpurn zu glühen. Auf einem vergrasten Weglein zwischen den Gemüsebeeten fand ich im wehmütigen Schlendern einen Gummiball und ein zerbrochenes Holzpferdchen liegen, von den Kindern. Die waren nun schon seit Tagen fort und hatten die alte erste Heimat über dem Warten auf die neue schon vergessen. Hier hatte der älteste Bub mir beim Säen und Gießen der Gemüse geholfen, dort lag sein eigenes kleines Gärtchen mit Sonnenblumen und Dahlien.

Und jenseits der Hecke schlief in seinem Herbstgrau das stille Land und der See, auf den ich nun manche Jahre lang zu allen Jahreszeiten und bei jedem Tun den Blick gehabt habe. In der Ferne stand klein und schattenhaft der Konstanzer Münsterturm, nahe gegenüber der graue, kühne Turmhof von Steckborn, über der Reichenau hing Regennebel, und ringsum war kein Ort, den ich nicht tausendmal gesehen hatte und dessen Bild mir nicht mit tausend kleinen Erlebnissen verbunden war. Über diesem stillen, weiten Seespiegel hatte ich Jahr für Jahr den Föhn und den Nordwind, den Regen und den Schnee, den Nebel und die Sonnenglut betrachtet, an hundert kleinen Buchten hatte mein Boot auf mich gewartet, während ich im Grase ausruhte oder im See draußen schwamm; überall hatte ich meine Wettermerkmale und Gedenkplätze.

Es war unerträglich, dazwischen das Klopfen und die scheltenden Stimmen der Packer zu hören. Ich nahm meinen Koffer mit, fuhr über den See und stieg im alten, berühmten »Adler« in Ermatingen ab, um die letzten Tage am See noch zu genießen. Mit einem Freunde, der die Gegend kennt und liebt, fuhr ich im Wagen über Land, durch die beste Weingegend, und sprach da und dort in stillen Landwirtshäusern ein Abschiedswort mit den Rotweinen des vergangenen Jahres, mit dem Bachtobler und dem Neftenbacher, mit dem Traminer und dem Schiller. Und so kam schließlich trotz Regen und Kälte und Umzugssorgen ein schöner, bedächtiger Abschied zustande, dessen ich mich nicht zu schämen brauchte.

Zwischen dem Auszug am See und dem Einzug in Bern erlebte ich wieder ein paar Tage beschaulichen Reisens. Es war soeben der deutsche Kaiser dagewesen, und die noch anwesenden Journalisten waren von der Direktion der Jungfraubahn zu einer Fahrt und einem Imbiß droben eingeladen worden. Man nahm mich mit, da der Zufall es wollte, und ich fuhr durch verregnete Täler den wilden Berg hinan, in den Schnee und in den tiefen Nebel hinein, bis wir oben dickes Schneetreiben und 6 Grad Kälte antrafen. Vom Berg und von der Aussicht war nichts zu sehen, aber ich atmete wieder einmal unvermutet Schneeluft und Bergkälte und sah mit Erstaunen das kühne Werk dieser Bergbahn, die ich wieder besuchen und von der ich ein andermal reden werde. Nach der Suppe fuhr ich weg und suchte das Tal von Grindelwald auf, wo ich vor Jahren als Kranker schöne Winterwochen zugebracht hatte, hielt zwei Tage im alten Thun Rast und fand mich nun, durchgeweht und von allen Abschiedsgedanken gereinigt, am neuen Wohnort ein.

Ausziehen ist kein Vergnügen, es ist sogar scheußlich. Aber die Dinge haben zwei Gesichter, und so widerwärtig das Ausräumen ist, so hübsch und amüsant scheint mir das Einziehen. Zwischen Handwerkern und Arbeitern traf ich meine Frau am Werk; man war so weit, daß im Hause zur Not geschlafen und gegessen werden konnte. Und so begannen wir das Einräumen. Ein altes Berner Landhaus, weit vor der Stadt in den Feldern gelegen, mit einem streng symmetrisch angelegten alten Garten, einem laufenden Brunnen, Hunden und Vieh, einem Wäldchen von Ahornen, Eichen und Buchen. Eine Menge kleiner Stuben mit angegilbtem Getäfel und rissigen alten Tapeten, eine steinerne, sehr herrschaftliche Wendeltreppe, ein hübsches, lichtes Sälchen, sonst alles primitiv und bescheiden. An den Wänden hängen die Porträts von ehemaligen Besitzern des Hauses, mit Perücken und Jagdhüten, Ansichten vom Vesuv aus dem 18. Jahrhundert und alte Stiche, Glockenzüge aus Glasperlen und mit gestickten verblaßten Bändern.

Da wird nun rumort und gearbeitet, gemessen und ausprobiert, und alles, was man tut, ist vergnüglich und macht Spaß, weil es provisorisch ist und zu nichts verpflichtet, und überall, wo man etwas fertig gerückt, gestellt, gespannt und geklopft hat, sagt man dazu: »Fürs erste ist's gut, später kann man ja immer noch ändern.«

Die großen schweren Bildnisse mit den Perücken werden im Treppenhause, am Kamin des Sälchens, im Schlafzimmer probeweise aufgehängt, schlimme Stellen an den Tapeten werden nach Möglichkeit mit Bildern und Möbeln zugedeckt, da und dort knabbert man an einer geöffneten Bücherkiste und findet zwischen Packpapier alte Freunde wieder, sinkt zwischenhinein erschöpft in einen Stuhl und muß immerfort nach Dingen und Werkzeugen suchen, die man eben noch in der Hand gehabt hat.

In einer Pause geht man dann einmal auf die Veranda, die von einem alten Glyzinenbaum über und über eingewachsen ist, und späht, ob vielleicht das Wetter hell werde, daß man die Berge sieht. Oder man schaut in den verwilderten Garten und

Das Haus des mit Hesse befreundeten Malers Albert Welti an der Schloßhalde bei Bern
(Melchenbühlweg), das die Familie Hesse von 1912 bis 1919 bewohnte

überlegt ein wenig, was sich bei gutem Willen daraus machen ließe, man findet Obst
unter den Bäumen und späte Blumen in den Rabatten, verwildertes Erdbeergeschlinge
mit verspäteten kleinen Früchten und Kastanien, die blankbraun aus geborstenen Hül-
sen leuchten. Man denkt sich ein fleißiges und verträgliches Leben und hat Lust zu
guten Vorsätzen. Vor sich, in kleiner Entfernung, weiß man die Stadt mit Musik und
anderen Genüssen, und drüben auf der anderen Seite in tröstlicher Nähe weiß man die
Jungfrau und den Eiger, das Wetterhorn und alle die vielen grünen Täler und Alpen
des Oberlandes.   *(1912)*

   Der Ort, an den der Postbote Ihre Sendung brachte, würde Ihnen gefallen, ich habe Wiesen
und ein Dutzend Kilometer See vor den Fenstern und ums Haus her meinen bäuerlichen Garten
mit vielen Dahlien, Sonnenblumen, Malven und Nelken, auch drei Buben drin, die den
Himbeeren nachstellen. Die Außenseite meines Lebens hier ist hübsch und verlockend, und ich
weiß nicht, ob ich es in Bern halb so schön haben werde. Zwar habe ich dort ein altes, etwas
verwahrlostes Berner Landhäuschen weit vor der Stadt gemietet, mit Garten und alten Bäumen,
aber im Augenblick ist doch die Anhänglichkeit an das Bisherige größer als die Freude aufs
Neue.
                              (Aus einem Brief vom 23. 7. 1912 an Heinrich Wolfgang Seidel)

Mit Deiner Analyse des Ethnologischen in mir wirst Du ziemlich recht haben, ich schätze mich ähnlich ein, eben darum herrschen die 50 Prozent Luftikus vor und jagen mich wahllos in der Welt herum [1]. Nach Schwaben kann ich nicht, weil meine Frau das nicht will; in der ganzen Sache höre ich vor allem auf sie, sie möchte auch die Kinder zu Schweizern machen. Mir ist es einerlei, da ich das Gefühl habe, daß ich selbst doch nirgends anwachsen kann, so sollen wenigstens Frau und Kinder es versuchen. Ich selber werde wohl immer viel reisen und wandern, und das Verhältnis zu meiner Familie beschränkt sich seit Jahren mehr und mehr darauf, daß ich mich plage, das Geld für ihren Unterhalt zusammenzubringen, was durch den Umzug in das teure Bern noch gesteigert wird ... Da ich im Grund gesellig bin und kein Talent habe, nein zu sagen und mich durchzusetzen, wäre eine große deutsche Stadt für mich lockend, aber gefährlich; und in eine kleine zu gehen, hat keinen Sinn. Die Heimat will ich mir nicht dadurch verderben, daß ich meinen Werktag dahin verlege; Kindheit und Schwarzwald sind für mich Heiligtümer erster Ordnung, die ich nimmer gefährden will.

(Aus einem Brief Hesses vom 10. 6. 1912 an Conrad Haußmann)

1 Anläßlich Hesses Umzugsplänen in die Schweiz hatte Conrad Haußmann ihm geschrieben: »Ich zerlege Dich in Gedanken, erkenne das Schweizerische und das Schwäbische in Dir und finde 35 % Schwäbisches, 15 % Schweizerisches und 50 % Undefinierbares, aber doch ziemlich stark Deutsches in Dir stecken.«

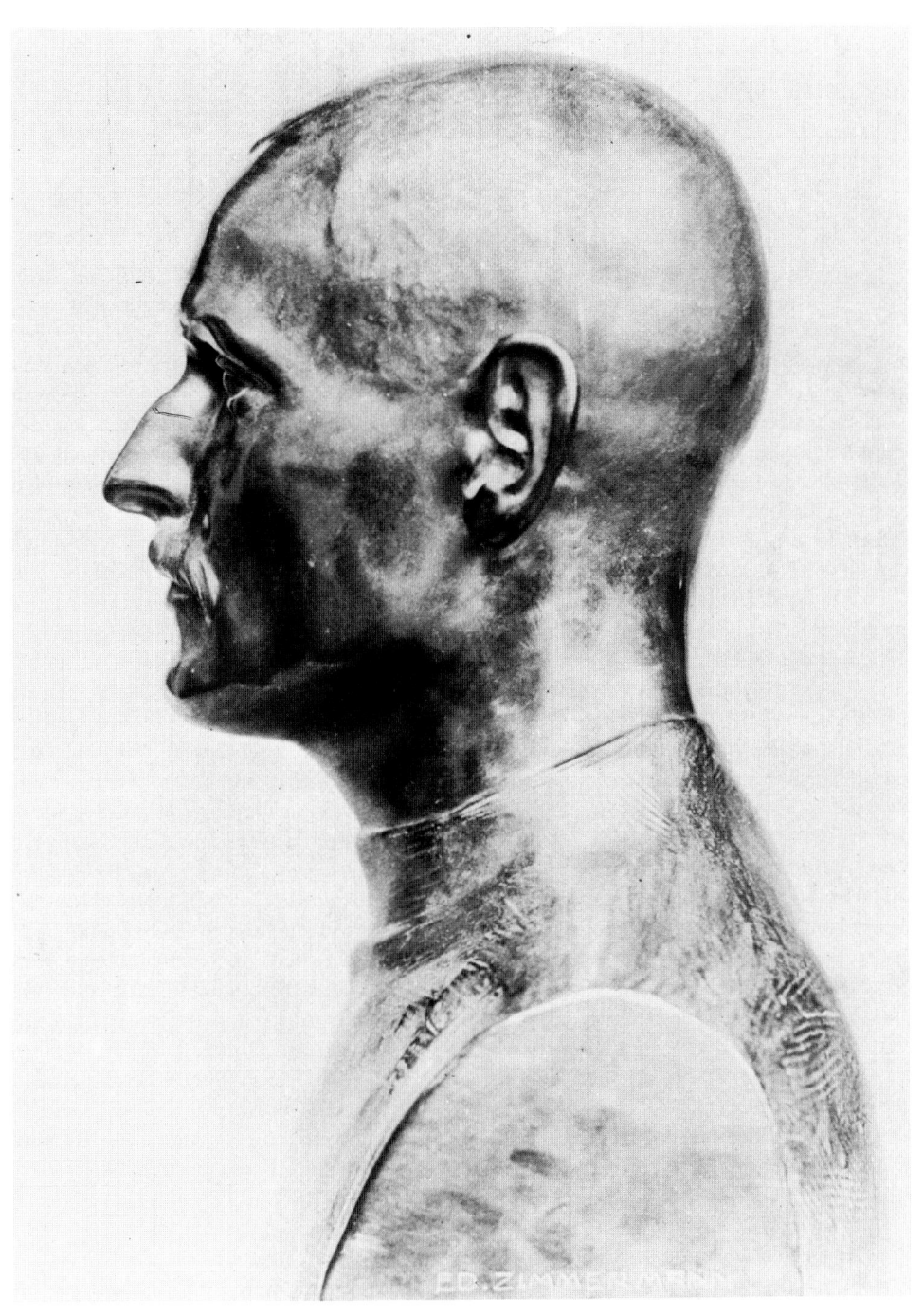

Porträtbüste Hermann Hesse von Eduard Zimmermann, um 1910

Gruß vom Bodensee

Aus Konstanz kommt ein literarischer Gruß zu uns herüber, das »Bodenseebuch 1915«, der zweite Jahrgang eines schönen Kalenders, den K. H. Maurer begründet hat und herausgibt. Da ich selber diesmal im Bodenseebuch bloß mit ein paar Versen vertreten bin, darf ich das schöne Buch empfehlen, ohne Partei zu sein. Daß es für Bern noch etwas Besonderes bietet, wird man gleich erfahren. Zunächst betrachten wir das hübsche Buch, das mit einem illustrierten Kalendarium beginnt und im übrigen aus Dichtungen, Aufsätzen, Bildern der am See wohnenden oder sonst dorthin gehörenden Künstler und Literaten besteht. Der Untertitel »Ein Buch für Land und Leute« weist schon ein wenig darauf hin, daß es weniger auf eine zufällige literarische Anthologie von Leuten, die in Konstanz ihren Abendschoppen trinken, abgesehen ist, als auf ein Buch, das den Einheimischen und den Freunden des Bodensees das innere Wesen der Seegegend erschließen hilft. Ganz ist es das noch nicht, aber dieser Jahrgang macht schöne Anläufe dazu und verdient schon darum Beachtung. Die Bilder sind gut, einige sehr feine Aufnahmen von verschwiegenen Seewinkeln darunter, und sehr gut paßt als künstlerische Mitte und rein alemannische Beigabe das vortreffliche Bild Würtenbergers hinein. Die poetischen Beiträge sind, wie sie in solchen Büchern sein müssen, vom Zufall abhängig. Es fehlt Emanuel von Bodman, der liebe Lyriker vom See, es fehlt auch Ludwig Finckh, der einzige zugewanderte Dichter, dem die Gegend am See wirklich und völlig zur Wahlheimat geworden ist. Indessen, trotz aller Zufälligkeit hat man vom Ganzen merkwürdig stark den Eindruck einer Einheitlichkeit, und noch ohne die Bilder zu betrachten, fühlt man sich bald von der eigentümlichen Bodenseeluft umweht, von dieser weichen, blaudunstigen, feucht malerischen Luft voll Opal und Perlmutter, und wer einmal eine entscheidende Zeit seines Lebens an jenen milden Ufern gewohnt und jene weiche Luft geatmet hat, den überfällt für Augenblicke Erinnerung und Heimweh mit Liebesmacht. Unter den Lyrikern des Almanachs entdeckt man mit Vergnügen als markante Figur den alemannischen Landsmann Dominik Müller aus Basel, unter den Erzählern begrüßt man mit Freude den tapferen Wilhelm Schussen, den lieben Schwärmer Hans Heinrich Ehrler, den Stilsucher und Former Wilhelm v. Scholz. Der Herausgeber Maurer bringt von sich eine feine, empfundene Jugendgeschichte, und glücklicherweise fehlt die charakteristische Figur Fritz Mauthners nicht, er sitzt zwischen der schönen Bodenseeträumerei wie das Salzkorn in der Suppe.

Unter den Malern fällt kein neuer auf, doch werden viele hier zum erstenmal K. Einhart kennen lernen, soweit eine Reproduktion das vermitteln kann, und werden Freude an diesem Gestalter und Dichter haben. Gern sähe man Rudolf Sieck wieder mehr im Kalender vertreten, und auch Bruno Goldschmitt muß einmal mittun.

Ganz recht, denken nun die Berner, aber was sollen wir hier mit diesem Konstanzer Bodenseebuch anfangen? Nun, es ist erstens ein schönes, dabei wohlfeiles Buch, mit dem man zur Weihnacht eine Freude machen kann, und außerdem ist es eins der wenigen neuen Kalenderbücher aus Deutschland, das noch ganz und gar vor dem

Kriege entstanden ist, so daß der Verleger im letzten Augenblick nur noch einen verzweifelten Ruf an den Leser anheften konnte, in dem er heftig bedauert, daß in dem Bodenseejahrbuch gar nichts vom Kriege steht. Wir aber schätzen gerade das, und es paßt für einen Kalender aus jener Gegend um so besser, als der See ja doch zu einem guten Teil schweizerisch ist.

Weiter aber enthält dieser Kalender, als besten Beitrag, einen größeren Aufsatz von Otto von Greyerz. Jetzt horcht man schon auf. Und man erinnert sich, daß Otto von Greyerz seit Jahren am Untersee sitzt und, wie es einem Manne zukommt, einer geliebten und großen Idee die äußere Zugehörigkeit zur Vaterstadt geopfert hat. Sein Aufsatz heißt »Meine Sprachgeschichte«, und Greyerz erzählt darin in einer gesunden, erlebten, kraftvollen Sprache, wie er Deutsch gelernt hat, wie ihm die Welt von Kindesbeinen an auf dem Wege der Sprache zu eigen geworden ist, wie er zwischen Stadtbernisch, Berner Patrizierdeutsch, Hochdeutsch, Mattenenglisch und (von der Mutter her) Zürcherdeutsch aufgewachsen ist, wie er als spielendes Kind, als lernender Schüler, als Student in Deutschland und Paris, in exotischen Wanderjahren in Konstantinopel und anderwärts, wie er überall mit langsam wachsendem Bewußtsein an der Sprache hing und sich um sie gemüht hat, aber nicht an der der Bücher, sondern an der, die von Mund zu Ohr geht. Der Dialektforscher und Volksliedsammler, der mundartliche Dichter und der Lehrer Greyerz zeigt sich in dieser Erzählung seiner »Sprachgeschichte« von seiner fruchtbarsten und schönsten Seite, als der Forscher und Liebhaber, dem nur im Erleben Werte zuwachsen können, den immer das Leben anzieht, nicht irgend ein Abstraktum. Im Erzählen seiner Erinnerungen verweilt er natürlich bei der heimatlichen Mundart mit besonderer Liebe, und er spricht jedem Dichter, jedem aus Quellen volkstümlicher Sprache schöpfenden Liebhaber der Mundart tief aus dem Herzen, wenn er neben die feiertägliche Kühle des Hochdeutschen das herrliche Hausbrot des Berner Dialektes stellt. Was ist die Schriftsprache mit ihrem armen, gotteseinzigen Ausdruck »Mann« gegen das Berndeutsch, das je nach Stimmung, Wertschätzung und Absicht die Wahl hat zwischen Ma — Mano — Mannli — Männli — Mändel — Mandeli — Mantschi — Manoggel — Manöggeli!

Und wie schön und richtig ist es, wenn Greyerz ein Mißtrauen gegen die Allerweltsprache der meisten Vielschreiber und ein tiefes Vertrauen in die Redlichkeit der Mundarten so deutet, daß es gar nicht so leicht sei, jemand ins Gesicht hinein anzulügen, während das schriftliche Lügen gar leicht gehe. Er bekennt sich zum Leben, nicht zur Literatur, und wäre damit ein liebenswerter Sonderling und Dialektonkel, wenn er nicht »Literatur« und Dichtung genau zu scheiden wüßte. Das erst gibt ihm die Reife einer männlichen und edlen Kultur, das erst macht ihn uns ganz liebens- und vertrauenswert, daß neben seiner instinktiven Liebe zur Mundart eine früh ausgebildete, lang und treu gepflegte Liebe zur deutschen Dichtung steht, eine tiefe Verehrung für die Würde und Geistigkeit der deutschen Schriftsprache in ihren edelsten Äußerungen.

Ich habe lange nichts so Liebenswertes und Erfreuliches gelesen wie diese Aufzeichnungen des Glarisegger Lehrers, und es freut mich und macht mir ein kleines Extravergnügen, daß sein Gruß von meinem Bodensee her kommt, und ich zweifle nicht daran, daß die jetzige Trennung von der Heimat sich als gesteigerte Intensität, als erhöhte Liebe zur Heimat und heimischen Mundart fruchtbar erweisen wird. *(1914)*

So mußt du allen Dingen
Bruder und Schwester sein,
Daß sie dich ganz durchdringen,
Daß du nicht scheidest Mein und Dein.

Kein Stern, kein Laub soll fallen –
Du mußt mit ihm vergehn!
So wirst du auch mit allen
Allstündlich auferstehn.

Das verlorene Taschenmesser

Gestern habe ich ein Taschenmesser verloren und habe dabei die Erfahrung gemacht, daß meine Philosophie und Schicksalsbereitschaft auf schwachen Füßen stehen, denn der kleine Verlust hat mich unverhältnismäßig betrübt, und ich bin auch heute noch mit meinen Gedanken bei jenem verlorenen Messer, nicht ohne mich selbst wegen solcher Sentimentalitäten auszulachen.

Es ist ein schlechtes Zeichen, daß der Verlust dieses Messers mich so betrüben konnte. Es gehört zu meinen Schrulligkeiten, die ich wohl kritisieren und bekämpfen, nicht aber völlig abtun kann, daß ich an Dingen, die ich eine Weile besessen, mit großer Anhänglichkeit festhalte, und es ist mir jedesmal ein Unbehagen, zuweilen sogar ein kleiner Schmerz, wenn ich mich von einem lang getragenen Kleide oder Hut oder Stock trennen muß oder gar von einer Wohnung, in der ich lange gewohnt habe, um von schlimmeren Trennungen und Abschieden ganz zu schweigen. Und jenes Messer gehörte nun zu den ganz wenigen Gegenständen, die bisher die Veränderungen meines Lebens überdauert und mich durch alle Wechsel jahrzehntelang begleitet haben.

Zwar besitze ich noch einigen geheiligten Trödel aus fernerer Vergangenheit, einen Ring meiner Mutter, eine Uhr meines Vaters, ein paar Photographien und Andenken aus meiner frühen Kinderzeit, aber alle diese Dinge sind ja eigentlich tot, sind Museum, liegen im Schrank und werden kaum alle Jahre einmal betrachtet. Das Messer aber ist viele Jahre lang ein beinahe täglich gebrauchtes Ding gewesen, ich habe es viele tausend Male in meine Tasche gesteckt, aus der Tasche gezogen, es zu Arbeit und Spielerei benützt, habe es hundertmal mit dem Abziehstein nachgeschliffen, habe es in früheren Zeiten mehrmals verloren und wiedergefunden. Es war mir lieb, dies Messer, und es ist wohl eines Klageliedes wert.

Es war kein gewöhnliches Taschenmesser — deren habe ich in meinem Leben sehr viele besessen und verbraucht. Es war ein Gartenmesser, eine einzige, sehr starke, halbmondförmig gebogene Klinge in festem, glattem Holzgriff, kein Gegenstand des Luxus und der Spielerei, sondern eine ernste, solide Waffe, ein gediegenes Werkzeug von uralter, bewährter Form. Diese Formen stammen aus den Erfahrungen der Väter, aus hundert und tausend Jahren her, und sie widerstehen oft lange dem Ansturm der Industrie, welche den Ehrgeiz hat, an Stelle dieser bewährten Formen unbewährte, neue, sinnlose und spielerische zu setzen, denn die Industrie baut ihre Existenz darauf, daß der moderne Mensch die Gegenstände, mit denen er arbeitet und spielt, nicht mehr liebt und sie leicht und häufig wechselt. Wenn, wie in alten Zeiten, jeder Mann ein einzigesmal in seinem Leben sich ein starkes, gutes, edles Messer kaufen und es sorgfältig bis zu seinem Tode bewahren würde, wo blieben da die Messerfabriken? Nein, heute wechselt man Messer und Gabel, Manschettenknopf und Hut, Spazierstock und Schirm alle Augenblicke, es ist der Industrie gelungen, alle diese Dinge der Mode zu unterwerfen, und von diesen Modeformen, die für eine Saison berechnet sind, kann man ja wohl nicht verlangen, daß sie die Schönheit, Lebendigkeit und Richtigkeit der uralten, bewährten, echten Formen haben sollen.

Des Tages, an welchem ich den Besitz meines schönen sichelförmigen Gartenmessers antrat, kann ich mich noch wohl entsinnen. Ich war damals sehr auf der Höhe, in jeder Hinsicht und fühlte mich dementsprechend. Ich war seit kurzem verheiratet, ich war der Stadt und dem Gefängnis eines Brotberufes entronnen und saß unabhängig und nur mir selber verantwortlich in einem schönen Dorf am Bodensee, ich hatte Erfolg mit Büchern, die ich schrieb und die mir sehr gut schienen, ich hatte auf dem See ein Ruderboot schwimmen, meine Frau erwartete ihr erstes Kind, und nun ging ich eben an eine große Unternehmung, deren Wichtigkeit mich ganz erfüllte: an den Bau eines eigenen Hauses und die Anlage eines eigenen Gartens. Der Boden war schon gekauft und die Maße abgesteckt, und wenn ich über das Grundstück ging, empfand ich manchmal feierlich die Schönheit und Würde dieses Tuns, es schien mir, daß ich da einen Grundstein für alle Zeiten lege und für mich, meine Frau und meine Kinder hier eine Heimat und Zuflucht gründe. Die Hauspläne waren fertig, und der Garten nahm in meiner Vorstellung allmählich Gestalt an, mit dem breiten langen Mittelweg, dem Brunnen, der Wiese mit den Kastanienbäumen.

Damals, ich mochte so gegen dreißig Jahre alt sein, kam eines Tages ein schweres Frachtstück für mich mit dem Dampfer an, und ich half es vom Landungssteg mit heraufschleppen. Es kam von einer Gartenbaufirma und enthielt lauter Gartenwerkzeuge: Spaten, Schaufeln, Pickel, Rechen, Hacken (unter denen namentlich die mit dem Schwanenhals mich sehr entzückte) und manche andere solche Dinge. Dazwischen lagen, sorgfältig in Lappen eingeschlagen, einige kleinere und zartere Gegenstände, die ich mit Freude enthüllte und besichtigte, und unter ihnen war auch das krumme Messer, das ich sogleich öffnete und prüfte. Blank funkelte mir sein neuer Stahl entgegen, hart und straff sprang die Rückenfeder, und die vernickelten Heftbeschläge blitzten. Damals war es ein kleines Anhängsel, ein winziges Nebenstück meiner Einrichtung. Ich dachte nicht, daß einmal dies Messer von all meinem schönen jungen Besitz, von Haus und Garten, Familie und Heimat das einzige kleine Stück sein würde, das noch mir gehörte und bei mir blieb.

Es dauerte nicht lange, so schnitt ich mir mit dem neuen Messer beinahe einen Finger ab, die Narbe trage ich noch heute. Und inzwischen war der Garten angelegt und bepflanzt, das Haus gebaut, und viele Jahre lang war das Messer mein Begleiter, sooft ich in den Garten ging. Ich habe mit ihm meine Obstbäume beschnitten und Sonnenblumen und Dahlien zu Sträußen abgeschnitten, habe Peitschenstiele und Pfeilbögen für meine kleinen Söhne damit geschnitzt. Täglich, mit Ausnahme kurzer Reisezeiten, brachte ich einige Stunden im Garten zu, den ich alle die Jahre hindurch selbst besorgt habe, mit Graben und Pflanzen, Säen und Begießen, Düngen und Ernten, und in den kühleren Jahreszeiten hatte ich stets ein Feuerlein in einer Gartenecke brennen, wo Unkraut und alte Wurzelstöcke und Abfall jeder Art zu Asche gebrannt wurden. Meine Söhne waren gern dabei, steckten ihre Gerten und Schilfrohre ins Feuer, brieten Kartoffeln und Kastanien darin. Dabei fiel mir einmal das Messer ins Feuer, und am Heft entstand ein kleiner Brandfleck, den es von da an trug und an dem ich es aus allen Messern der Welt heraus erkannt hätte.

Es kam eine Zeit, da reiste ich viel, denn es war mir nicht mehr so sehr wohl in dem hübschen Hause am Bodensee. Ich ließ oft meinen Garten stehen und fuhr in der Welt herum, als hätte ich irgendwo die Hauptsache liegen lassen und vergessen, ich fuhr bis nach dem hintersten Südosten von Sumatra und sah die großen grünen Schmetterlinge im Dschungel schimmern. Und als ich zurückkam, da wurde meine Frau mit mir einig, daß wir unser Haus und Dorf verlassen wollten. Es zeigte sich, daß

Hermann Hesse in seiner Gaienhofener Bibliothek, um 1909

für die heranwachsenden Söhne Schulen nötig waren und manches andere, und wir sprachen viel darüber. Aber darüber sprach ich mit niemand, daß das Hierbleiben eben seinen Sinn verloren hatte und daß mein Traum von Glück und Behagen in diesem Hause ein falscher Traum gewesen war und begraben werden mußte.

In einem herrlichen alten Garten mit gewaltigen uralten Bäumen, nahe bei einer schönen Schweizer Stadt, mit dem Blick auf die nahen feierlichen Schneeberge, zündete ich meine gewohnten Herbst- und Frühlingsfeuer wieder an, und wenn das Leben mir weh tat und auch an diesem neuen Ort vieles so schwierig ging und so verstimmt klang, dann suchte ich die Schuld bald hier, bald dort, oft auch im eigenen Herzen, und wenn ich mein starkes Gartenmesser betrachtete, dachte ich an Goethes vorzügliche Anweisung für sentimentale Selbstmörder, sich den Tod nicht allzu bequem zu machen, sondern ihn sich durch Heroismus zu verdienen und sich zumindest mit eigener Hand das Messer ins Herz zu stoßen. Und das konnte ich so wenig wie Goethe.

Es kam der Krieg, und nun dauerte es nicht mehr lange, bis ich die Gründe meiner Unzufriedenheit und Melancholie nicht mehr weit zu suchen brauchte, sondern sie klar erkannte und wußte, daß da nichts zu heilen war und daß die Hölle dieser Zeit zu durchleben trotz allem eine gute Kur gegen eigensüchtige Schwermut und Enttäuschung sei. Es kamen Zeiten, wo ich mein Messer wenig mehr brauchte, es war allzuviel andere Arbeit zu tun. Und es kam so allmählich alles ins Rutschen, zuerst das Deutsche Reich und sein Krieg, dem vom Auslande her zuzuschauen damals eine Qual ohnegleichen war. Und als der Krieg zu Ende war, da war auch in meinem Leben allerlei gewendet und verändert, ich besaß keinen Garten und kein Haus mehr und mußte mich auch von der Familie trennen und mußte Jahre der Einsamkeit und Besinnung antreten und durchkosten. Da saß ich oft, in den langen, langen Wintern der Verbannung, im kalten Zimmer vor dem kleinen Kamin, verbrannte Briefe und Zeitungen und schnitzelte mit meinem alten Messer am Holz herum, ehe ich es ins Feuer steckte, und sah in die Flammen, und sah mein Leben und meinen Ehrgeiz und mein Wissen und mein ganzes Ich allmählich verbrennen und zu reinlicher Asche werden. Und wenn auch das Ich, der Ehrgeiz, die Eitelkeit und der ganze trübe Lebenszauber mich nachher wieder und wieder einspann, so war doch eine Zuflucht gefunden, eine Wahrheit erkannt, und die Heimat, die zu gründen und zu besitzen mir im Leben nie hatte glücken wollen, begann mir im eigenen Herzen zu wachsen.

Wenn ich nun das Gartenmesser, das mich diesen langen Weg begleitet hat, so sehr vermisse, so ist das weder heroisch noch weise. Ich will aber heute nun einmal weder heroisch noch weise sein, dazu ist morgen wieder Zeit.   *(1924)*

Jetzt habe ich Ihr Bodenseebuch ausgepackt und habe es mir gut angesehen [und mich] . . . an meine eigene Bodenseezeit erinnert, die freilich schon beinahe prähistorisch ist (ich habe den See und Deutschland 1912 verlassen und seither immer in der Schweiz gelebt).

Ich nehme an, Sie seien die Tochter des berühmten Luftschiffers. Mit dem habe ich auch einmal einen kleinen Flug gemacht, so etwa um 1910 herum . . ., woran mir eine angenehme Erinnerung geblieben ist.   *(Aus einem Brief an Lotte Simon geb. Eckener, um 1937)*

Nachwort

Im Jahre 1919, als Richard Dehmel sein Kriegstagebuch »Zwischen Volk und Menschheit« veröffentlichte, als Leonhard Frank mit fünf Novellen »Der Mensch ist gut« zur Völkerverständigung und Menschlichkeit aufrief, als Karl Kraus in seinem Drama »Die letzten Tage der Menschheit« eine geradezu kosmische Eschatologie entfesselte, — im selben Jahre 1919 gab Hermann Hesse im Verlag Seldwyla Bern ein »Alemannenbuch« heraus. Doch der Titel könnte Mißverständnisse aufkommen lassen. Diese Anthologie enthält, wenn auch manches in alemannischer Mundart dargeboten wird, zwar Beiträge mit heimatlichen oder landsmannschaftlichen Themen. Aber es ist nicht nur deutsches, sondern zugleich europäisches Schicksal der unmittelbaren Gegenwart, das sich in den Beiträgen vieler Autoren dieses Sammelbandes widerspiegelt.

René Schickele steuerte seinen Gedichtzyklus »Elsässischer Bildersaal« mit dem mahnenden »Abschwur« bei:

> Wie ich die Welt will,
> muß ich selber erst
> und ganz und ohne Schwere werden.
> Ich muß ein Lichtstrahl werden,
> ein klares Wasser
> und die reinste Hand,
> zu Gruß und Hilfe dargeboten.

Das Gedicht entstand 1918/19, von vielen Lesern vielleicht als eine Mahnung zur Sinneswandlung verstanden, doch ernst genommen oder gar befolgt nur von wenigen. Und ebenso wenig befolgt wurde auch ein weiterer Beitrag dieser alemannischen Anthologie, die Fabel »Der Europäer« eines damals noch unbekannten Schriftstellers namens Emil Sinclair. Dem begabten »Anfänger« war 1919 für sein Buch »Demian« der Fontane-Preis zugesprochen worden. Wenig später hatte Otto Flake den Namen Sinclair als Pseudonym erkannt. Es war Hesse selbst, der sich dahinter verbarg, um »unbelästigt von Ruhm und Anfeindung, unbeirrt von Abstempelung« unbequeme Gedanken aussprechen zu können.

Aber gleichviel, ob Sinclair oder Hesse, es war noch nicht die Zeit, die in Gedicht und Fabel verschlüsselte Mahnung zu verstehen. Siebenundzwanzig Jahre später war Hermann Hesse in einer ähnlichen, wenn auch um vieles verschärften Weltlage genötigt, seine Fabel vom »Europäer« erneut in Erinnerung zu rufen. Sie gab im Juni 1946 einem Bändchen den Titel, einem der ersten Bücher des neu entstandenen Suhrkamp Verlags. Der Trümmerhaufen von materiellen und geistigen Gütern, den der Zweite Weltkrieg hinterlassen hatte, war diesmal noch weniger überschaubar, das menschliche Elend noch größer, der Haß noch tiefer als 1918/19. Unüberhörbar erhob Hesse auch jetzt seine Stimme, so vor allem in der Einleitung des erwähnten Bändchens, der »Ansprache in der ersten Stunde des Jahres 1946«.

Doch auch hier sagte er seinen Lesern eigentlich nichts Neues, denn schon 1919 hatte er im »Alemannenbuch« empfohlen, »... was Menschen und Nationen verbindet, viel höher zu werten als das, was sie trennt.« Nicht nur weil er diesen Beitrag »Alemannisches Bekenntnis« nennt, muß man das »Bekennen« wörtlich nehmen, sondern auch, weil es bei ihm nichts Zufälliges, schon gar nicht bei Überschriften und Buchtiteln, gab.

Das »Alemannenbuch«, das über die Grenzen hinweg mit Beiträgen von Dichtern aus der Schweiz, dem französischen Elsaß und aus Deutschland wirken sollte, bedurfte damals und wohl auch heute noch besonderer Begründung: Hesse mißtraute jeder Landesgrenze aus »Liebe zu allen menschlichen Gütern, welche ihrem Wesen nach die Grenzen überfliegen und andere Zusammengehörigkeiten schaffen als politische.« Er freute sich, »daß unser Alemannien nicht ein politisch abgegrenzter Staat ist und nicht auf Landkarten und in Staatsverträgen zu finden ist.« Als Gegner von nationalen Eitelkeiten schrieb er den Alemannen zwar keine speziellen Tugenden zu, wohl aber jedem alemannischen Tal »seine Öffnung nach der Welt, und alle diese Öffnungen und Ausgänge zielen nach dem großen Strom, dem Rhein, in den alles alemannische Wasser rinnt. Und durch den Rhein hängt es von alters her mit der großen Welt zusammen.«

Eine solche Öffnung zur Welt, zu den verschiedensten Menschen und Kulturen, durchzieht Hesses ganzes Leben und zeigt sich auch in seinem Vertrauen zur Natur, wie etwa in seinem Aufsatz »Sommerbriefe«, geschrieben gegen Ende seiner Jahre am Bodensee unmittelbar vor Antritt der entscheidenden Ostasienreise: »... meine Meinung vom Leben ist nun einmal die, daß es besser ist, da zu stehen, wo die Kinder und Schmetterlinge stehen, daß es besser ist, das Leben und die Natur überall im Recht zu sehen und überall zu billigen, auch wo es mir einmal über die Finger geht.« Mensch und Natur war das bestimmende Thema schon im »Peter Camenzind«, mit dem ihm 1904 sein erster großer literarischer Erfolg und damit die wirtschaftliche Unabhängigkeit auch für den Sprung an den Bodensee möglich wurde: »Indem ich nun anfing, die Natur persönlich zu lieben, ihr zu lauschen wie einem Kameraden und Reisegefährten, der eine fremde Sprache redet, ward meine Schwermut zwar nicht geheilt, aber veredelt und gereinigt. Mein Ohr und Auge schärfte sich, ich lernte feine Tönungen und Unterschiede erfassen und sehnte mich, den Herzschlag alles Lebens immer näher und klarer zu hören und vielleicht einmal zu verstehen ...«

Auch für die Wahl seines Wohnsitzes war diese Haltung nicht ganz ohne Belang. Noch fünfzig Jahre später schrieb Hesse, gerade das habe er sich gewünscht: »ein verwunschenes, verborgenes Nest ohne Lärm, mit reiner Luft, mit See und Wald ...« (»Eine Bodensee-Erinnerung«). Dieser Traum ließ sich erst erfüllen, nachdem ihm der Erfolg des »Peter Camenzind« die begründete Hoffnung gab, sein weiteres Leben ausschließlich der Schriftstellerei widmen zu können. Bittere Zeiten hatte er hinter sich: »... Was den ›Erfolg‹ und die ›hohen Honorare‹ betrifft, so habe ich in den letzten fünf Jahren öfters nichts zu essen gehabt und öfters wochenlang von Kaffee und Kartoffeln gelebt; jetzt allerdings verdiene ich jährlich etwa 2000 bis 2400 Mark, also für meine Verhältnisse und Ansprüche wirklich genug. ... Mein ›Erfolg‹ freut mich natürlich, schon weil ich ohne ihn nicht hätte heiraten können. Aber die Freude am Schaffen, das eigentliche Dichterglück, ist durch diesen Erfolg um kein Haarbreit gestiegen ...«[1].

1 Aus einem Brief an Richard von Schaukal, 11. September 1904; Konstanzer Almanach, XXI. Jg., S. 21. Konstanz 1975.

Maria Bernoulli, seine Braut aus einem alten Basler Gelehrtengeschlecht, machte sich auf den Weg, ein geeignetes Haus zwischen Basel und Konstanz ausfindig zu machen. Daß die Wahl schließlich auf den Bodensee und Gaienhofen fiel, mag Hesse nicht ungelegen gewesen sein, denn gern erinnerte er sich seiner früheren Besuche bei Emil Strauß in Emmishofen am thurgauischen Ufer: »Es war ganz herrlich und ich sah unendlich viel Schönes. Die Rathäuser in Ueberlingen und Konstanz, das Schloß in Meersburg, die Kirchen der Reichenau und die ›alte Kanzlei‹ in Ueberlingen gehören zum Allerschönsten, was ich je gesehen habe...« [2]. Der Landschaft huldigt er in seiner Betrachtung »Am Ende des Jahres« (1905) und schwärmt über die Thurgauer Berge jenseits des Sees, sie seien »...so unbegreiflich schön und entrückt, wie ich sie niemals in der Nähe sah; vielleicht wandelte dort Gott selber über die Hänge...«

Auch als er nicht mehr in Gaienhofen wohnte, dachte er noch gern an den Bodensee zurück. Er fühle sich, schreibt er in einer Rezension des »Bodenseebuches 1915«, wieder von der eigentümlichen Luft dieser Landschaft umweht, »von dieser weichen, blaudunstigen, feucht malerischen Luft voll Opal und Perlmutter, und wer einmal eine entscheidende Zeit seines Lebens an jenen milden Ufern gewohnt und jene weiche Luft geatmet hat, den überfällt für Augenblicke Erinnerung und Heimweh mit Liebesmacht« (»Gruß vom Bodensee«).

In Gaienhofen konnte er sich erstmalig seinen alten Wunsch, einen »richtigen Garten« zu besitzen, erfüllen. Nicht zuletzt deshalb erwarb er dort später ein Grundstück und baute darauf ein eigenes Haus. Inzwischen war auch der erste seiner drei Söhne zur Welt gekommen. Mit dem wegen der Heirat gekränkten Schwiegervater Bernoulli hatten sich Hesse und seine Frau inzwischen wieder versöhnt. Er lieh ihnen Geld, so daß sie mit dem Neubau beginnen konnten. Auch der Anlage eines eigenen Gartens stand nun nichts mehr im Weg. Mit welcher Freude Hesse dies tat, zeigt seine kleine Betrachtung »Im Garten«, wo er notiert: »Es ist ja etwas von Schöpferlust und Schöpferübermut beim Gartenbau, man kann ein Stückchen Erde nach seinem Kopf und Willen gestalten...«

Doch fern aller Welt lebte er in Gaienhofen nicht. Immer wieder besuchten ihn Schriftsteller, Musiker, Maler, Redakteure, Verleger und Politiker. 1904 schon suchte Stefan Zweig ihn dort auf. Im März 1905 kamen Albert Langen und Thomas Theodor Heine, die beiden Gründer des Münchner »Simplicissimus«. Im folgenden Frühling kam Langen wieder, diesmal in Begleitung von Ludwig Thoma, und sie gewannen Hermann Hesse als Mitherausgeber einer neuen Zeitschrift, die ursprünglich »Süddeutschland« heißen sollte.

Ludwig Thoma berichtet darüber in einem Brief an seinen politischen Mitarbeiter Conrad Haußmann in Stuttgart: »Ich suchte mit Langen den Poetenwinkel am Bodensee auf, wo zwei ganz feine Kerle und, nicht zuviel gesagt, die allerfeinsten sitzen. In Überlingen der Emil Strauß und in Gaienhofen der Hermann Hesse... Der Besuch am Bodensee hat keinen schlechten Grund. Nämlich am 1. Okt. erscheint die Halbmonatsschrift ›Süddeutschland‹, Tendenz: nur Positives bringen und freiheitlich sein. Politisch keiner Partei dienen.« An Hesse schreibt er am Ende desselben Jahres: »Ich glaube, wir werden bald viele Freunde haben. Die gequälte mystische Impotenz der Formalistensprache, die verwaschenen Abhandlungen über Seelenprobleme werden dem Volk ungenießbar werden, wenn es gesunde Kost findet.« Im Januar 1907 erschien dann das erste Heft unter dem veränderten Titel: »März — Halbmonatsschrift für deutsche Kultur«.

2 Aus einem Brief an Hermann Haas, 19. Dezember 1903; Konstanzer Almanach, XXI. Jg., S. 24.

Ein halbes Jahrzehnt wirkte Hesse für dieses liberale, gegen das persönliche Regiment Wilhelms II. gerichtete Blatt. Mit dem schwäbischen Politiker und ständigen Mitarbeiter des Blattes Conrad Haußmann (1857—1922) verband ihn eine lebenslange, auch durch die politischen Umbrüche nie getrübte Freundschaft. Seit 1889 Mitglied des württembergischen Landtags, seit 1890 auch Mitglied des Reichstags in Berlin, maß Haußmann das obrigkeitsstaatliche System des Reiches an den Erfolgen etwa im Verfassungs- und Steuerrecht, die die Stuttgarter Volksvertretung in den Jahren 1901—07 errungen hatte. Als Liberaler vermochte er der Berliner Politik wenig Sympathie entgegen zu bringen und mißbilligte die wilhelminische Kraftprotzerei. Noch Pfingsten 1914 empfing er eine französische Parlamentarierdelegation mit Jean Jaurès, um eine Verständigung anzubahnen, und lange vor Kriegsende bemühte er sich um einen Friedensschluß. Enttäuscht über die Vergeblichkeit seiner Bemühungen um Verständigung lehnte er den Versailler Vertrag ab. Auch als persönlicher Referent des Reichskanzlers Prinz Max von Baden und als Vorsitzender des Verfassungsausschusses der Deutschen Nationalversammlung in Weimar genoß Haußmann hohes Ansehen.

Ihm vertraute Hermann Hesse 1910 seine Sorgen über die Entwicklung des »März« an: »...so wie jetzt ist der ›März‹ absolut kein Blatt für deutsche Kultur, sondern eben ein Blatt für freisinnige Politik, verbrämt mit entbehrlichen Feuilletons« [3]. Zwei Jahre später schrieb er unmißverständlich: »Ich glaube nach wie vor, daß wir als politische Wochenschrift in jeder Hinsicht weniger Zukunft haben denn als kulturelle Monatsschrift oder Halbmonatsschrift. Ich habe einstweilen angemeldet, daß meine neuerdings nur noch ganz dekorative Herausgeberschaft von 1913 an wegfällt« [4]. Als Theodor Heuss 1913 die Schriftleitung übernahm, wurde Hesse wieder ein regelmäßiger Mitarbeiter des »März«.

Heuss hatte bereits vor Jahren Hesses Roman »Unterm Rad«, dann den Erzählungsband »Diesseits« und den Musikerroman »Gertrud« rezensiert. Ihm gelang es, die Zeitschrift »März« aus der Krise herauszuführen. Auch namhafte ausländische Schriftsteller fanden sich zur Mitarbeit bereit, so Selma Lagerlöf, Bernard Shaw, Leo Tolstoi, Romain Rolland, Robert Walser und viele andere. In seinen »Erinnerungen 1905—1933« schrieb Heuss: »Die Zeitschrift war, nach einem kräftigen Einsatz, in eine Existenzkrise geraten; der damalige Redakteur war, sagen wir, zu großzügig in den Honoraren, die er sich und seinen Freunden zuwandte... Haussmann fragte bei mir an, ob ich das Blatt zu retten bereit sei; es schien möglich... Ich selber verzichtete auf ein Redaktionsgehalt...«

Noch ein anderes Ereignis erfahren wir aus den »Erinnerungen« des späteren Bundespräsidenten Heuss: »Hesse versorgte, nachdem Krieg geworden war, die deutschen Kriegsgefangenen in den französischen Lagern mit Literatur, und ich konnte ihm einen moralischen Dienst leisten, als ich einen bösartigen alldeutschen Angriff auf ihn mit der äußersten Schärfe publizistisch zurückwies.« Es handelt sich um einen längeren Aufsatz von Theodor Heuss in der »Heilbronner Neckarzeitung« vom 1. 11. 1915. Dort heißt es u. a.: »Das ›Kölner Tageblatt‹ hat den schwäbischen Dichter Hermann Hesse, der seit einigen Jahren in Bern lebt, wegen einiger Äußerungen zum Krieg angegriffen... Ist es denn unmoralisch, wenn sich jemand innerlich dagegen sträubt, daß man immer vom ›Segen des Krieges‹ spricht — es gibt nun einmal Naturen, die über die Mauer der Leichen nicht ohne Schaudern weg sehen können... Mögen wir doch davor bewahrt

---

3 Hermann Hesse, Gesammelte Briefe, Erster Band 1895—1921, S. 179. Frankfurt am Main 1973.
4 Gesammelte Briefe, Erster Band 1895—1921, S. 212.

bleiben, daß die Kraftmeierei der Worte künftighin als die einzig zulässige Form von Deutschtum ausgegeben werde ... Wir wollen vom Dichter Hesse und seiner Wertung hier gar nicht reden. Nur dies sagen, daß in dem unverdorbenen Wohllaut seiner Sprache bestes altes deutsches Gut gefaßt ist, und daß er auch, indem er sich nicht auf das Besingen des Krieges warf, sondern keusch und ehrlich in den Grenzen seiner Natur blieb, mitten im Krieg am reinsten unverdorbene Kunst schuf, die nicht im Zeitgeschehen, sondern in einer Seele verankert war. Für das eine Gedicht [5] von ihm, das ich weiter unten abdrucke, gebe ich neun Zehntel der übrigen ›Kriegslyrik‹ her.«

Doch wollen wir aus der Berner Zeit zurückkehren in die Lebensjahre, die Hesse am Bodensee verbrachte. Schnell wurde er hier heimisch. In einem Aufsatz in der »Neuen Freien Presse«, Wien, vom Juli 1905 rühmt er den Sommer am See mit seinen glühendheißen Kornfeldern und kühlen Wäldern und die Stunden im eigenen Ruderboot auf Untersee und Rhein. Die Schönheit eines Sonnenaufgangs im Winter, von seinem Fenster beobachtet, beschreibt er im Sonntagsblatt der »Basler Nachrichten«: »... man konnte bis Konstanz sehen, und die Luft war weich und fast warm, wie bei Föhn, doch wenig Wind. Und über den Berlinger Hügeln flackerte brandrotes, glühend flüssiges Gewölk, aus dem erst in einiger Höhe sich langsam die rote, große Sonne hervorwälzte. Der See nahm nun dieselbe blutig düstere Röte an, und in unzähligen Dachziegeln, in Fensterscheiben und Brunnentrögen flammte sie mit, bis die Sonne endlich klar und weiß am Himmel stand.«

See und Hochgebirge kehren in seinen Schilderungen immer wieder. 1905 schreibt er im »Dresdner Anzeiger« über eine Nachtwanderung im Gotthard-Gebiet: »Auf dem weichen Schneeweg hörte ich meine Schritte nicht, auch sonst war kein Ton zu hören, in der Höhe gegen den nachtblauen Himmel glänzte matt der überschneite Gletscher, das Mondlicht erfüllte das Tal ... Groß und flimmernd standen viele Sterne in der Nacht, und ihr Leuchten und das weiß schimmernde Mondland und das Schweigen der matten Gipfel will ich nie vergessen.«

Studien, wie die in unserem Band erstmals zusammenhängend publizierten, erlebten ihr Debut in Wiener, Basler, Dresdner, Münchner, Stuttgarter und Berner Tageszeitungen. Namhafte Zeitschriften, in denen Hesse gerade während der Gaienhofener Jahre bevorzugt publizierte, waren »Die Rheinlande«, »Velhagen und Klasings Monatshefte«, der »Simplicissimus« und die Münchner »Jugend«. Viel zu wenig ist bekannt, daß er sich in mehr als sechzig Zeitungen und Zeitschriften mit über dreitausend Rezensionen und kritischen Aufsätzen für Werke der Weltliteratur und Neuerscheinungen zeitgenössischer Schriftsteller eingesetzt hat. Dabei sträubte er sich gegen jeden »Kulturjahrmarkt« und die oft allzu sensationellen Verlagsankündigungen. Immer wieder weist er auf zu Unrecht vergessene Autoren und Werke der Vergangenheit hin, so z. B. auf Caesarius von Heisterbach. Über diesen mittelalterlichen Zisterzienserprior und Schriftsteller publizierte Hesse 1908 im »März« einen längeren Aufsatz und gab 1925 unter dem Titel »Geschichten aus dem Mittelalter« von ihm selbst ins Deutsche übertragene Erzählungen aus dem »Dialogus miraculorum« nebst anderen Übersetzungen heraus [6]. Als Altphilologe beriet ihn dabei der Konstanzer Gymnasialdirektor Professor Dr. Otto Kimmig. Auch der Verleger dieses Buches, Karl Hönn, war ein hochangesehener Alt-

---

5 »Denken an den Freund bei Nacht«. Vgl. Hermann Hesse, Gesammelte Schriften, Band 5, S. 610. Frankfurt am Main 1957.

6 Eine erweiterte Neuausgabe der »Geschichten aus dem Mittelalter, hrsg. von Hermann Hesse mit Holzschnitten aus dem 15. Jahrhundert« ist 1976 als insel-taschenbuch erschienen.

philologe in Konstanz und zugleich Honorarprofessor für die Geschichte der römischen Kaiserzeit an der Universität Freiburg im Breisgau. Die von ihm begründete »Bibliothek der Alten Welt« erscheint noch heute mit Werken der griechischen und römischen Antike, der Patristik, altorientalischen Kulturen und der Zeit des Humanismus. Mit Karl Hönn, dem Redakteur der »Bodenseehefte«, begründete Hesse nach dem Ersten Weltkrieg den Berner Seldwyla Verlag. Er war auch Schriftleiter der von Hermann Hesse und Richard Woltereck seit Oktober 1919 herausgegebenen literarisch-politischen Monatsschrift »Vivos voco«, deren Ertrag der Kinderfürsorge zugute kam.

Aus der Welt der Historie und der Bücher fand Hesse immer wieder den Weg in die freie Natur, in die Landschaft des Bodensees oder in die der Alpen — und sei es mit sanfter Nachhilfe von Maria Hesse: ». . . meine Frau, die immer gern in die Berge geht, hat mir zu Weihnachten ein Paar Ski geschenkt und mich dadurch zur Reise genötigt« (»Winterbrief«). Nun, gar so wörtlich müssen wir die Nötigung nicht nehmen. Hesse war zeit seines Lebens besessen von der Wander- und Reiselust. Doch schon 1901 schrieb er in dem noch unveröffentlichten Erzählungsfragment »Sommeridyll« über die damals noch zaghaften Ansätze des modernen Tourismus: ». . . wir kommen hierher, doch nur um zu holen, nicht um zu geben. Wir bringen Häuser, Wege, Steinbrüche, wir bringen den Staub, den Lärm und die Geldsucht der Stadt herauf und nehmen der großartigen Wildnis ihre Schönheit und ihren Frieden.«

Ein Naturapostel also? Ein Vorläufer unserer Umweltschützer? Abgeneigt aller zivilisatorischen Entwicklung? Nichts weniger als das. Annehmlichkeiten des technischen Fortschritts wußte Hesse durchaus zu schätzen. Er bediente sich ihrer, wurde jedoch nicht ihr Diener. Auch solche »Luxuseinrichtungen wie eine Badewanne und ein Badeofen« schienen ihm, als er sein Haus in Gaienhofen baute, »nicht mehr so ganz entbehrlich wie vor drei Jahren . . .« (»Beim Einzug in ein neues Haus«). Und schrieb er bis 1908 noch alle seine Briefe mit der Hand, so kaufte er nun bei L. Klingler am Schnetztor in Konstanz eine Smith Premier Nr. 4-Schreibmaschine, wenig gebraucht, für 420 Mark. Auf ihr hat er, bis hin zum »Glasperlenspiel«, fast alle seine Manuskripte und Briefe geschrieben. Selbst eine solche »Lokomotive«, wie er sie nannte, verstand Hesse noch in ein »künstlerisches« Ausdrucksmittel zu verwandeln: Aus Freude am Spiel versah er viele seiner ersten darauf geschriebenen Briefe mit mehrfarbigen maschinenschriftlichen Ornamenten aus Zahlen und Buchstaben.

Technische Erfindungen waren für ihn nicht so sehr »Wunder«, sondern Mittel, neue Erlebnisse und Erfahrungen zu erschließen. Als er 1911 zu einer Spazierfahrt mit dem neuen Zeppelin-Luftschiff »Schwaben« nach Friedrichshafen eingeladen wurde, ergriff er die Gelegenheit, ohne zu zögern: »Zu den Freuden und neuen Erfahrungen, auf die ich mich seit Jahren freute und von denen ich mir besonders starke und schöne Eindrücke versprach, gehörte das Fahren in einem Luftschiff.« Es war nicht der Rausch der Geschwindigkeit und nicht die Suggestion des Höhenmessers, sondern der »Anblick der weit erschlossenen Landschaft und das Gefühl des Draußenseins aus allen irdischen Kleinigkeiten«, was ihn dabei fesselte.

Auch das städtische Leben und seine Annehmlichkeiten wußte Hesse durchaus zu schätzen. Häufig war er in Konstanz, damals wie heute ein kulturelles Zentrum am Bodensee, und immer berichtet er in seinen Briefen über dortige Besuche und Einkäufe. Hier, in den Buchhandlungen, fand er auch die Neuerscheinungen seiner Zeitgenossen.

Hesse war kein Freund von Melancholie. Das bezeugt u. a. auch eine kleine Erzählung »Karneval«. Sie hat als autobiographischen Kern eine »alemannische Fasnet« in

Konstanz. Der Schriftsteller Norbert Jacques, Verfasser von Reisebüchern und Romanen, auch er lange am Bodensee ansässig, hat sich in seinen Lebenserinnerungen [7] als Hesses damaliger Begleiter zu erkennen gegeben.

Vor allem aber schätzte Hesse das musikalische Leben in Konstanz. Kurz vor seinem Umzug nach Bern (1912) schrieb er in der Kulturbeilage »Die Propyläen« der »Münchner Zeitung« den Aufsatz »Untersee«, der geradezu eine Hymne auf die Landschaft ist und in dem es heißt: »In Konstanz gibt es im Sommer Gelegenheit, ein Stück Welt auf Reisen zu sehen, und im Winter bekommt man je und je recht gute Musik dort zu hören.« Gerade in jenen Jahren war die Musik für Hesse bedeutungsvoll. Seit Gaienhofen gibt es kaum ein Buch Hesses, in dem er sie nicht in irgendeiner Weise in die Handlung verflicht oder über sie reflektiert. Eines der schönsten Bekenntnisse zur Musik steht am Anfang seines Romans »Gertrud«, den er in Gaienhofen geschrieben und 1910 veröffentlicht hat. Gewiß spielten Anregungen seiner Musikfreunde in Konstanz und aus der Schweiz bei der Konzeption des Romans eine Rolle; der Bodensee und diese Stadt werden immerhin zweimal darin erwähnt.

Durch den Konstanzer Zahnarzt Dr. Alfred Schlenker, der selbst komponierte und dem Hesse das Libretto zu einer Oper »Die Flüchtlinge« geschrieben hat, lernte er vorwiegend Schweizer Musiker kennen, den damals zwanzigjährigen Othmar Schoeck, den Musikdirektor Fritz Brun und den Dirigenten und Komponisten Volkmar Andreä. Othmar Schoeck wurde später einer seiner engsten Freunde. Über ihn schrieb er 1931: Ich habe »... mit Freude und oft grimmigem Jubel zugesehen, wie er sich treu blieb, wie er sich unabhängig hielt bis zum Eigensinn, wie er weder dem Usus des Theaters noch dem Usus des Konzertsaals Konzessionen machte... Umgekehrt hat er auch jeden meiner dichterischen Anläufe und Versuche verstanden, auch dort, wo nur Wenige mitkamen... Ich habe Hunderte von Kompositionen mit Achselzucken oder mit Schaudern über meine Gedichte ergehen lassen. In Schoecks Vertonungen ist nirgends das leiseste Mißverständnis des Textes, nirgends fehlt das zarteste Gefühl für Nuancen, und überall ist mit fast erschreckender Sicherheit der Finger auf das Zentrum gelegt, auf jenen Punkt, wo um ein Wort oder um die Schwingung zwischen zwei Worten sich das Erlebnis des Gedichtes gesammelt hat« [8].

Neben der Schweiz als kulturellem Raum sind es ihre Landschaften und ihre Menschen, die ihm nahestehen. Das zeigt sich auch in seinem Fortsetzungsbericht im »Neuen Wiener Tagblatt« von 1907, den »Reisebildern« über die Nordostschweiz und Liechtenstein, geschildert aus der Sicht des Wanderers. Dort heiß es, er könne sich nicht erinnern, »jemals anderswo auf einem so kleinen Stücklein Erde so viele tüchtige und lebensfrohe Menschen gesehen zu haben, so heiter, herzlich und munter empfangen worden zu sein...« Wie Hesse den Appenzellern gerecht wird, so versteht er auch die Eigenarten ihrer Landschaft darzustellen.

Obwohl er am Bodensee und in den angrenzenden schweizerischen Kantonen ein Land der Phäaken entdeckt zu haben glaubt, erkennt er doch selbstkritisch genug das Einengende der provinziellen Behaglichkeit. Schon in seinen ersten Gaienhofener Jahren befällt Hesse »öfters ein Zorn über dieses bequeme Hinleben«. »Ich gäbe«, schreibt er, »mein bißchen Haus und Glück und Behagen gern für einen alten Hut und Ranzen, um

7 Norbert Jacques, »Mit Lust gelebt. Roman meines Lebens«. Hamburg 1950.
8 Schweizerische Musikzeitschrift, Jg. 71, Nr. 2, Zürich 15. Januar 1931. Nachdruck in: Hermann Hesse, Musik. Betrachtungen, Gedichte, Rezensionen und Briefe. Ausgewählt und zusammengestellt von Volker Michels. Frankfurt am Main 1976.

noch einmal die Welt zu grüßen und mein Heimweh über Wasser und Land zu tragen« (»Herbstnächte«). So oft er auch versucht, »für lange hinaus, wenn nicht für ewig, Frieden zu schließen und heimisch und häuslich zu werden«, die »Reiselust«, wie bezeichnenderweise der Titel dieses Aufsatzes lautet, treibt ihn doch immer wieder hinaus.

1908 stellt sich Hesse in der Erzählung »Taedium vitae« (Lebensüberdruß) die bittere Frage: »Warum ist deine Jugend von dir gewichen? Warum bist du so tot?« — eine unmißverständliche Anspielung auf seine Verfassung während der letzten Bodenseejahre. Am Schluß dieser Erzählung findet sich ein bezeichnender Hinweis auf theosophische Bücher, auf die Lehre von Karma, die Idee der Wiedergeburt, einem wesentlichen Glaubenssatz von Hinduismus und Buddhismus. Man darf nicht übersehen, daß ihm die östliche Gedanken- und Glaubenswelt von Jugend auf vertraut war. Seine Eltern hatten lange in Indien als Missionare gelebt; sein Großvater mütterlicherseits, Dr. Hermann Gundert, war ein bedeutender Gelehrter für indische Sprachen. So nimmt es nicht wunder, daß Hermann Hesse in seiner damaligen Situation kurzentschlossen nach Ostasien reiste. Diese Reise hatte Folgen, nicht nur für sein Schaffen von »Siddhartha« bis zum »Glasperlenspiel«.

Nach Gaienhofen zurückgekehrt, zögerte er nicht lange, sich von den dortigen Bindungen zu lösen. In seinen privaten Entscheidungen war Hesse meist ziemlich rigoros. Nicht, daß ihm der Abschied vom Bodensee besonders leicht gefallen wäre. Beim Packen und Räumen — das zeigt seine Betrachtung »Umzug« — zogen die hier erlebten Eindrücke nochmals an ihm vorüber: »In der Ferne stand klein und schattenhaft der Konstanzer Münsterturm, nahe gegenüber der graue, kühne Turmhof von Steckborn, über der Reichenau hing Regennebel, und ringsum war kein Ort, den ich nicht tausendmal gesehen hatte und dessen Bild mir nicht mit tausend kleinen Erlebnissen verbunden war.« Dann fuhr er ein letztesmal nach dem thurgauischen Ermatingen hinüber, um in dem berühmten »Adler« ein »Abschiedswort mit den Rotweinen des vergangenen Jahres« zu wechseln. Dem Wein, besonders dem Seewein, hat er stets gern zugesprochen. Der Meersburger ist für seinen Geschmack »zart und wohlschmeckend, einer der besten oberrheinischen Weine« (»Abendstunde«). »Und so kam trotz Regen und Kälte und Umzugssorgen ein schöner, bedächtiger Abschied zustande, dessen ich mich nicht zu schämen brauchte.«

Obwohl Hesse später nur noch bei gelegentlicher Durchreise an den Bodensee zurückgekehrt ist, blieb er der Landschaft und den Menschen zeitlebens verbunden. So erschien in Konstanz eine seiner wenigen Publikationen, die während des Ersten Weltkrieges herausgekommen sind, das Erzählungsbändchen »Am Weg«. Der Einband dazu wurde von dem Konstanzer Maler Karl Einhart gestaltet. Seine in Deutschland lebenden Geschwister versorgte er über ein Konstanzer Bankkonto. Der Briefwechsel mit seinen Freunden am Bodensee riß niemals ab, auch nicht im Zweiten Weltkrieg. Schon 1944 wanderte dort ein Exemplar des ein Jahr zuvor in der Schweiz erschienenen »Glasperlenspiels« von Hand zu Hand, auf heimlichen Wegen eingeschleust. In einem Brief aus jener Zeit kann man lesen, wie sehr Hermann Hesse dieses — damals nicht ungefährliche — Interesse an seinem neuen Werk zu schätzen wußte: »Daß darüberhinaus einige wenige Male das Buch auch in Hände fiel, die es anzufassen wissen, und in Seelen, von denen ein verstehendes Echo kommt, ist Geschenk« [9].

9 Aus einem Brief an Margarete Philips, Konstanz. April 1944. Materialien zu Hermann Hesses »Das Glasperlenspiel«, Erster Band, S. 246. Herausgegeben von Volker Michels. Frankfurt am Main 1973.

Kaum war der Krieg beendet, sahen sich Hesses Freunde am Bodensee in der absurden Situation, den seit Jahrzehnten in der Schweiz lebenden Dichter ausgerechnet gegen Anwürfe von alliierter Seite in Schutz nehmen zu müssen. In die Korrespondenz darüber schaltete sich auch Thomas Mann ein und schrieb: »...daß Sie als großer Dichter deutscher Zunge allezeit in Deutschland und für Deutschland ›sprechen‹ werden, daran wird keine Press and Publications Section keiner amerikanischen Armee-Gruppe etwas ändern können« [10]. Der Nobelpreis von 1946 hat dann viele dieser Mißhelligkeiten ausgeräumt.

Hesses frühes, wohlbegründetes Mißtrauen gegenüber politischen Landesgrenzen und seine »leidenschaftliche Liebe zu allen menschlichen Gütern, welche ihrem Wesen nach die Grenzen überfliegen«, sind mittlerweile — 15 Jahre nach seinem Tod — zu bestimmenden Elementen des Lebensgefühls der jungen Generation geworden. In der weltweiten Wertschätzung seiner Dichtung findet sich auch sein »Alemannisches Bekenntnis« voll bestätigt. Sind doch, rund um den Erdball, Millionen von Lesern mit ihm der Überzeugung, »...das, was Menschen und Nationen verbindet, viel höher zu werten als das, was sie trennt.«

Lothar Klein

10 Konstanzer Almanach, XXII. Jg., S. 28 ff. Konstanz 1976.

Quellennachweis

Alemannisches Bekenntnis: Erstdruck in »Alemannenbuch«, herausgegeben von H. Hesse im Seldwyla Verlag, Bern, 1919. Enthalten in H. H., »Eigensinn«, Suhrkamp Verlag, Frankfurt a. Main, 1972.

Beim Einzug in ein neues Haus: Teildruck aus dem gleichnamigen, 1931 geschriebenen Gedenkblatt. Enthalten in H. H., »Gedenkblätter«, 1937. Erweiterte Neuausgabe, Suhrkamp Verlag, Frankfurt a. Main, 1962.

Eine Bodensee-Erinnerung: Geschrieben im März 1960. Erstdruck in »Ein paar Erinnerungen an Ärzte«, dort u. d. T. »Besuch bei einem Dorfarzt«, in »Ciba-Symposium«, Basel, Dez. 1960. Hier erstmals in Buchform.

Septembermorgen am Bodensee: Geschrieben im September 1904. Erstdruck am 22. 9. 1904 in der »Neuen Freien Presse«, Wien, u. d. T. »Septembermorgen am unteren Bodensee«. Enthalten in H. H., »Die Kunst des Müßiggangs«, Suhrkamp Verlag, Frankfurt a. Main, 1973.

Kastanienbäume: Geschrieben 1904. Erstdruck 1906 im »Simplizissimus«, München. Enthalten in H. H., »Bilderbuch« erweiterte Ausgabe, Suhrkamp Verlag, Frankfurt a. Main, 1958.

Herbstnächte: Geschrieben im Oktober 1904. Erstdruck am 2. 12. 1904 in der »Neuen Freien Presse«, Wien, später geringfügig verändert u. d. T. »Im Philisterland«, aufgenommen in das »Bilderbuch« (1926). Erweiterte Neuausgabe Suhrkamp Verlag, Frankfurt a. Main, 1958.

Vor meinem Fenster: Geschrieben 1904. Erstdruck am 12. 1. 1905 in »Zeit«, Wien. Hier erstmals in Buchform.

Am Ende des Jahres: Geschrieben im Dezember 1904. Erstdruck u. d. T. »Abends« im Januar 1905 in »Die Rheinlande«, Düsseldorf. Enthalten in H. H., »Bilderbuch« (1926). Erweiterte Neuausgabe Suhrkamp Verlag, Frankfurt a. Main, 1958.

Abendstunde: Geschrieben 1904. Erstdruck am 10. 3. 1905 in »Neue Freie Presse«, Wien. Aufgenommen u. d. T. »Wenn es Abend wird« in H. H., »Bilderbuch« (1926). Erweiterte Neuausgabe Suhrkamp Verlag, Frankfurt a. Main, 1958.

Wintergang: Geschrieben im Januar 1905. Erstdruck am 22. 1. 1905 in »Neues Wiener Tagblatt«. Enthalten in H. H., »Bilderbuch«, erweiterte Ausgabe, Suhrkamp Verlag, Frankfurt a. Main, 1958.

Am Gotthard: Geschrieben im Jan./Feb. 1905. Erstdruck am 11. 2. 1905 in »Neue Freie Presse«, Wien. Enthalten in H. H., »Bilderbuch«, erweiterte Neuausgabe, Suhrkamp Verlag, Frankfurt a. Main, 1958.

Dem Sommer entgegen: Geschrieben im Mai 1905. Erstdruck am 7. 7. 1905 in »Neue Freie Presse«, Wien. Enthalten in H. H., »Bilderbuch« (1926), erweiterte Neuausgabe, Suhrkamp Verlag, Frankfurt a. Main, 1958.

Der Schnitter Tod: Geschrieben im Juni 1905. Erstdruck am 11. 6. 1905 in »Neues Wiener Tagblatt«. Hier erstmals in Buchform.

Ein Bummeltag: Geschrieben im Juni 1905. Erstdruck am 25. 6. 1905 in der »Frankfurter Zeitung«, u. d. T. »Hochsommer« enthalten in H. H., »Bilderbuch« (1926), erweiterte Neuausgabe, Suhrkamp Verlag, Frankfurt a. Main, 1958.

Sommerreise: Geschrieben im August 1905. Erstdruck am 23. 8. 1905, 24. 8. 1905 u. 2. 9. 1905 in »Münchner Neueste Nachrichten«. Hier erstmals in Buchform.

Herbstbeginn: Geschrieben im September 1905. Erstdruck am 10. 9. 1905 in »Neues Wiener Tagblatt«. Enthalten in H. H., »Bilderbuch« (1926) u. d. T. »Es wird Herbst«. Erweiterte Neuausgabe, Suhrkamp Verlag, Frankfurt a. Main, 1958.

Eine Fußreise im Herbst: Geschrieben im Oktober 1905. Erstdruck im Feb./März 1906 in »Die Rheinlande«, Düsseldorf. Enthalten in H. H., »Diesseits« (1907), bzw. H. H., »Diesseits, Kleine Welt, Fabulierbuch«, Suhrkamp Verlag, Berlin, 1954 u. Hermann Hesse – Werkausgabe, 1970, Bd. 2.

Winternotizen aus Graubünden: Geschrieben im Januar 1906. Erstdruck am 11. 2. 1906 in »Neues Wiener Tagblatt«. Hier erstmals in Buchform.

Karneval: Geschrieben im März 1906. Erstdruck in »Simplicissimus«, 10, München, 1906. Hier erstmals in Buchform.

Reisebilder: Geschrieben im Oktober 1906. Erstdruck im Januar 1907 in »Neues Wiener Tagblatt«. Hier erstmals in Buchform.

Lindenblüte: Geschrieben 1906. Erstdruck 1907 in »Neues Wiener Tagblatt«. Enthalten in H. H., »Bilderbuch« (1926). Erweiterte Neuausgabe, Suhrkamp Verlag, Frankfurt a. Main, 1958.

Taedium vitae: Erstdruck in »Die Neue Rundschau« 19, 1908. Enthalten in H. H., »Die Erzählungen«, Suhrkamp Verlag, Frankfurt a. Main, 1973.

Im Garten: Erstdruck 1908 in »Neues Wiener Tagblatt«. Hier erstmals in Buchform.

Reiselust: Erstdruck am 23. 10. 1910 in »Neues Wiener Tagblatt«. Enthalten in H. H., »Betrachtungen« (1928) bzw. H. H., Werkausgabe, Bd. 10.

Ein Wandertag vor hundert Jahren: Erstdruck im August 1910 in »März«, München. Enthalten in H. H., »Fabulierbuch« (1935) bzw. H. H., »Diesseits, Kleine Welt, Fabulierbuch«, Suhrkamp Verlag, 1954, bzw. H. H., Werkausgabe, Bd. 4.

Winterbrief: Geschrieben im Februar 1911. Erstdruck am 3. 3. 1911 in »Neues Wiener Tagblatt«. Enthalten in H. H., »Gesammelte Briefe«, Bd. 1, Suhrkamp Verlag, Frankfurt a. Main, 1973.

Spazierfahrt in der Luft: Geschrieben im Juli 1911. Erstdruck am 30. 7. 1911 in »Neues Wiener Tagblatt«. Enthalten in H. H., »Die Kunst des Müßiggangs«, Suhrkamp Verlag, Frankfurt a. Main, 1973.

Sommerbriefe: Geschrieben im August 1911. Erstdruck am 20. 8. 1911 in »Neues Wiener Tagblatt«. Hier erstmals in Buchform.

Wieder im Studierzimmer: Geschrieben im Dezember 1911. Erstdruck in »Neues Wiener Tagblatt« v. 14. 1. 1912.

Untersee: Geschrieben im März 1912. Erstdruck am 19. 3. 1912 in »Neues Wiener Tagblatt«. Enthalten in H. H., »Gesammelte Briefe«, Bd. 1, Suhrkamp Verlag, Frankfurt a. Main, 1973.

Umzug: Geschrieben im September 1912. Erstdruck am 13. 10. 1912 in »Neues Wiener Tagblatt«. Enthalten in H. H., »Gesammelte Briefe«, Bd. 1, Suhrkamp Verlag, Frankfurt a. Main, 1973.

Gruß vom Bodensee: Erstdruck am 24. 11. 1914 in »Der Bund«, Bern. Hier erstmals in Buchform.

Das verlorene Taschenmesser: Geschrieben 1924. Erstdruck am 14. 9. 1924 in »Vossische Zeitung«, Berlin. Enthalten in H. H., »Bilderbuch«, erweiterte Neuausgabe, Suhrkamp Verlag, Frankfurt a. Main, 1958.

Sämtliche Gedichte wurden dem Band H. Hesse, »Die Gedichte«, Frankfurt am Main 1977, entnommen.